· 全面深化改革研究书系 ·

坚持和完善
基本经济制度十论

TEN ESSAYS ON ADHERING TO AND
IMPROVING THE BASIC ECONOMIC SYSTEM

季晓南　著

社会科学文献出版社
SOCIAL SCIENCES ACADEMIC PRESS (CHINA)

总　序

　　党的十八大以来，习近平总书记发表了一系列重要讲话，提出了许多富有创见的新思想、新观点、新论断，为我们在新的历史起点上实现新的奋斗目标提供了基本遵循。这一系列重要讲话是对党的十八大精神的深化和拓展，是对中国特色社会主义理论体系的丰富和发展，是在我国经济社会发展的决定性阶段坚持和发展中国特色社会主义的政治纲领，是全面阐述事关中国特色社会主义前途命运重大原则问题的马克思主义文献，是指导我们推进中国特色社会主义伟大实践、实现"两个一百年"奋斗目标和中华民族伟大复兴中国梦的行动指南。全面贯彻落实习近平总书记重要讲话精神，是我们当前和今后一个时期的重要工作。

　　贯彻落实习总书记系列讲话精神，要求我们不仅方向明确，也要路径清晰，不仅要快速推进，更要注重成效，蹄疾而步稳。当前，在全面深化改革上，依然存在改什么、怎么改以及孰先孰后的问题；具体到改革的各个领域、层次、板块，具体到改革的策略与方法，依然存在争议、误解甚至盲区；在贯彻落实习近平总书记重要讲话精神上，依然存在如何落实、具体路径等问题。为此，既需要在实践中大胆探索，也需要在理论上小心论证。而后者，为社会科学工作者乃至学术出版人提供了机遇，也是中国社会科学工作者义不容辞的使命。

中国社会科学院是党中央直接领导、国务院直属的国家哲学社会科学研究机构。长期以来，中国社会科学院秉承学术为社会服务、为大众服务的宗旨，辛勤耕耘，努力进取，时刻关注重大现实理论问题研究，为党和国家的发展建言献策。在改革开放以来的每一个历史节点，从党的大政方针到具体制度的构建，中国社会科学院都发出了自己应有的声音，切实起到了党和国家重要思想库和智囊团的作用。在当前全面深化改革、跨越中国历史三峡的重要时刻，中国社科院尤其要发挥自身理论优势，为改革释疑解惑、谋划布局。

为全面贯彻落实十八届三中全会决定和习近平总书记系列重要讲话精神，由中国社科院牵头，社会科学文献出版社具体组织实施，推出"全面深化改革研究书系"。书系选取了15个专题，约请国内该领域重要学者主持撰写，形成系列丛书。我们的设想是：

1. 所有专题都必须是当前深化改革实践中的难点问题、重点问题和关键问题。

2. 所有写作者必须是对这些问题深有研究的学者。他们不仅在理论上卓有建树，是某些重要理论观点甚至学派的创始人或者代表，还长期关注社会实践，参与党和国家某些重要政策的制定或论证。

3. 各专题的写作者对十八大精神和习总书记讲话的渊源以及理论与实践基础有深刻研究、深透认识。

4. 书系总体为应用对策研究，要求有观点、有论证、有调研、有数据、有方案，实证性突出。

根据上述标准，我们选取的 15 个专题包括：改革开放与中国经验、经济体制改革、财政制度、企业绩效革新、人口问题、城镇化、国家治理现代化、依宪治国、文化市场、社会组织体制建设、生态文明建设等。这些专题覆盖了十八大报告所论及的经济建设、政治建设、文化建设、社会建设、生态文明建设、党的建设、军队建设等主要方面，都属于改革中的关键点。各专题的写作者多数来自中国社科院，也有部分来自中央编译局、清华大学等国内重要研究机构与高校，全部是各领域的顶尖级学者。这些学者已有的学术积淀，以及他们长期为党和国家政策制定担当智识支持的经历，保证了书系的权威性、实用性和指导性。从各专题的成稿情况看，作者问题意识强，对当前改革的难点和重点反映多，理论探讨深入。书中提出的对策方案，也有较强的可操作性。总体而言，书系内容翔实，讨论深入，对现实有参考意义，基本达到了我们的要求。当然，学无际涯，改革无止境，诚挚欢迎学界同道讨论批评。

书稿初成之际，得知书系入选国家新闻出版广电总局的"深入学习贯彻习近平总书记系列重要讲话精神主题出版重点图书"，并获得国家出版基金支持，不胜欣喜，也很受鼓舞。2014 年是中国的马年，也是全面深化改革的开局之年，正当扬鞭奋蹄，开启新程。

是为序。

王伟光

2014 年 2 月 5 日

摘　要

　　坚持和完善以公有制为主体、多种所有制经济共同发展的基本经济制度是全面深化改革的重要内容。本书根据党的十八届三中全会论述坚持和完善基本经济制度的逻辑顺序和内在联系，从十个方面进行了系统解读：一论带有总论的性质，重点阐述坚持和完善基本经济制度的必要性和重要性以及需要把握的关键和根本；二论、三论、九论和十论分别从完善产权保护制度、积极发展混合所有制经济、深化垄断行业改革和支持非公有制经济健康发展四个方面，阐述如何通过深化改革激发非公有制经济的活力和创造力，促进各种所有制经济共同发展；四论、五论、六论、七论和八论分别从国有经济、完善国有资产管理体制、国有资本、深化国有企业改革和完善现代企业制度五个方面，阐述如何通过制度创新更好地坚持公有制主体地位，发挥国有经济主导作用，增强国有经济的活力、控制力、影响力。本书在坚持和完善基本经济制度的关键、混合所有制经济的内涵及与股份制的关系、国有经济在社会主义市场经济中的地位和作用、中国国有企业和国有资产的界定及范围、

　　中国国有企业公司法人治理结构的特征、社会主义市场经济下垄断形成的体制性原因和利弊分析等若干方面提出了一系列独到观点，为坚持和完善基本经济制度提供了重要的理论分析和实证依据，也为观察和研究中国特色社会主义提供了新的视野和角度。

Abstract

In order to developing deepen all-round reforms, China must stick to and improve the basic economic system which keeps public ownership in a dominant position and has diverse forms of ownership develop side by side. Based on the decisions of the third plenary session of the 18th National Congress of the CPC, this book explains in ten essays on how to stick to and improve the basic economic system. The first essay is introductory, which focuses on the importance and necessity to stick to and improve the basic economic system. The second, third, ninth and tenth essays discuss how to deepen reform to stimulate the non-public economic vitality and creativity from different angles such as improving the property protection system, actively developing the mixed ownership economy, deepening the reform of monopoly industries, as well as supporting the development of non-public economy.

From the fourth essay to the eighth essay, this book comments on five other questions related to playing the leading role of the state-owned economy and Strengthening the vigor of the state economy, that is, how to develop state-owned economy, how toimprove the state-owned assets management system, how to manage state-owned capital, how to deepen the reform of state-owned enterprises, and how to Improve the modern enterprise system, so that China may adhere to the dominant position of the public ownership through institutional innovation.

This book has provided insightful viewpoints on topics such as the key to stick to and improve the basic economic system, the relationship between connotation of the mixed ownership economy and stockholding system, the role of state-owned economy position, the corporate governance structure of China's state-owned enterprise, and the formation and objective evaluation of monopoly under the socialist market economy, which provides important theoretical analysis and empirical evidencefor sticking to and improving the basic economic system, and also provides a new angel for understanding socialism with Chinese characteristics.

目 录
CONTENTS

目 录
CONTENTS

一论坚持和完善基本经济制度

核心论点：公有制为主体、多种所有制经济共同发展的基本经济制度，是中国特色社会主义制度的重要支柱，也是社会主义市场经济体制的根基。选择什么样的基本经济制度，是由这个国家的历史发展、文化传统和基本国情决定的。公有制与市场经济能否有效结合，事关全面深化改革总目标的实现，事关基本经济制度的完善，事关中国特色社会主义的成败，事关现代化建设的进程。坚持和完善基本经济制度，关键是探索和找到社会主义市场经济条件下公有制的有效实现形式。

提示：第一论的重点是回答，坚持和完善基本经济制度与坚持中国特色社会主义制度之间有什么关系？中国为什么必须坚持公有制为主体？为什么不能搞私有化？为什么要坚持"两个毫不动摇"？

一　中国特色社会主义制度的重要支柱

二　历史的必然和现实的选择

三　必须长期坚持的基本国策

四　关键是要找到基本经济制度有效实现形式

五　根本是要做到各种所有制经济共同发展

党的十八届三中全会通过的《中共中央关于全面深化改革若干重大问题的决定》（以下简称《决定》）提出，全面深化改革，要发挥经济体制改革牵引作用。在布局经济体制改革时，《决定》将坚持和完善基本经济制度摆在首要位置，并强调"公有制为主体、多种所有制经济共同发展的基本经济制度，是中国特色社会主义制度的重要支柱，也是社会主义市场经济体制的根基。"《决定》论述了坚持和完善基本经济制度总的原则，并从完善产权保护制度、积极发展混合所有制经济、推动国有企业完善现代企业制度、支持非公有制经济健康发展四个方面进行了具体部署。深刻理解和充分认识坚持和完善基本经济制度与坚持中国特色社会主义制度之间的相互关系，全面落实和切实完成《决定》提出的四方面任务，对坚持和发展中国特色社会主义，全面实现建成小康社会的各项目标，实现中华民族伟大复兴的中国梦，具有十分重要的意义。

一　中国特色社会主义制度的重要支柱

一个国家实行什么样的制度，决定了一个国家的发展方向、道路选择和治理模式，也决定着一个国家经济发展、政治稳定、社会和谐的水平。因为制度是决定社会发展与文明进步的关键性因素，是经济增长和效率提升的源泉。对于后发现代化国家来说，由于追赶实现现代化的压力异常沉重，而技术、知识、人力资本等现代化的动力因素难以在短期内取得突破性进展，因此，制度因素的重要性就显得更为突出和重要。从根本上讲，1840 年以来中国现代化进程的一个重要任务，就是建立与现代化相适应的社会制度框架，而制度变革的成效往往决定现代化的成败。

经过新中国成立后 60 多年的不断探索和逐步完善，我们走出了中国特色社会主义道路，形成了中国特色社会主义理论，确立了中国特色社会主义制度。这三者共同构成了中国特色社会主义。中国特色社会主义道路是实现途径，中国特色社会主义理论体系是行动指南，中国特色社会主义制度是根本保障，三者统一于中国特色社会主义伟大实践，这是我们党领导人民在建设社会主义长期实践中形成的最鲜明特色。

中国特色社会主义制度是在经济、政治、文化、社会等各个领域形成的一整套相互衔接、相互联系的制度体系，由根本制度、基本制度、具体制度三个层面制度组成。人民代表大会制度是我国的根本政治制度，中国共产党领导的多党合作和政治协商制度、民族区域自治制度以及基层群众自治制度等构成我国的基本政治制度，公有制为主体、多种所有制经济共同发展是我国的基本经济制度，建立在根本政治制度、基本政治制度、基本经济制度基础上的经济体制、政治体制、文化体制、社会体制等构成了各项具体制度。

基本经济制度是国家依据社会性质及基本国情，通过法律对社会经济秩序中生产资料归谁所有及在此基础上形成的经济关系作出的明确的经济制度规定，是社会经济在生产关系中最基本的规定，是一个国家和社会经济制度的基础。公有制为主体、多种所有制经济共同发展的基本经济制度，既是中国特色社会主义制度的重要组成部分，又是中国特色社会主义制度的重要支柱。

一是基本经济制度是中国特色社会主义制度的支撑。一方面，中国共产党领导的多党合作和政治协商制度是我国的一项基本政治制度，是我们国家治理体系和治理能力的核心和关键，也是中国特色社会主义制度最大特色和最鲜明的特征，国有经济是公有制经济最重要的组成部分，是中国共产党执政的重要经济基础，国有经济的战略定位和作用发挥事关我们党执政基础的巩固和加强。另一方面，所有制是社会经济制度的核心和基础，决定着社会经济制度的性质，基本经济制度决定了中国特色社会主义制度的所有制性质。经济制度体系即经济基础是生产关系的总和，生产关系是人们在生产过程中所形成的人与人之间的关系，由三个方面构成，即生产资料归谁所有、人们在生产中的地位和相互关系、产品如何分配，其中生产资料归谁所有是最基本的、决定的方面，是生产关系的基础，决定生产关系的性质和根本特征，是区分社会制度的根本标志，也是区分经济制度的根本标志。我国的改革是社会主义制度的自我调整和完善，坚持和发展中国特色社会主义制度必须坚持和完善基本经济制度，放弃了基本经济制度，中国特色社会主义制度的重要支柱将不复存在，中国特色社会主义制度将不复存在。

社会主义的本质是解放生产力，发展生产力，消灭剥削，消除两极分化，最终实现共同富裕。中国特色社会主义制度是全面贯彻、充分体现社会主义本质要求的制度载体，能够更好地兼顾效率与公平，保障和促进社会主义比资本主义更好更快地发展生产力，创造出比资本主义更高的劳动生产率，同时，也能够更好地贯彻公平正义的理念，更加有效地维护和实现社会公平。中国特色社会主义制度能够更有效率，更加公平，其保障机制就在于坚持公有制为主体、多种所有制经济共同发展，使得市场在资源配置中发挥决定性作用的同时，通过政府的宏观调控和市场监管，避免盲目竞争导致的经济剧烈波动和资源极大浪费，最大限度地促进生产力快速发展；使得各种经济成分在公平竞争中追求自身利益最大化的同时，通过共同富裕的各种措施，让"发展为了人民、发展依靠人民、发展成果由人民共享"的社会主义建设目的成为可能和现实。

　　二是基本经济制度是我国社会主义市场经济体制的根基。社会主义要能够创造出比资本主义更高的劳动生产率，关键是要找到比资本主义更有效的资源配置方式。所有经济活动最根本的问题，就是如何最有效地配置资源。所谓资源配置，是指各种生产要素如何用于生产各种商品，以及所生产的商品如何分配到各生产要素的所有者。资源配置的不同方式，会产生不同的效率。人类社会发展的历史说明，市场经济体制作为一种重要的资源配置模式，是商品经济社会最有效的资源配置方式，是人类社会经济发展和科技进步的一个强大原动力。美国经济学家德隆进行大量研究后得出一个重要数据和结论，即人类社会97%的财富是在近250年里创造的。这一结论从数据维度佐证了马克思恩格斯论断的正确性。马克思恩格斯在1848年发表的《共产党宣言》中就指出，"资产阶级在它不到一百年的阶级统治中所创造的生产力，比过去一切世代创造的全部生产力还要多，还要大。"为什么资产阶级有这么大的能量，在 100 多年的时间内像变魔术一般创造出这么多、这么大的生产力？

理论研究和历史发展越来越清楚地显示，人类社会 97% 的财富之所以产生于近 250 多年的时间内，根本一点就在于市场经济。因为人类社会这 250 多年正是市场经济在世界范围内逐步形成和不断拓展的过程，这不是简单的历史巧合，这其实是一个历史必然！为什么市场经济能有如此巨大的能量？根本性因素主要有两点，一点就是市场经济的本质是公平竞争，在利益驱动下，竞争产生的强大压力和巨大动力能够最大限度地激发各类市场竞争主体创业创新的活力和潜能，从而促进了生产力的大提高和大发展；另一点就是价格机制的自发调节作用，市场经济通过价格机制的自发作用使资源得到优化配置，也促进了生产力的大提高和大发展。纵观世界发达国家尤其是西方发达国家，可以看出，实行的都是市场经济体制。

市场经济在推动资本主义发展的同时也孕育了社会主义因素。社会主义与资本主义是一对"双生子"。根据马克思主义理论，资本主义的充分发展是为社会主义取而代之创造经济社会条件。一方面，建立在私有制基础之上的市场经济在优化资源配置、提高生产效率的同时，也会产生贫富悬殊等社会不公问题；另一方面，建立在私有制基础之上的市场经济在实现充分竞争、激发创造活力的同时，也会带来周期性经济危机，给社会生产力造成巨大破坏。反思我国社会主义建设的曲折历程，总结资本主义国家实行市场经济体制的经验教训，立足我国的基本国情，1992 年 10 月召开的党的十四大明确提出"我国经济体制改革的目标是建立社会主义市场经济体制。"这一重要论断包含了三层含义：第一，社会主义必须经过发展市场经济这一历史阶段；第二，社会主义和资本主义都是建立在现代市场经济体制之上的社会形态；第三，我国要实行的市场经济体制是与社会主义制度联系在一起的，不同于发达国家的市场经济体制。

建立和完善社会主义市场经济体制，就是要把社会主义的制度优势与市场经济的体制优势有机结合起来，为中国的现代化建设提供更有效率和更加公平的经济制度。社会主义市场经济不同于西方发达国家的市场经济体制，社会主义市场经济体制作为中国特色社会主义制度体系中的具体制度，是在基本经济制度的基础之上形成的，是与社会主义基本经济制度结合在一起的。社会主义市场经济体制区别于资本主义市场经济体制的一个重要特征是公有制为主体。我国改革开放的总设计师邓小平同志多次强调，一个公有制占主体，一个共同富裕，这是我们必须坚持的社会主义根本原则。我国的基本经济制度始终把公有制经济摆在主体地位，一个重要方面就是要让公有制经济在防止贫富两极分化方面发挥重要作用，这是社会主义重视社会公平的具体体现，也是社会主义市场经济体制与资本主义市场经济体制的一个重要区别。坚持和完善社会主义市场经济体制，坚持社会主义市场经济的改革方向，必须坚持和完善公有制为主体、多种所有制经济共同发展的基本经济制度，离开了这个根基，中国社会主义市场经济改革将偏离方向，中国特色社会主义市场经济体制将不复存在。

三是基本经济制度对于发挥中国特色社会主义制度的优越性具有关键性作用。中国特色社会主义制度是当代中国发展进步的根本制度保障，集中体现了中国特色社会主义的特点和优势，符合我国国情，顺应时代潮流，有利于保持党和国家活力、调动广大人民群众和社会各方面的积极性、主动性、创造性，有利于解放和发展社会生产力、推动经济社会全面发展，有利于维护和促进社会公平正义、实现全体人民共同富裕，有利于集中力量办大事、有效应对前进道路上的各种风险挑战，有利于维护民族团结、社会稳定、国家统一。我国"两弹一星"研制成功，有效应对亚洲金融危机和国际金融危机的冲击，成功举办北京奥运会和夺取抗震救灾重大胜利等，都彰显了中国特色社会主义制度的优越性。中国特色社会主义制度这些优越性与基本经济制度密不可分，离开了公有制为主体，离开了各种所有制经济共同发展，中国特色社会主义制度的优越性将不复存在，也无法充分发挥作用。

公有制是国家引导、推动经济发展和社会进步的基本力量，是实现最广大人民根本利益和共同富裕的重要保证，发展壮大国有经济，国有经济控制国民经济命脉，对于发挥社会主义制度的优越性，增强我国的经济实力、国防实力和民族凝聚力，具有关键性作用。因此，推动经济社会全面发展，维护和促进社会公平正义，实现全体人民共同富裕，集中力量办大事，有效应对前进道路上的各种风险挑战，维护民族团结、社会稳定、国家统一，必须坚持公有制主体地位，发挥国有经济主导作用，不断增强国有经济活力、控制力、影响力。

个体、私营等各种形式的非公有制经济是社会主义市场经济的重要组成部分，是促进我国社会生产力发展的重要力量，在支撑经济增长、促进创新、扩大就业、增加税收等方面具有重要作用。保持党和国家活力，调动广大人民群众和社会各方面的积极性、主动性、创造性，解放和发展生产力，在毫不动摇地巩固和发展公有制经济的同时，必须毫不动摇地鼓励、支持、引导非公有制经济发展，激发非公有制经济活力和创造力。

改革开放以来，我国在建立和发展社会主义市场经济体制的同时，坚持和完善基本经济制度，使中国的巨大潜力得以释放，创造活力得以激发，经济实力实现腾飞，人民生活水平得到极大提高。在我国，市场经济体制与社会主义公有制相结合已经显示出强大的生命力和巨大的优越性。1978～2013 年的 35 年时间，中国经济总量从 3645.2 亿元跃升到 568845.2 亿元，年均增长 9.8%；人均 GDP 从 381 元快速提高到 41804.7 元，年均增长 8.7%，创造了人类发展史上的奇迹。目前，中国的经济总量已经位居世界第二，许多主要经济指标名列世界前列，与经济实力最强的美国的差距在逐步缩小。可以相信，在不久的将来，中国将会超越美国成为世界第一大经济体。以基本经济制度为重要支柱的中国特色社会主义制度在推进和建设中国特色社会主义道路伟大事业中将继续显示出强大生命力和巨大优越性。

发展是硬道理。改革开放以来我国经济和社会发展取得的巨大成功和伟大成就说明我国选择的基本经济制度是正确的，是有效的，单一公有制和私有化都不符合中国国情。改革开放以来，在改革的方向、改革的路径等问题上，经常出现一些不正确或错误的观点。有观点认为，中国的经济体制改革会导致资本主义私有化，建立的是资本主义市场经济体制。另有观点认为，公有制为主体不可能有效率，市场经济不可能建立在公有制之上。还有人照抄照搬西方国家的制度模式，认为只有私有化才能实现现代化。我国坚持基本经济制度取得的巨大成功说明，社会主义公有制与市场经济可以结合，公有制经济与非公有制经济可以统一于中国特色社会主义之中，各种所有制经济完全可以在市场竞争中发挥各自优势、相互促进、共同发展，不能把两者对立起来。否定改革开放，否定公有制的主体地位，在理论上都是站不住的，在实践上都是有害的。作为中国特色社会主义制度重要支柱和中国特色社会主义市场经济体制根基的基本经济制度具有强大的生命力，只有坚持公有制的主体地位，实现多种所有制经济共同发展，才是振兴和发展我国经济的正确道路。

二　历史的必然和现实的选择

一个国家选择什么样的经济制度，是由这个国家的历史传承、文化传统、基本国情、发展阶段等因素决定的，归根到底是由这个国家的人民决定的。我国是一个具有悠久历史和丰厚传统的国家，是一个具有独特文化内涵和基本国情的国家，这些因素决定了我国在选择经济制度时可以学习借鉴其他国家的成功经验，但不能也无法照抄照搬别国的模式，必须探索和选择适合中国国情的经济制度。习近平总书记指出，"独特的文化传统、独特的历史命运、独特的基本国情，注定了我们必然要走适合自己特点的发展道路"。世界上没有普遍适用各国的经济制度，也没有一成不变的经济发展模式。我国之所以将公有制为主体、多种所有制经济共同发展作为我国的基本经济制度，这是历史的必然，是现实的选择，凝聚着几代中国共产党人带领中国人民艰辛探索的智慧和心血。

"天下为公"是中华传统文化中的重要理念。一个国家的经济制度与这个国家的传统文化有着紧密的联系，天下为公的理念在九州大地已经流传了几千年，中国古代就提倡天下为公的理念，即天下是天下人的天下，为大家所共有，只有实现天下为公，彻底铲除私天下带来的社会弊端，才能使社会充满光明，百姓得到幸福，后来，天下为公成为一种美好社会的政治理想。西汉戴圣编著的《礼记·礼运篇》记录了中国伟大的思想家、教育家、儒家思想的创始人孔子的论述说："大道之行也，天下为公"。孔子创立的儒家思想 2000 多年来对中国产生了深远重大的影响。中国近代民主革命的伟大先行者孙中山继承了这一思想，把"天下为公"、"世界大同"作为理想的社会目标。天下为公这一历史传承深深地影响着我国经济制度模式的选择。

"不患寡而患不均"是中国的传统思想。《论语》季氏第十六篇记录了孔子提出的"不患寡而患不均"这句话，中国理学集大成者宋朝的朱熹对此的解释是："均，谓各得其分。"这个思想对后来的中国社会发展也产生了很大影响，成为人们普遍的社会心理，甚至成为动员组织民众实现改朝换代的口号。中国历史上几次农民起义都打出了这个口号。唐朝末年黄巢起义，起义军的政治口号就是"均平"。中国近代爆发的太平天国农民起义打出的口号也包含平等的思想。1853 年冬太平天国政权制定并颁布了《天朝田亩制度》，提出了"凡天下田，天下人同耕"的原则，试图建立一个"有田同耕，有饭同食，有衣同穿，有钱同使，无处不均匀，无人不饱暖"的理想社会。虽然这种建立在小农经济基础上的绝对平均主义理想不可能付诸实施，但是，这些口号能够吸引大批民众参与政权更替的运动，也反映出"不患寡而患不均"的价值理念符合中国民众的社会心理，并对我国经济制度模式的选择产生重大影响。

马克思主义是我国选择经济制度的一个根本指导思想。十月革命一声炮响，给中国送来了马克思主义。实现生产资料公有制是马克思主义的一个极为重要的观点和结论。马克思深入研究了资本主义社会特别是剩余价值的产生，认为用生产资料公有制取代生产资料私有制是人类社会发展的必然趋势和客观规律。按照马克思主义理论，要从根本上克服资本主义的弊端，就要变革资本主义的私有制，建立社会主义的公有制，只有做到人与人之间经济地位的平等，才能实现真正的社会公平。《共产党宣言》中有一句名言，即"共产党人可以把自己的理论概括为一句话：消灭私有制"。马克思后来进一步指出："社会主义同现存制度的具有决定意义的差别当然在于，在全部生产资料公有制（先在单个国家实行）的基础上组织生产。"虽然今天存在着对马克思生产资料公有制的不同认识和解读，但生产资料公有制是社会主义社会根本特征的思想对我们党和国家的影响是极其深刻的。

社会主义道路是我国选择经济制度的决定性因素。中国近代以来的一百多年间，为了改变中华民族的命运，中国人民和无数仁人志士进行了千辛万苦的探索和不屈不挠的斗争，包括太平天国运动、洋务运动、戊戌变法、义和团运动等，但都失败了。各式各样的救国方略纷纷登场，乱花迷眼，包括资本主义、改良主义、自由主义、社会达尔文主义、无政府主义、实用主义、民粹主义、工团主义等，但最终都碰壁了。各派政治力量进行了反复较量，尝试过各种制度选择，包括君主立宪制、议会制、多党制、总统制等西方政治制度模式，但都没有成功。经过旧民主主义革命的多次失败和新民主主义革命的最终胜利，证明资本主义道路在中国走不通，唯一的出路是在共产党领导下推翻帝国主义、封建主义、官僚资本主义的反动统治，走社会主义道路。公有制是社会主义社会的根本特征和内在要求，公有制为主体也就成为我国社会基本经济制度的最重要特征。

在中国这样一个落后的东方大国建设社会主义现代化国家是我国选择经济制度的最大实际。1840 年鸦片战争以后，中国逐步沦为一个半殖民地半封建的国家，新中国是建立在半殖民地半封建社会之上的，生产力水平十分低下，远远落后于发达的资本主义国家，在这样的情况下如何实现许多国家在资本主义条件下建立现代化国家，是一个崭新的历史课题。一方面，建国初期，国内经济极为凋敝，工业极其落后，农业效率极其低下，大量人员失业，为了保证人们基本生活的需要开始实行供给制和配给制，实行粮食统购统销，由此，我国逐步走上了建立在公有制基础上的计划经济体制。另一方面，为了尽快建立独立的比较完整的工业体系和国防体系，加快推进国家的现代化建设，国家集中各种资源进行大规模投资，一大批国有企业由此产生，公有制在所有制结构中形成了完全支配性的局面。

建国之初我国面临的国际国内形势是我国选择经济制度的现实考量。在中国如何建设社会主义，我们党并没有现成的经验，而新中国成立之初，西方发达国家对我国实行经济、技术、军事等的封锁，能够进行学习交流是已经建成社会主义的前苏联和东欧国家。在这种特定的国际国内背景下，中国共产党把马克思主义基本原理同中国具体实际相结合，认真总结党领导人民建立新民主主义制度的初步实践和在局部地区执政的经验，同时借鉴前苏联社会主义建设的经验，创造性提出了在中国建立社会主义制度的一系列重要思想，包括坚持和发展马克思主义关于生产资料公有制是未来社会根本特征的原理，提出对生产资料私有制实行社会主义改造，建立以公有制为基础的社会主义经济制度的思想。这些重要思想的提出，为确定社会主义经济制度提供了理论指导。1956 年，随着对农业、手工业和资本主义工商业社会主义改造基本完成，社会主义经济制度随之建立起来，同时，还形成了与社会主义基本制度相适应的社会主义经济体制。

社会主义初级阶段是我国的基本国情。社会主义初级阶段不是泛指任何国家进入社会主义都会经历的起始阶段，而是特指我国生产力落后、商品经济不发达条件下建设社会主义必然要经历的特定阶段。社会主义制度作为一种崭新的社会制度，在理论和实践上走向成熟，必然有一个历史过程。新中国成立以来，中国人民在中国共产党的领导下走上了社会主义道路，但对"什么是社会主义"、"怎样建设社会主义"这两个基本问题缺乏科学的认识，曾一度认为社会主义表现在所有制方面就是越大越公越好，由此而形成的过分单一的"一大二公"的所有制结构和僵化的经济体制以及同这种经济体制相联系的权力过分集中的政治体制，严重束缚了生产力和社会主义商品经济的发展。这种脱离社会主义初级阶段的所有制结构和经济体制使我国吃了不少亏，走了不少弯路。改革开放以来，我们党认真总结我国社会主义建设经验，以巨大的政治勇气、理论勇气、实践勇气开始了体制改革的伟大历程，不断推进社会主义制度的自我完善和发展。基于我国长期处于社会主义初级阶段这一历史判断，在经济上，打破单一的公有制，建立以公有制为主体、多种所有制经济共同发展的基本经济制度；废除人民公社制度，确立以家庭联产承包经营为基础、统分结合的双层经营体制；破除"大锅饭"和平均主义，建立以按劳分配为主体、多种分配方式并存的分配制度；破除高度集中的计划体制，建立使市场在国家宏观调控下对资源配置起决定性作用的运行机制；破除封闭半封闭经济，建立开放型经济体系。通过不懈努力，我国在各个领域形成了一整套相互衔接、相互联系的经济制度体系，为当代中国经济发展和生产力提高提供了制度保障。

回顾和梳理我国基本经济制度产生和发展的背景和过程，可以看出，生产资料公有制的思想与中华民族有着深厚历史渊源，建立在公有制基础上的社会主义制度与中华民族有着不解之缘，正如社会主义制度在中国产生并发展有其历史必然一样，基本经济制度在我国的产生并发展也是历史的必然。我国之所以选择这样的基本经济制度而不选择其他模式的基本经济制度，这不是某个政党、某个团体、某个领袖随心所欲的结果，而是历史的必然，是现实的需要，是人民的选择，如果罔顾我国的历史和文化，脱离我国的国情和发展阶段，盲目推崇西方国家的经济制度，势必将我国改革开放事业引入歧途。坚持和完善社会主义基本经济制度，这是全面深化改革必须牢牢把握的大方向。

三　必须长期坚持的基本国策

党的十五大从我国的社会主义性质和初级阶段的国情出发，从解放和发展生产力的要求出发，把公有制为主体、多种所有制经济共同发展确定为我国的基本经济制度。党的十六大根据解放和发展生产力的要求再次强调，"坚持和完善公有制为主体、多种所有制经济共同发展的基本经济制度"，并且提出了两个毫不动摇的著名论断，即，必须毫不动摇地巩固和发展公有制经济，必须毫不动摇地鼓励、支持和引导非公有制经济发展，两者统一于社会主义现代化建设的进程中。党的十六届三中全会从完善社会主义市场经济体制的要求出发，强调坚持公有制的主体地位，发挥国有经济的主导作用，进一步增强公有制经济活力，并强调大力发展和积极引导非公有制经济。党的十七大从坚持和完善公有制为主体、多种所有制经济共同发展的基本经济制度出发，再次强调"毫不动摇地巩固和发展公有制经济，毫不动摇地鼓励、支持、引导非公有制经济发展，"并提出"坚持平等保护物权，形成各种所有制经济平等竞争、相互促进新格局。"党的十八大从全面深化经济体制改革的要求出发强调，"要毫不动摇巩固和发展公有制经济，推行公有制多种实现形式，深化国有企业改革，完善各类国有资产管理体制，推动国有资本更多投向关系国家安全和国民经济命脉的重要行业和关键领域，不断增强国有经济活力、控制力、影响力。毫不动摇鼓励、支持、引导非公有制经济发展，保证各种所有制经济依法平等使用生产要素、公平参与市场竞争、同等受到法律保护。"党的十八届三中全会把坚持和完善基本经济制度专门列为全面深化改革总体部署的一个部分，并强调，"公有制为主体、多种所有制经济共同发展的基本经济制度，是中国特色社会主义制度的重要支柱，也是社会主义市场经济体制的根基。公有制经济和非公有制经济都是社会主义市场经济的重要组成部分，都是我国经济社会发展的重要基础。必须毫不动摇巩固和发展公有制经济，坚持公有制主体地位，发挥国有经济主导作用，不断增强国有经济活力、控制力、影响力。必须毫不动摇鼓励、支持、引导非公有制经济发展，激发非公有制经济活力和创造力。"从这些重要论述可以看出，第一，党的十五大以来，历届党的代表大会和专门部署改革的会议都强调论述基本经济制度；第二，基本经济制度的内容是一脉相承的并在实践中不断丰富和发展；第三，坚持和完善基本经济制度必须做到"两个毫不动摇"。

　　实际上，基本经济制度的思想内涵，即坚持公有制为主体，多种所有制经济共同发展，早在改革开放初期我们党就有了一些初步论断并不断完善。1980 年 8 月中共中央转发的《进一步做好城镇劳动就业工作》的文件指出，"个体经济是社会主义公有制的不可缺少的补充，在今后一个相当长的历史时期内都将发挥积极作用。"1981 年 6 月中共中央《关于建国以来党的若干历史问题的决议》明确指出："国营和集体经济是中国基本的经济形式，一定范围的劳动者个体经济是公有制经济的必要的补充"。1982年9月召开的党的十二大通过的《决议》中专门论述了关于坚持国营经济的主导地位和发展多种经济形式的问题，《决议》指出，"社会主义国营经济在整个国民经济中居于主导地位。巩固和发展国营经济，是保障劳动群众集体所有制经济沿着社会主义方向前进，并且保障个体经济为社会主义服务的决定性条件。由于我国生产力发展水平总的说来还比较低，又很不平衡，在很长时期内需要多种经济形式的同时并存。在农村，劳动人民集体所有制的合作经济是主要经济形式。城镇手工业、工业、建筑业、运输业、商业和服务业，现在都不应当也不可能由国营经济包办，有相当部分应当由集体举办。城镇青年和其他居民集资经营的合作经济，近几年在许多地方发展了起来，起了很好的作用。党和政府应当给以支持和指导，决不允许任何方面对它们排挤和打击。在农村和城市，都要鼓励劳动者个体经济在国家规定的范围内和工商行政管理下适当发展，作为公有制经济的必要的、有益的补充。只有多种经济形式的合理配置和发展，才能繁荣城乡经济，方便人民生活"。1986年9月召开的党的十二届六中全会通过的《中共中央关于建设社会主义精神文明指导方针的决议》中第一次提出公有制为主和发展多种经济成分的问题，《决议》说，"我国还处于社会主义的初级阶段，不但必须实行按劳分配，发展社会主义的商品经济和竞争，而且在相当长的历史时期内，还要在公有制为主体的前提下发展多种经济成分，在共同富裕的目标下鼓励一部分人先富裕起来"。1992年

10 月召开的党的十四大强调，在所有制结构上，以公有制包括全民所有制和集体所有制经济为主体，个体经济、私营经济、外资经济为补充，多种经济成分长期共同发展，不同经济成分还可以自愿实行多种形式的联合经营。1997 年 9 月党的十五大召开，正式将我国社会主义初级阶段的基本经济制度确定为，"公有制为主体、多种所有制经济共同发展"。由此可见，改革开放以来，我们党在带领人民积极进行社会经济制度变革创新的伟大历程中，始终强调公有制为主体，同时十分重视并不断提高非公有制经济在我国经济社会发挥中的作用，从而形成了适合我国特点的基本经济制度。

社会主义初级阶段理论既是中国特色社会主义理论的重要组成部分，又是坚持和完善基本经济制度的理论基石。社会主义初级阶段这一提法第一次正式出现在我们党的文件中是在 1981 年 6 月召开的党的十一届六中全会通过的《关于建国以来党的若干历史问题的决议》中，《决议》指出，"尽管我们的社会主义还是初级的阶段，但是，毫无疑问，我国已经建立了社会主义制度，进入了社会主义社会，任何否认这个基本事实的观点都是错误的。" 1987 年 11 月召开的党的十三大第一次系统全面地阐述了"社会主义初级阶段"理论，并把社会主义初级阶段理论确立为党的基本路线和指导方针的理论基础。十三大报告强调，"正确认识我国社会现在所处的历史阶段，是建设有中国特色的社会主义的首要问题，是我们制定和执行正确的路线和政策的根本依据。对这个问题，我们党已经有了明确的回答：我国正处在社会主义的初级阶段。这个论断，包括两层含义。第一，我国社会已经是社会主义社会。我们必须坚持而不能离开社会主义。第二，我国的社会主义社会还处在初级阶段。我们必须从这个实际出发，而不能超越这个阶段。"从社会主义初级阶段的实际出发，党的十三大把"必须以公有制为主体"确立为具有长远意义的一项指导方针，并强调，"在初级阶段，尤其要在以公有制为主体的前提下发展多种经济成分"。党的十五大进一步强调和阐述了社会主义初级阶段的理论，指出，"社会主义是共产主义的初级阶段，而中国又处在社会主义的初级阶段，就是不发达的阶段。"十五大还明确提出，"公有制为主体、多种所有制经济共同发展，是我国社会主义初级阶段的一项基本经济制度，这一制度的确立，是由社会主义性质和初级阶段国情决定的：第一，我国是社会主义国家，必须坚持公有制作为社会主义经济制度的基础；第二，我国处在社会主义初级阶段，需要在公有制为主体的条件下发展多种所有制经济；第三，一切符合'三个有利于'的所有制形式都可以而且应该用来为社会主义服务。"党的十五大的召开，标志着"公有制为主体、多种所有制经济共同发展"的基本经济制度正式确立，也标志着我们党在"什么是社会主义"和"怎样建设社会主义"这两个基本问题上有了新的理论认识，新的理论创新。

社会主义初级阶段是一个长期的历史过程。党的十三大强调，"我国从五十年代生产资料私有制的社会主义改造基本完成，到社会主义现代化的基本实现，至少需要上百年时间，都属于社会主义初级阶段。这个阶段，既不同于社会主义经济基础尚未奠定的过渡时期，又不同于已经实现社会主义现代化的阶段。"党的十五大再次强调，社会主义初级阶段至少需要一百年时间，并指出，"至于巩固和发展社会主义制度，那还需要更长得多的时间，需要几代人、十几代人，甚至几十代人坚持不懈地努力奋斗。"经过多年的不断建设和改革开放，我国的综合国力有了极大提升，我国已经成为世界第二大经济体，与世界第一大经济体美国的差距不断缩小，人均收入有了明显提升，已经进入中等收入国家行列。但我国仍将并长期处于社会主义初级阶段。党的十八大在充分肯定我国现代化建设取得巨大成就的同时强调，"我们必须清醒认识到，我国仍处于并将长期处于社会主义初级阶段的基本国情没有变，人民日益增长的物质文化需要同落后的社会生产之间的矛盾这一社会主要矛盾没有变，我国是世界最大发展中国家的国际地位没有变。在任何情况下都要牢牢把握社会主义初级阶段这个最大国情，推进任何方面的改革发展都要牢牢立足社会主义初级阶段这个最大实际。"

社会主义初级阶段长期性这一基本国情和最大实际，决定了基本经济制度不仅是整个改革开放过程中必须坚持的经济制度，也是整个社会主义初级阶段必须坚持的经济制度。在整个社会主义初级阶段，完善和发展中国特色社会主义制度需要一个长期的过程，发展社会主义市场经济是一个长期的过程，因此，坚持和完善基本经济制度也是一个长期的过程，是一项必须长期坚持的基本国策。任何否定甚至取消基本经济制度的主张和做法，都是有害的，都将给我国社会主义现代化建设造成极其严重的后果。

需要指出的是，强调基本经济制度是一项长期必须坚持的基本国策，强调在整个社会主义初级阶段都要坚持基本经济制度，并不是说基本经济制度不需要完善，并不等于基本经济制度不需要发展。《决定》明确提出，"全面深化改革的总目标是完善和发展中国特色社会主义制度，推进国家治理体系和治理能力现代化。"基本经济制度作为中国特色社会主义制度的重要支柱，作为中国特色社会主义市场经济体制的根基，也需要通过全面深化改革不断完善和发展，也需要在发展社会主义市场经济体制中加快实现现代化。

改革开放以来我国已经取得巨大成功和伟大成就证明，我国选择并坚持和完善基本经济制度是可行的，是正确的。当然，我们也要看到，总体上我国仍然是一个发展中国家，经济发展中不平衡不协调不可持续的矛盾和问题不少，人均收入水平与发达国家还有相当差距，社会进步中也存在收入分配悬殊、城乡社会割裂、公共服务不均、社会诚信缺失、腐败大案不断等问题。切实解决好这些严重影响社会公平正义的问题，全面建成小康社会，实现中华民族伟大复兴的中国梦，必须建立更有效率、更加公平的中国特色社会主义制度。完成这一历史使命，首先我们必须坚持已经被实践证明是行这有效的社会主义基本经济制度，与此同时，我们必须适应形势的变化，不断推进基本经济制度的完善和发展。

《决定》强调坚持和完善基本经济制度，也就是说，实践证明是行之有效的基本经济制度的主要方面必须坚持，不适应形势需要的具体经济制度即经济体制必须深化改革和不断完善。就中国特色社会主义制度的本质特征和内在要求而言，基本经济制度的基本点即公有制为主体、多种所有制经济共同发展必须坚持，不能放弃，不能动摇，因为这涉及中国特色社会主义制度的所有制性质，但公有制经济与非公有制经济的地位作用和相互关系等重大问题的界定需要根据建设中国特色社会主义的实践不断发展，因为这涉及公有制经济与非公有制经济在我国现代化建设的进程中能否实现共同发展。同时，基本经济制度的有效实现形式必须继续大胆探索并不断完善，不能僵化，不能停滞，因为这涉及基本经济制度与市场经济体制能否有效结合，必须适应发展中国特色社会主义制度和中国特色市场经济体制的要求不断进行探索。

四　关键是要找到基本经济制度的有效实现形式

坚持和完善基本经济制度，必须解决社会主义市场经济条件下基本经济制度的有效实现形式问题，关键是找到公有制的有效实现形式，或者说，关键是找到市场经济条件下公有制与市场经济有效结合的途径和方式。

早在改革开放的前期，邓小平同志在谈到国有企业改革时就提出要探索公有制新的实现形式，他说，要用多种形式把所有权和经营权分开，以调动企业积极性，这是改革的一个很重要的方面。他还指出，这个问题在我们一些同志的思想上还没有解决，主要是受老框框的束缚，其实许多经营形式都属于发展社会生产力的手段、方法，既可为资本主义所用，也可为社会主义所用，谁用得好，就为谁服务。习近平总书记在对《决定》作说明时指出，"改革开放以来，我国所有制结构逐步调整，公有制经济和非公有制经济在发展经济、促进就业等方面的比重不断变化，增强了经济社会发展活力。在这种情况下，如何更好地体现和坚持公有制主体地位，进一步探索基本经济制度有效实现形式，是摆在我们面前的一个重大课题。"

公有制与市场经济的有效结合是一个极具挑战性、极具探索性的问题。市场经济有两个基本前提，一是社会分工明确，二是产权归属清晰。从法律上讲，公有经济的产权归属是清晰的，但由于公有产权的所有者是国家这个集合体，不是追求利润最大化的经济组织，同时，由所有权派生出来的实际占有权、实际使用权、收益分配权、财产处置权由谁行使，实际上也不很清晰，因此，公有制经济如何与市场经济有效结合，如何具有活力和竞争力，是一个世界性难题，也是建设中国特色社会主义必须解决的重大课题。这个问题能否很好解决，关系到公有制经济的巩固和发展，关系到公有制为主体、多种所有制经济共同发展的基本经济制度的坚持和完善，关系到中国特色社会主义制度的坚持和发展。

对公有制经济能否与市场经济有效结合的问题，理论界、学术界长期存有争议，有人持怀疑态度，还有人持否定观点，有人甚至断言，公有制与市场经济本质属性不同，根本不能结合，市场经济不可能建立在公有制为主体的基础之上，中国只有实行私有化才可能实行真正的市场经济。能否实现公有制与市场经济的有效结合，决定着中国改革开放和现代化建设的命运，决定着中国特色社会主义的成败。在这个马克思没有讲过、前人也没有做过的崭新事业面前，我们别无选择，根本出路在于大胆探索和积极寻找公有制与市场经济有效结合的途径和方式。

　　理论上的与时俱进和不断创新，是马克思主义的理论品质，是马克思主义的本质要求，也是解决基本经济制度有效实现形式的重要路径。作为一项前人没有做过的崭新事业，解决基本经济制度的有效实现形式问题，需要理论上的不断突破和创新，需要对探索和改革的实践进行及时总结。改革开放以来，我们党带领全国人民在坚持和完善基本经济制度方面进行了不懈探索，在理论上不断进行突破和创新，在基本经济制度实现形式问题上有了一系列新的理论建树，包括：公有制的实现形式可以而且应当多样化；股份制是现代企业的一种资本组织形式，资本主义可以用，社会主义也可以用；国有大中型企业尤其是优势企业，宜于实行股份制的，要通过规范上市、中外合资和企业相互参股等形式改为股份制企业，除极少数必须由国家独资经营的企业外，积极推行股份制，发展混合所有制经济；大力发展国有资本、集体资本和非公有资本等参股的混合所有制经济，实现投资主体多元化，使股份制成为公有制的主要实现形式；积极发展混合所有制经济，国有资本、集体资本与非公有资本交叉持股、相互融合的混合所有制经济是基本经济制度的重要实现形式等。其中，对探索基本经济制度有效实现形式最具指导意义和实践价值的理论突破和创新集中在三个方面：

　　一是所有制和所有制的实现形式是两个既相互联系又相互区别的概念。一种所有制可以有多种实现形式，不同所有制也可以采取同一种实现形式。把所有制与所有制的实现形式区分开来，既解决了长期困扰经济体制改革的姓"社"姓"资"的争论，又解决了坚持公有制为主体与发展市场经济体制的问题，推动我国的经济体制改革在坚持公有制为主的同时，大胆采用一切反映社会化发展规律的经营方式和组织形式，积极探索公有制的多种有效实现形式。

二是股份制是公有制的主要实现形式。从股份制是现代企业的一种资本组织形式，资本主义可以用，社会主义也可以用，到股份制是公有制的主要实现形式，表明我们党对股份制地位和作用的认识不断深化。股份制理论的确立和发展突破了在所有制结构问题上的各种思想羁绊，既有利于解决所有制结构调整和国有企业改革中如何体现国有经济控制力的问题，又解决了国有经济在市场经济中的有效组织形式问题，推动了我国国有企业股份制改革取得突破性进展，国有资本市场化证券化的程度大幅提高。

三是国有资本、集体资本与非公有资本交叉持股、相互融合的混合所有制经济是基本经济制度的重要实现形式。从股份制是公有制的主要实现形式到混合所有制经济是基本经济制度的重要实现形式，表明我们党在探索基本经济制度的有效实现形式方面有了新的认识和新的突破。这既有利于国有资本放大功能、保值增值、提高竞争力，解决了坚持公有制主体地位和发挥国有经济主导作用的途径和方式问题，又有利于各种所有制资本取长补短、相互促进、共同发展，解决了在坚持公有制主体地位的同时如何实现各种所有制经济共同发展的问题，推动我国国有企业改革进入新的历史阶段。

我们党在坚持和完善基本经济制度方面这些重要思想的提出和不断发展，是探索基本经济制度特别探索公有制多种有效实现形式的经验总结和理论成果，是对社会主义政治经济学的重大贡献，也反映了我们党对基本经济制度问题的认识不断深化。

在积极进行理论探索和创新的同时，我国在探索公有制有效实现形式方面的步伐一直没有停止。改革开放以前，我国几乎是公有制的一统天下，改革开放以来，通过所有制结构调整和产权制度改革，我国在坚持公有制为主的前提下，积极推进所有权与经营权的分离，探索公有制的多种有效实现形式。经过多年不断改革，我国实现了从公有制一统天下向多种所有制经济共同发展的模式转变，从公有制单一形式向公有制多种实现形式的转变，从这个意义上讲，我国的经济体制改革从一开始就是围绕探索公有制与市场经济有效结合的形式展开的。

在农村，在坚持土地所有权归集体所有的前提下，实行土地家庭联产承包责任制，将土地的经营权和收益权等权利交给亿万农民，使农户成为独立的商品生产经营者，从而极大地调动了农户从事生产经营的积极性，实现了农村土地集体所有制与市场经济的结合。

在城镇，在坚持企业国有资产所有权归国家所有的前提下，通过国有企业的股份制改革和建立现代企业制度，实行所有权与经营权的分离，使国有企业成为市场经济的独立法人和竞争实体，实现了国有产权与市场经济的结合。

全面深化经济体制改革的一个重要目标是健全和完善社会主义市场经济体制。党的十八届三中全会强调要积极发展混合所有制经济，其实质就是在坚持企业国有资本归国家所有的前提下，实现国有资本、集体资本、非公有资本等的交叉持股和相互融合，使国有资本更好地与社会主义市场经济相结合，解决基本经济制度的有效实现形式问题。

实践已经证明并将继续证明，坚持股份制改革方向，坚持把混合所有制经济作为基本经济制度的重要实现形式，公有制与市场经济是可以实现有效结合的，在坚持公有制为主的前提下，也可以建立和完善市场经济体制，这就是中国特色社会主义市场经济。断言公有制与市场经济本质属性不同、根本无法进行结合的专家学者，应该正视客观事实，投身到改革开放的伟大实践中认真总结中国的成功做法和经验，深入研究公有制与市场经济结合的理论和实践，丰富和发展社会主义政治经济学。

当然，在充分肯定我国在探索和寻找基本经济制度有效实现形式、解决公有制与市场经济有效结合已经取得的理论建树和实践成就的同时，也要看到，我们在探索基本经济制度的有效实现形式和实现公有制与市场经济有效结合方面，无论是理论创新还是实践探索，都还有漫长的道路要走。

坚定社会主义制度自信，需要中国特色社会主义理论自信的支撑。坚定中国特色社会主义理论自信，必须形成比较成熟的为亿万人民群众特别是广大知识分子真信的中国特色社会主义市场经济理论。当前，我国经济学领域"西化"倾向十分明显，西方经济学特别是主流经济学以资本主义经济制度为既定前提，主要研究资本主义市场经济条件下资源配置问题，其基本信条和主要结论是，以资本主义私有制为基础的市场经济制度最终能够实现资源的最优配置和社会福利最大化，其根本上是否定和反对公有制及社会主义的。一些西方国家至今不承认中国的市场经济地位，这是一个重要原因。纠正和改变我国经济学领域"西化"的倾向，必须在认真总结研究中国特色社会主义建设伟大实践的基础上，吸收借鉴西方经济学的优秀成果，构建更加成熟的中国特色社会主义市场经济理论体系，形成中国自己的主流经济学。对此，我们要有自信。同时，也要看到，这是一项长期艰巨的任务，需要我们不断付出艰辛的努力。

五　根本是要做到各种所有制经济共同发展

建设更有效率、更加公平的中国特色社会主义，必须让一切劳动、知识、技术、管理、资本的活力竞相迸发，让一切创造社会财富的源泉充分涌流，让发展成果更多更公平惠及全体人民。实现这些理想目标，必须坚持和完善基本经济制度，充分调动各种所有制经济的积极性和创造性，实现各种所有制经济的共同发展和共同进步。《决定》强调，公有制经济和非公有制经济都是社会主义市场经济的重要组成部分，都是我国经济社会发展的重要基础，第一次从基本经济制度层面肯定了不同所有制经济在市场竞争中具有同等地位，进一步体现了公有制经济与非公有制经济在市场竞争中的公平公正，为各种所有制经济共同发展提供了新的理论支撑和进步动力。

坚持公有制主体地位与多种所有制经济共同发展构成了基本经济制度的完整内容，两者相辅相成，缺一不可。公有制为主体是坚持和完善基本经济制度的前提，是决定我国经济体制不同于一般市场经济国家经济体制的根本所在，只有坚持公有制为主体这个前提，才能确保中国特色社会主义制度的本质属性；多种所有制经济共同发展是坚持和完善基本经济制度的目的，是推动我国经济社会持续发展的力量所在，只有实现多种所有制经济共同发展，才能真正建成更具优越性的社会主义制度。在全面深化改革实践中，必须完整准确地理解和把握基本经济制度的内涵和要求，不能强调公有制的主体地位就忽视甚至排斥非公有制经济的发展，也不能强调鼓励和支持非公有制经济的发展而忽视和放弃公有制的主体地位。

坚持和完善基本经济制度，核心是解决在公有制为主体的前提下如何实现多种所有制经济的共同发展，根本是要做到"两个毫不动摇"，即，毫不动摇地巩固和发展公有制经济，坚持公有制主体地位，发挥国有经济主导作用，不断增强国有经济活力、控制力、影响力；毫不动摇地鼓励、支持和引导非公有制经济发展，激发非公有制经济活力和创造力。贯彻落实《决定》精神和要求，重点要在四个方面取得实质性进展。

一是要完善产权保护制度。产权是所有制的法律表现形式，产权的法律保护是市场经济的基石，完善产权保护制度是实现各种所有制经济共同发展的内在要求和重要保证，只有形成完善的产权保护制度，才能依法保护各种所有制经济的财产权不受侵犯，才能有效调动各种所有制经济创新创业的积极性。平等保护产权是社会主义公平公正原则的重要体现，是完善我国产权保护制度的基本要求，也是实现各种所有制经济共同发展的客观要求。平等保护产权关键是要依法保护各种所有制经济的财产权利和平等发展机会。要确保公有制经济财产权不受侵犯，依法惩处国有企业改革和发展中各种侵犯公有制经济财产权的行为，防止国有资产流失。要确保非公有制经济财产权同样不受侵犯，保证各种所有制经济依法平等使用生产要素、公开公平公正参与市场竞争、同等受到法律保护。同时，国家要依法加强对各种所有制经济的监管。

二是要积极发展混合所有制经济。国有资本、集体资本、非公有制资本交叉持股、相互融合的混合所有制经济，是基本经济制度的重要实现形式，是在坚持公有制为主的同时实现各种所有制经济共同发展的有效途径。要采取有效措施，确保《决定》提出的允许更多国有经济和其他所有制经济发展成为混合所有制经济、允许非国有资本参股国有资本投资项目、允许混合所有制推行企业员工持股能够得到有效落实。

股份制是公有制的主要实现形式，也是混合所有制经济的重要实现形式。股份制具有迅速筹集资本、分散投资风险、加速要素流动等基本功能。股份制还具有只能进行转让而不能随意退股的特征，使企业的资本具有内在的稳定性。理论和实践都证明，国有企业进行股份制改革，发展为多元产权结构或投资主体多元化的企业组织形式，有利于国有企业建立建全现代企业制度，增强活力和竞争力。积极发展混合所有制，一个重要途径就是继续推进国有企业的股份制改革，提高国有资本证券化市场化水平。具备条件的国有企业积极推进整体上市，即通过股份制改革和上市，使国有企业的母公司或集团公司形成多元投资主体或产权多元化，母公司的资产全部进入股份公司并上市，形成多元投资主体或产权多元化的公众公司。从世界500强企业的资本组织形式来看，绝大多数都是上市公司。国务院国有资产监督管理委员会改革局曾经对2011年《财富》杂志评选的世界500强企业进行统计分析，其中，上市公司为

408 家，占 82%；多元投资主体的有限责任公司 35 家，占 7%；独资公司 57 家，占 11%（见图）。世界 500 强的前 100 家企业中，上市公司 90 家，占 90%；多元投资主体的有限责任公司 2 家，占 2%；独资公司 8 家，占 8%。整体上市对完善我国大型企业公司法人治理结构具有重要意义和作用，既有利于促进政企分开和政资分开，又有利于完善内部治理机制，同时，对完善外部治理机制也具有积极作用。正因为如此，整体上市已成为国务院国资委推进中央企业股份制改革的政策取向。目前，中央企业实现主营业务资产整体上市的企业已超过三分之一，多元股东的有限责任公司 8 家，但真正意义整体上市的没有一家，中央企业的母公司大多仍然是国有独资公司甚至是国有独资企业。适应积极发展混合所有制经济的要求，要继续推进符合条件的国有企业整体上市。

完善国有资产管理体制是推动国有经济发展混合所有制经济的体制基础和重要措施。完善国有资产管理体制有利于进一步实现政企分开、政资分开、所有权与经营权分开，使国有企业真正成为市场经济主体和独立法人，既有利于平等参与市场竞争，也有利于消除国有资本与民营资本混合的体制机制障碍。适应积极发展混合所有制经济的需要，要从管国有企业为主转向管国有资本为主，在此基础上加强国有资产监管。要改革国有资本授权经营体制，组建若干国有资本运营公司，支持有条件的国有企业改组为国有资本投资公司，为国有经济布局和结构调整提供有效运作平台，使国有资本投资运营更好服务于国家战略目标，更多投向关系国家安全和国民经济命脉的重要行业和关键领域。要逐步提高国有资本收益上缴公共财政比例，更多用于保障和社会民生，为各种所有制经济共同发展提供更多公共服务。

三是要推动国有企业完善现代企业制度。国有企业建立和完善现代企业制度，既可以为巩固和发展公有制经济、发挥国有经济主导作用、增强国有经济活力控制力影响力提供制度保障，也有利于国有企业更好适应市场化、国际化新形势，为发展公有制经济与非公有制经济的混合所有制提供制度基础。要准确确定不同国有企业功能，根据不同的功能确定国有企业的市场定位和发展战略，实行分类管理。要继续深化垄断行业改革，除自然垄断业务和少数需要特许经营的行业和领域外，其他行业和领域都要进一步引入竞争，允许各种所有制资本自由进入。要健全协调运转、有效制衡的公司法人治理结构，进一步推进国有企业内部选人用人制度、分配激励制度的市场化，为国有资本与非国有资本的混合创造制度保障。

四是要支持非公有制经济健康发展。非公有制经济的发展壮大，既有利于提升我国经济的活力和竞争力，增强经济实力和综合国力，也有利扩大私营企业的规模和实力，促进非国有资本与国有资本的混合。支持非公有制经济健康发展，最重要是要进一步做到权利平等、机会平等、规则平等，为私营企业的发展提供平等发展的权利，创造一个平等竞争的舞台。要废除对非公有制经济各种形式的不合理规定，消除各种隐性壁垒，使非公有制企业也能够进入特许经营领域。要鼓励有条件的私营企业建立现代企业制度，这既是私营企业持续健康发展的需要，也是私营资本与国有资本实现混合的需要。要支持有条件的私营企业改制上市，成为公众公司。鼓励大型私营企业实现所有权与经营权的分离，更多依靠职业经理人管理企业，从家族式企业管理转向现代企业管理。

建设富强、民主、文明、和谐的现代化中国，实现中华民族伟大复兴的中国梦，是近代以来无数仁人志士不懈奋斗的追求，也是中国共产党带领中国各族人民努力奋斗的目标。一个国家的现代化程度越高，对制度现代化程度的要求也就越高。制度现代化作为继"四个现代化"即工业现代化、农业现代化、国防现代化、科学技术现代化之后我们党提出的又一个现代化战略目标，是改革进程本身向前拓展提出的客观要求，体现了我们党对改革认识的深化和系统化。早在 1992 年邓小平同志就曾指出，"恐怕再有 30 年的时间，我们才会在各方面形成一整套更加成熟、更加定型的制度，在这个制度下的方针、政策，也将会更加定型化。"以习近平为总书记的党中央站在新的历史起点上，准确把握时代发展的趋势，作出了全面深化改革的总体部署。坚持和完善基本经济制度作为全面深化改革的一项极为重要的内容，对推动中国特色社会主义制度更加成熟、更加定型具有根本性和奠基性作用。我们要认真落实《决定》的精神和要求，将坚持和完善社会主义基本经济制度作为历史使命责无旁贷地承担起来，长期不懈地推进下去。

二论完善产权保护制度

核心论点：产权是所有制的核心和主要内容。建立健全现代产权制度是完善基本经济制度的内在要求，是构建现代企业制度的重要基础。

提示：第二论的重点是回答，什么是现代产权制度？建立健全现代产权制度对坚持和完善基本经济制度及构建现代企业制度具有什么意义？如何看待坚持公有制的主体地位与平等保护各类产权的关系？

一　产权和现代产权制度

二　完善基本经济制度的内在要求

三　从联产承包到发展混合所有制经济

四　完善产权保护制度

五　健全产权交易和流转制度

产权是所有制的核心和主要内容。《决定》在论述坚持和完善基本经济制度时，将"完善产权保护制度"列为第一条，并强调，"产权是所有制的核心。健全归属清晰、权责明确、保护严格、流转顺畅的现代产权制度。公有制经济财产权不可侵犯，非公有制经济财产权同样不可侵犯"。《决定》还指出，"国家保护各种所有制经济产权和合法权益，保证各种所有制经济依法平等使用生产要素、公开公平公正参与市场竞争、同等受到法律保护，依法监管各种所有制经济"。坚持和完善基本经济制度，必须不断完善产权保护制度。

一　产权和现代产权制度

改革开放以来，产权问题在我国开始逐步受到关注并成为国有企业改革的一个热门话题，也成为坚持和完善基本经济制度的一个重要内容。但什么是产权，国内外专家学者从不同角度出发有多种界定和解释。一般认为，产权是指以财产所有权为主体的一系列财产权利的总和，包括财产的所有权及其衍生的占有权、使用权、经营权、收益权、处置权、让渡权等权利。现代意义上的财产是一个内涵丰富并不断发展的概念，既包括土地及定附于土地的房屋、设备、植物等不动产，也包括存款、现金、股票、债券等动产；既包括建筑、汽车、字画、珠宝等有形资产，也包括专利、商标、名誉、商业秘密等无形资产。因此，现代意义上的产权是指自然人、法人对各类财产的所有权及占有权、使用权、收益权和处置权等权利，包括物权、债权、股权和知识产权及其他无形财产权。

产权作为一种权利束，作为人与人之间围绕财产而建立的经济权利关系而存在，具有排他性、可分解性、可交易性、有限性、行为性等属性和特征。

产权的排他性是指对特定财产的特定权利只能有一个主

体。产权本质上是一种排他性权利，产权主体具有对外排斥性或对特定权利的垄断性。排他性激励着拥有财产的人将财产只用于能够带来最高价值的用途。

产权的可分解性是指特定财产的各项产权权利可以分属于不同的主体。例如，土地的所有权、占有权、支配权和使用权可以各自分解开来。由于产权由权能和利益组成，所以产权的可分解性包含两个方面的意义，即权能行使的可分工性和利益的可分割性。产权的不同权能可由同一主体行使转变为由不同主体分别行使，这就是权能的分解；相应的权利可以分属不同的权能行使者，这就是利益的分割。

产权的可交易性是指产权在不同主体之间的转手和让渡。按交易内容或交易对象可以将产权交易分为整体交易和部分交易，作为整体交易时是对财产的全部让渡，并且是一次性的、永久性的。按交易时限或产权让渡时限可以将产权交易分为无限期交易和有限期交易，无限期交易即产权的永久让渡，有限期的交易即产权的有限期让渡。狭义所有权的交易和特定财产产权作为整体交易，必然是永久性让渡，即原有主体一旦让渡，就不可能再收回。狭义所有权以外的产权交易可以采取有限期交易方式，如借贷资本，就是资本所有者有限期让渡资本占有、支配和使用权。可交易性促使资源从低生产能力所有者向高生产能力所有者转移。

产权的有限性包含两个方面的含义：一是任何产权与别的产权之间，必须有清晰的界限，即不同产权之间的界限；二是任何产权必须有限度，即特定权利的数量大小或范围。

产权的行为性就是产权主体在财产权利的界限内有权做什

么、不做什么，可以劝阻别人做什么、必须做什么等的性质。产权主体的每一种行为都由行为目标、行为过程、行为结果三个因素构成。

产权具有的多元属性特别是可交易性、可分解性和行为性等特征，对理解现代企业制度的起源、把握公司治理的内涵等都有十分重要的意义，是剖析和认识产权结构、公司治理与企业绩效关系的重要节点。

产权按其属性即产权及各种产权权利归属于特定的所有者或占有者，一般可以分为三种类型，即私有产权、共有产权和国有产权。

私有产权就是界定给特定个人的产权，其特点是主体单一，意志统一，产权物在使用和交易过程中不确定性很小。因此，私有产权交易费用较小，是一种效率较高的产权所有形式。虽然私有产权拥有一定的优越性，但是具有公共性的资源或资产不宜采取私有产权形式。

共有产权也称社团产权，是共同体成员共同享有的产权。其特点是产权主体由多个成员组成，产权物在使用和交易过程中，有可能出现多种意志，造成很高的集体行动成本，因此不确定性较大，交易费用较高。此外，共有产权无论是使用还是不使用，都要支付一定的费用，即无论成员是否享有产权物的利益，都必须承担产权物的义务，结果导致没有人节约地使用共有产权的产权物。

国有产权就是把产权界定给国家，国家再按可接受的政治程序来决定谁可以使用或不可以使用这些权利。国家是一个集合概念，缺少人格化的代表。国有产权的权益通常由代理人行使，如果国家对代理人的行为缺乏充分有效的监督，而代理人又缺乏必要有效的激励，很可能使国有产权在使用过程中的交易费用很高，导致国有产权低效运营。

我国通常将公有制解释为包括国有制和集体所有制，按此理解，共有产权和国有产权都应包括在公有产权之中。公有产权在市场经济条件下的一个突出功能就是弥补市场的不足和缺陷，因为私人出于理性动机和自身利益的驱使，很难将自身有限的资源用于公益服务方面，于是社会就要求用公有财产来弥补这一不足和缺陷，以促进社会总福利的增加。

产权制度是关于产权确定、界定、行使、保护等的一系列制度安排和法律规定的总和，也可以理解为产权的制度化或制度化的产权关系，即通过制度安排和法律规定使产权关系明确化，强使人们承认、尊重并合法行使产权权利，违背或侵犯产权权利就要受到相应的制约或惩处。

产权制度是一个历史、动态的概念和过程。现代产权制度是人类社会经济长期发展的结果。产权的各项权能最初是统一的，产权包含的所有权、占有权、使用权、收益权、处置权等权能最初是结合在一起的，与此相适应形成了一套制度安排和法律规定。随着分工的发展和商品的出现，产权包含的各种权能开始分离，在现代社会，产权不再是单一的所有权，而是以所有权为核心的一组可以分离的权能束，例如：土地的所有权和经营权的分离，房屋的所有权和使用权的分离，资本的所有权和使用权的分离等。这样，就以所有权制度为核心演绎出一套与之密切相关的制度体系，形成了现代产权制度。

产权制度的建立，最根本的原因在于产权也是一种稀缺性资源，并且能够带来排他性的权利，给人们带来利益的增加，人们对产权权利和由此带来的利益的追逐，使产权制度的建立成为必要。因为，产权制度的建立可以使人们通过交易的方式而不是暴力的方式来解决争夺和利用产权这种稀缺资源的矛盾，减少人们在经济活动中的不确定性，提高经济活动的效率。从这个意义上讲，产权制度是规定人们相互行为关系的一种规则，并且是社会基础性的规则，是经济和社会正常运行的基础。

产权制度随着生产力水平、生产方式、经济组织形式的变化而变化，同时，产权制度的建立和变迁对生产组织形式、技术进步和经营效率又具有决定性的作用，成为推动经济增长和社会发展的一个重要变量。对产权制度进行有意识的调整、安排和合理选择，使之适应现实的社会经济条件，从而实现要素的合理有效配置，就可以有力地推动经济和社会的进步。

我国将建立在产权权能分离基础上的与市场经济体制相适应的有关产权界定、行使、运营、保护等的制度安排和法律规定称为现代产权制度，并将"归属清晰、权责明确、保护严格、流转顺畅"界定为现代产权制度的主要特征。

归属清晰，即各类财产权的具体所有者得以清晰界定，并为相关法律法规或相关的法律程序所明确规定。归属清晰是根据"谁投资、谁拥有"的基本原则，依法明确各类产权的具体的所有者，即解决产权主体资格问题。归属清晰是现代产权制度的基础和前提，产权归属不清晰，权责就很难明确，保护也很难严格，流转就不会顺畅。

权责明确，即产权具体实施过程中各相关主体权利到位、责任落实。权责明确是在产权归属清晰的基础上，通过法律、法规、规章、合同等具体划分各类产权主体的权责范围，明确各自应当享有的权利、承担的责任和履行的义务，实现权利、义务和责任的统一。

保护严格，即保护产权的法律制度系统、完备，各类性质、各种形式的产权享有平等的法律地位，一律受到法律的严格保护。保护严格就是要保护各类产权的安全性和持续性，使各类产权主体的合法权益切实受到国家法律的平等保护，让产权主体有实实在在的安全感。

流转顺畅，即各类产权在合法合规的基础上，实现自由流转，不受所有制的局限，不受地方及部门利益的约束和限制。流转顺畅是现代产权可流动性、可交易性等属性的必然要求，是实现各类资源优化配置的重要保证。

产权制度与所有制之间有着紧密联系但又不尽相同。所有制是指生产资料等归个人、阶级、集团或社会所有的制度。在所有制中，最重要的是财产关系或财产关系的法律形式——财产所有权，从这个意义而言，产权是所有制的核心和主要内容。作为产权界定、行使、运营、保护等制度总和的产权制度，也就构成所有制的产权基础和制度保证。产权制度与所有制的区别主要在于，同一所有制可以有不同的产权制度，不同的所有制也可以采用同样的产权制度。如，股份制作为一种产权形式，资本主义可以用，社会主义也可以用。因此，产权制度又涉及所有制的具体实现形式。正是因为产权制度与所有制既有联系，又有区别，所以，在坚持公有制的前提下，可以积极探索公有制的多种有效实现形式。

二　完善基本经济制度的内在要求

产权问题是经济学的一个基础问题。马克思开始研究经济学就是由产权问题引发的。社会主义所有制的建立和发展，从来都是围绕着产权和产权制度这个核心问题展开的。改革开放以来，产权和产权制度改革问题一直受到我国学者和社会的普遍关注，并成为深化经济体制改革特别是国有企业改革的一个重要内容。党的十四届三中全会从建立社会主义市场经济体制的要求出发，提出要建立现代企业制度，并把产权清晰确立为现代企业制度的一个重要特征。党的十五大从坚持社会主义初级阶段的基本经济制度出发强调："要健全财产法律制度，依法保护各类企业的合法权益和公平竞争，并对它们进行监督管理。"党的十六届三中全会从完善社会主义市场经济体制的要求出发强调，"产权是所有制的核心和主要内容"，并第一次在我们的党的文件中提出，"建立归属清晰、权责明确、保护严格、流转顺畅"的现代产权制度。党的十七大强调，"以现代产权制度为基础，发展混合所有制经济"。党的十八届三中全会从坚持和完善基本经济制度的要求出发，将完善产权保护制度列为坚持和完善基本经济制度的首要任务，并再次指出，"产权是所有制的核心和主要内容"，强调要健全现代产权制度。这既表明了我们党对产权问题的重视，也表明对完善产权保护制度的高度重视。从这些论述可以看出，改革开放以来，建立健全符合社会主义市场经济体制的产权制度，始终是完善基本经济制度的重要内容。经过不断的探索和实践。我们党对产权制度建设的认识更加明确、更加深入，对完善产权保护制度的态度更加重视、更加明朗。

完善产权保护制度是社会主义公平公正原则的内在要求和重要体现。国家按照依法治国的基本方略，通过确立制度、规范权责、严格执法等保护各类市场主体的合法权益，创造公平公正的经济社会发展环境。完善现代产权保护制度也是现代产权制度的本质规定和内在要求，是现代产权制度重要特征之一的"保护严格"的具体体现和主要内容。完善产权保护制度就是要健全保护产权的法律制度系统，依法保护各种所有制经济产权和合法利益，保证各种所有制经济依法平等使用生产要素、公开公平公正地参与市场竞争、同等受到法律保护，依法监管各种所有制经济。完善产权保护制度对坚持和完善基本经济制度具有重要意义。

一是完善产权保护制度，有利于维护公有制经济财产权，巩固公有制经济的主体地位。坚持公有制的主体地位是坚持和完善基本经济制度的关键和前提，坚持公有制的主体地位必须严格保护公有制经济财产权，做到公有制经济财产权不可侵犯。从产权理论上讲，出资人对归属于自己的产权及相关权利最为关切，保护最严。从自身利益出发，出资人会千方百计地通过完善制度、加强管理等途径防止自己的产权及相关权益受到损害。公有制经济财产权具有维护公共利益、实现公共目标等属性，但由于公有制经济财产权具有公共产品的禀性和特征，社会成员对公有制经济财产权拥有平等的、无差异的权利，很容易出现出资人"虚置"和"搭便车"或"免费搭车"等现象，导致个人的行为和行为后果与公有制经济财产权之间的相关性很低，降低了公有制经济成员努力工作的积极性，结果是社会成员对公有制经济财产权的保护往往重视不够，导致公共财产权很容易受到损害和侵犯。我国国有企业改制过程中多次出现的大面积国有资产流失以及国有企业腐败势头居高不下，其产权根源都在于此。从这个意义上讲，公有制经济财产权最需要加以保护。坚持公有制的主体地位，必须重视和不断完善产权保护制度，依法保护公有制经济的产权和合法利益，为坚持和完善基本经济制度提供可靠的产权基础。

二是完善产权保护制度，有利于保护私有财产权，促进非公有制经济健康发展。支持非公有制经济健康发展也是坚持和完善基本经济制度的内在要求和重要内容。支持非公有制经济健康发展，必须坚持权利平等、机会平等、规则平等，废除对非公有制经济各种形式的不合理规定，消除各种隐性壁垒，真正做到公有制经济财产权不可侵犯，非公有制经济财产权同样不可侵犯。这些原则和要求，一方面，本身就是完善产权制度所包含的重要内容，即保证各种所有制经济依法平等使用生产要素、公开公平公正地参与市场竞争、同等受到法律保护。另一方面，也是完善产权保护制度要实现的重要目标，即只有通过完善产权保护制度才能做到非公有制经济在权利、机会、规则方面平等参与市场竞争，才能为非公有制经济健康发展提供可靠的产权基础。

三是完善产权保护制度，有利于各类资本的流动、重组和融合，加快发展混合所有制经济。在坚持社会主义市场经济改革方向的同时坚持和完善基本经济制度，其重要出路和主要途径就是积极发展混合所有制经济。随着混合所有制经济的发展，国有资本、集体资本、非公有资本等的交叉持股、相互融合将越来越多，各种所有制资本之间的流动、重组和融合将更加频繁，为了保护自己的合法权益不受侵蚀，各种所有制资本的所有者必然要求完善产权保护制度，用法律和制度保护由资本的所有权及衍生出来的各种权利。完善产权保护制度可以说是积极发展混合所有制经济的基础和前提。正因为如此，党的十七大强调，"以现代产权制度为基础，发展混合所有制经济"。党的十八届三中全会在论述积极发展混合所有制经济之前专门论述完善现代产权保护制度，并且把完善现代产权保护制度专门列为一条，也充分说明了完善现代产权保护制度对发展混合所有制经济的重要意义和作用。

四是完善产权保护制度，有利于保护企业法人财产权，健全现代企业制度。企业作为市场竞争主体，相互之间以及与其他经济主体之间通过市场的等价交换和价格机制结成商品经济关系，无论是等价交换还是价格机制，只有在进入市场的各个经济主体明确其产权主体和权利并且受到严格保护的情况下才能形成，才能奏效。所有这些，都要求不断完善产权保护制度。在社会化大生产和市场经济发达的社会，企业参与市场竞争绝大多数是以现代企业制度的形式出现的，保护严格是现代企业制度的一个重要特征，也是现代企业制度有效运转的一个重要条件，只有保护严格，才能在维护出资人权益的同时，使企业真正拥有法人财产权，成为享有民事权利、承担民事责任的法人实体；也才能使企业以其全部法人财产，依法自主经营、自负盈亏，对出资者承担资产保值增值的责任。

五是完善产权保护制度，有利于增强企业和公众创业创新的动力，激发各种所有制经济的活力和创造力。坚持和完善基本经济制度，必须使各种所有制经济的活力得到充分涌现，创造力得到充分迸发。为此，必须实行严格的产权保护制度，特别是知识产权保护制度，使各种所有制经济创造的知识产权得到充分尊重，使知识产权带来的价值得到充分认可，只有这样，才能有效激发人们创新、创业、创造的积极性和潜能，才能让一切创新源泉充分涌流，才能使社会主义制度的优越性得到更好的体现。

三　从联产承包到发展混合所有制经济

如果把产权界定为所有制的核心和主要内容，把产权界定为一组权利束，事实上，中国的经济体制改革一开始就已经涉及产权问题，或者说，是围绕产权制度的改革和完善来推进和部署的。

党的十一届三中全会标志着我国改革开放的大幕正式拉开，作为农村改革主要内容和重要标志的"家庭联产承包经营责任制"，实际上就是在土地所有权不变的情况下，将土地的经营权和收益权等权利交给亿万农民，以充分调动农民从事农业生产的积极性。

党的十二届三中全会标志着我国改革的重点从农村转入城市，作为城市改革重要内容和主要标志的"搞好搞活国有大中型企业"政策，主要内容是放权让利，扩大企业生产经营自主权，其实质就是在产权结构没有进行重大调整的情况下，将企业国有资产的部分使用权、收益权和处置权等交给企业的经营管理者，以充分调动企业经营管理者和员工的生产经营积极性。

党的十四届三中全会标志着我国国有企业建立现代企业制度开始起步，作为现代企业制度的重要特征和首要条件就是产权清晰，同时还必须做到权责明确。建立现代企业制度必须健全现代产权制度，作为现代产权制度的重要特征和首要条件是归属清晰，同时还必须做到保护严格。无论是现代企业制度所要求的产权清晰、权责明确还是现代产权制度所要求的归属清晰、保护严格，都要求推进产权制度改革。

党的十五大标志着基本经济制度的正式确立，我国国有企业股份制改革正式起步，实现基本经济制度所要求的各种所有制经济共同发展就必须调整我国的所有制结构，使非公有制经济得到更快发展；推进国有企业的股份制改革就必须调整国有企业的资本结构或产权结构，将计划经济体制下国有企业的一元产权结构改变为多元产权结构。无论是坚持基本经济制度，还是推进国有企业股份制改革，关键和核心都是产权制度改革。

党的十六大标志着新一轮国有资产管理体制改革起步和新的国有资产管理体制建立。改革国有资产管理体制，建立有利于政企分开、政资分开和实现国有资产保值增值的国有资产管理体制，首先要解决产权清晰问题，即要在政府层面建立国有资本出资人代表制度，从源头上解决国有产权主体长期"缺位"或"虚置"的问题；同时要解决国有企业的独立法人地位问题，即要在企业层面真正形成法人财产权制度，确保国有企业作为独立法人参加市场竞争；还要解决国有资产出资人代表层层到位的问题，即要通过明确产权关系，按照产权链条，通过规范的企业法人治理结构，在企业内部实现出资人代表层层到位，国有资本保值增值的责任层层到位。所有这些，离开产权制度改革将无法实现。

党的十八届三中全会标志着新一轮经济体制改革全面启动，作为全面深化国有企业改革重头戏的发展混合所有制经济，主要内容和重要标志是实现国有资本、集体资本、非公有资本等的交叉持股和相互融合，重点是实现国有资本与民营资本的融合。其实质就是产权制度改革和产权结构调整，相应地，会带来所有制结构的继续调整。

回顾我国改革开放的历程，可以说，我国每次重大的经济体制改革突破，都是由产权制度改革来牵引和实现的；我国每次重大的经济体制改革节点，都是由产权制度改革来界定和划分的。事实上产权制度改革已成为我国经济体制改革的突破口和推进器。全面深化经济体制改革，需要继续以产权制度改革为突破口。坚持和完善基本经济制度，需要继续完善产权保护制度。

产权结构与产权制度密切相关。对企业而言，所谓产权结构是指企业内部不同产权主体的构成和比重，或者说，是企业内部不同类型的产权主体相互连接、进行耦合的格局。企业产权结构可以分为两种类型：一种是一元产权结构，即企业的投资主体只有一个；另一种是多元产权结构，即企业的投资主体有多个。一元产权结构的企业包括个人业主制企业和国有独资企业等；多元产权结构的企业包括合伙制企业和公司制企业等。对于股份制企业特别是上市公司而言，产权结构也就是股权结构。根据股份制企业股权的集中程度，多元产权结构又可以分为三种类型：股权高度集中、股权相对集中、股权比较分散。不同的产权结构产生了不同的企业制度，决定着企业的所有制性质，影响甚至决定着企业的绩效。

从产权结构的角度来分析，无论是推进国有企业股份制改革还是积极发展混合所有制经济，实质上都是调整和优化企业的产权结构，即由一元产权结构改为多元产权结构。因此，调整和优化产权结构对国有企业改革和发展尤为重要，是深化国有企业改革、推进国有企业发展的关键和前提。实践证明，国有企业只有解决产权制度和产权结构问题，才有可能真正健全公司治理结构，才有可能真正转换经营机制，才有可能更好地成为市场竞争主体和独立法人。正因为如此，党的十七大强调"在现代产权制度基础上，建立现代企业制度"。因此，完善产权保护制度，既要深化产权制度改革，也要调整优化产权结构。

不断推进的公司制股份制改革使我国国有企业的产权结构发生了重大变化，为国有企业建立健全现代企业制度提供了产权制度和产权结构基础。目前，我国国有企业产权结构存在的问题主要在两个方面，一方面母公司或集团层面大多为一元产权结构的国有独资公司；另一方面已经进行公司制股份制改革包括国有控股上市公司中的国有股权比重过大，即社会经常议论的国有股"一股独大"问题。目前，国有企业改革需要突破的一些深层次问题，如政企不分、政资不分以及人事制度、分配制度改革严重滞后等，大多与国有企业产权结构存在的这两个问题有关，这也是国有企业现代企业制度未能有效建立的一个制度性原因。

　　当然，一股独大的问题并非国有企业特有，非国有资本控股的上市公司也普遍存在股权比重过大的问题。这种股权结构难以形成股权制衡机制，在有效保护中小投资者利益方面存在很大的潜在风险，导致大股东侵犯中小股东合法权益的事件频频发生。在我国公司治理的外部机制不够健全、政府和社会对大股东的监管不够有效的情况下，"一股独大"的股权结构可以说是造成我国股市投资者信心不足、股市长期低迷的一个重要原因。深化国有企业改革，完善产权保护制度，需要调整和优化产权结构，逐步解决"一股独大"的问题。

四　完善产权保护制度

　　产权作为一种能够给人们带来利益的稀缺性资源，作为一种排他性的权利，如果没有一套强有力的产权制度予以保护，一方面，会导致产权的滥用，造成产权资源的浪费和使用的低效；另一方面，会加剧个人或群体之间在使用产权时的摩擦和对抗，出现用暴力手段占有产权及破坏产权排他性的现象，因此，产权制度的出现和建立本身就包含产权保护的意图和目的。从产权保护的视角看，产权制度就是以财产所有权为主体并受到国家法律保护的，反映不同利益主体对某一财产占有、支配和收益的权利、义务和责任的社会安排。即使在产权归属已经明确和产权制度已经建立的情况下，也会出现侵犯和损害其他产权主体权利的行为，也需要建立一套严密和严格的产权保护制度并不断加以完善。

有保障的产权特别是个人产权可以使人们对使用和交易产权活动的后果负全部责任，对决策失误造成的损失承担全部责任，同时获得产权有效使用带来的利益增加，因而，能够保证社会分工、专业化和自由贸易的持续发展，能够保证为社会提供强有力的正激励，是人类社会能够不断发展的原动力之一。

国家在产权制度的建立和完善过程中具有重要作用。维护排他性产权的社会机制主要有以下几种类型：一是暴力或暴力威胁；二是价值体系或意识形态；三是习俗；四是由国家及其代理者制定的规则，包括宪法、成文法、习惯法、法令等。在一个无政府或政府治理失效的社会中，个人、家庭、群体依靠暴力来维护产权排他性的费用显然要大大高于在一个存在政府的社会中产权制度的运行成本。因为国家提供了一种更为有效的产权维护机制，使产权制度能够适应专业化高度发展、大规模市场、先进技术和密集生产方式下的复杂交换的需要，并能节约产权界定和保护的费用。所以，在现代市场经济中，国家在产权的保护中发挥着重要的作用。

改革开放以来，产权保护问题在我国受到越来越广泛的重视并被纳入党的重要政策和国家的法律中。党的十五大强调，"要健全财产法律制度，依法保护各类企业的合法权益和公平竞争，并对它们进行监督管理。"党的十六大强调，"一切合法的劳动收入和合法的非劳动收入，都应该得到保护。不能简单地把有没有财产、有多少财产当作判断人们政治上先进和落后的标准，而主要应该看他们的思想政治状况和现实表现，看他们的财产是怎么得来的以及对财产怎么支配和使用，看他们

以自己的劳动对中国特色社会主义事业所做的贡献。"2004 年
3 月通过的《宪法修正案》规定,"国家保护个体经济、私营
经济等非公有制经济的合法的权利和利益。国家鼓励、支持和
引导非公有制经济的发展,并对非公有制经济依法实行监督和
管理。"同时还规定,"公民的合法的私有财产不受侵犯",
"国家依照法律规定保护公民的私有财产权和继承权","国家
为了公共利益的需要,可以依照法律规定对公民的私有财产实
行征收或者征用并给予补偿。"2007 年 3 月 16 日第十届全国
人大第五次会议通过《物权法》并于 2007 年 10 月 1 日起施
行。作为规范财产关系的民事基本法律,《物权法》主要围绕
三个方面立法:一是物的归属,谁是物的主人;二是权利人享
有哪些权利;三是物权的保护。《物权法》的精神实质就在于
确认和保护公民、法人和其他组织合法的财产权利。党的十七
大强调,"坚持平等保护物权,形成各种所有制经济平等竞争、
相互促进新格局。"党的十八届三中全会强调,"完善产权保
护制度",并且更加突出强调保护各种所有制经济的产权、合
法权益和平等发展权利,更好地体现了坚持和完善基本经济制
度所要求的坚持"两个毫不动摇"。

经过多年的努力,我国在完善产权保护的法律建设和制度
建设等方面做了不少工作,取得了不小成就,但总的来看,保
护产权仍然是一个薄弱环节,需要继续完善和加强。

一是要完善产权保护的法律法规,为维护各种所有制经济
的产权不受侵犯提供更加完备的法律法规体系。产权保护与法
律建设紧密相关。产权可以说是以法律形式反映和保护的财产
所有权关系。依法保护财产权及相应的产权权利,是依法治国

的一个重要组成部分，也是现代产权制度的一个重要特征。目前，我国产权保护的法律体系基本建立，与财产传承有关的主要法律《继承法》早已颁布，与资源保护相关的法律包括《土地法》、《森林法》、《矿产资源法》等相继颁布；与知识产权保护相关的法律包括《专利法》《商标法》《著作权法》等也先后出台或修改，其中大多还制定了实施细则；以物的归属和利用而产生的民事关系为主要调节对象的法律——《物权法》也已实施。同时，一批涉外的产权保护法律包括《合资企业法》、《专属经济区和大陆架法》等也已实施或相继修改。所有这些，为产权保护提供了法律规范和依据。但随着经济和社会的发展，一方面，原有的有关产权保护的法律法规已出现不相适应的问题，需要进行修改和完善，如十一届全国人大常委会第三十次会议第一次全体会议审议了《土地管理法修正案》草案；另一方面，已有的法律法规难以适应一些新出现的产权保护问题，需要制定一些新的法律法规，如2011年1月21日国务院颁布了《国有土地上房屋征收与补偿条例》。此外，与互联网快速发展相关的金融、贸易、知识产权等的产权保护问题、与城镇化的加快推进和土地流转相关的产权保护问题、与"走出去"步伐加快相关的我国企业和公民的海外产权保护问题等，都日益突出，越来越多，与此相关的法律法规还不够完备，不够具体，需要制定或完善。

二是要严格产权保护法律法规的执行，确保各类产权不受侵犯。完善产权保护制度，做到有法可依固然重要，但做到有法必依和执法严格也十分重要。从我国的实际情况看，相对于完善产权保护的法律法规，严格公正地执法是我国产权保护一个更为薄弱的环节。目前，产权保护中因执法不力导致各种所有制经济产权受到侵犯的案件时有发生。公有产权的保护虽然受到重视，但国有资产、集体资产受侵犯、被掠夺的现象仍然不少。私有产权的保护虽然日益受到重视，但个体、私营经济的应有权利特别是平等发展的权利还得不到有效保障，私有产权受到侵犯的现象屡屡发生，一些地方不遵守合同找各种借口将承包给个体、私营经济的资产经营权及相应的收益权随意收回，恶意侵犯个体、私营经济的合法利益；一些司法、执法机关对侵犯个体、私营企业财产的案件不重视，甚至不受理、不立案，或简单地按民事纠纷处理；私营企业参与国有企业改制改组时，有时合法权益得不到保障；乱收费、乱摊派的现象屡禁不止，一些行政机关和带有行政色彩的协会商会，巧立名目向私营企业收费或摊派。因此，要进一步完善产权保护制度，加强对各种所有制经济财产权的保护，切实做到公正执法，依法裁判和处理各种产权纠纷；切实做到严格执法，依法严厉打击各种侵犯正当产权权益的犯罪活动。

三是赋予农民更多财产权利，依法保障农民对土地承包经营的各项权利。保障农民的财产权利，关键是要稳定农村土地承包经营权并保持长久不变，在坚持和完善最严格的耕地保护制度前提下，赋予农民对承包地占有、使用、收益、流转及承包经营权抵押、担保权能，允许农民以承包经营权入股发展农业产业化经营。赋予农民对集体资产股份占有、收益、有偿退出及抵押、担保、继承权，保障农户宅基地用益物权，慎重稳妥推进农民住房财产权抵押、担保、转让，探索农民增加财产性收益渠道。维护农民生产要素权益，保障农民同工同酬，保障农民公平分享土地增值收益。适应城镇化建设和土地流转的趋势，要着力推进征地制度改革，完善农村集体土地征收和补偿办法，让失地农民有生活保障，让农民与土地一起实现城市化。要严格执行有关法律法规，切实保障农民承包经营的各种权利，保证土地征用过程中农民的利益，使失地农民得到合理补偿，坚决纠正并处理侵犯和损害农村集体土地利益和农民合法利益的行为。

四是要完善现代企业制度，保障企业作为市场主体和法人实体应享有的各项权利。企业作为独立法人依法享有企业法人产权。企业法人产权是指对企业总资产的权利，不仅包括控股股东的权益，而且包括少数股东的权益，还包括企业负债形成的部分权利。企业法人产权不但对企业的总资产拥有产权，而且对企业的员工、企业的工业产权等拥有支配权。广义地说，企业法人产权是企业所有要素包括企业资本、企业员工、企业无形资产等权利的集合，是一种集体权利，可以理解为企业要素所有者通过契约形式将各自拥有的要素的产权进行置换和重组，转化成企业产权，并构造相应的企业制度及治理结构。企业产权不仅是资本这个要素的所有权，而且是企业所有要素包括资本、管理、劳动、无形资产、工业产权等的所有权集合。现代企业产权制度是以产权为依托，对财产关系进行合理有效地组合、调节的制度体系，包括出资人财产所有权制度、法人财产权制度、委托代理制度、资产管理制度、资产经营制度、资产监督制度等。在公司法人制度下，出资人的原始所有权演化为股权，公司法人则获得了公司的法人财产权。公司法人可以像业主制企业一样对公司的全部资产具有占有、使用、收益和处分的权利，参与市场交易。对国有企业而言，保障企业法人产权的各项权利，一方面，要继续深化国有企业改革和完善国有资产管理体制，进一步推进政企分开、政资分开和所有权与经营权分开，使国有企业真正成为自主经营、自负盈亏的法人实体和市场主体；另一方面，要改进监管体系，提高监管的有效性，保障国有资本出资人的合法权益，防止国有资产流失。

完善产权保护制度，在我国时常会遇到的一个问题，就是如何看待坚持公有制的主体地位与平等保护其他所有制经济产权的关系？作为我国民法重要组成部分的《物权法》，以基本原则的形式确认了我国的基本经济制度，但在《物权法》制定时，国内围绕《物权法》曾发生过争论，有法理学教授指责物权法草案贯彻合法财产平等原则，是"私有化"，是"保护少数富人"，是"违反宪法"。持不同观点的人则认为，强调公有制的主体地位，事实上使《物权法》无法平等保护各种所有制经济的产权及相关权利。争论的焦点是，要不要承认非公有制经济平等的法律地位？要不要平等对待和平等保护非公有制经济的合法财产？要不要承认公有制经济与非公有制经济都是促进社会生产力发展的重要力量？实际上，这两种观点是把坚持公有制主体地位与合法财产平等保护对立起来，都有一定的局限性和片面性。坚持公有制的主体地位，主要是强调国有经济在关系国家安全和国民经济命脉的重要行业和关键领域处于支配地位，强调国民经济的控制力、影响力，这样规定是为了维护中国特色社会主义整体和大局的利益，也是我国宪法所规定的。坚持合法财产平等保护，这是市场经济和法治国家的普遍要求，是激发各种所有制经济创新活力和维护市场经济秩序的根本保证，也是社会主义公平正义原则的重要体现，也是"两个毫不动摇"原则所要求的。坚持公有制的主体地位和坚持合法财产平等保护，虽然两者的出发点和着力点有所不同，但落脚点和着眼点是一致的，都是建立中国特色社会主义的必然要求和必须遵循的基本原则，都是要坚持和完善社会主义基本经济制度和市场经济体制。正因为如此，《物权法》开宗明义地将维护基本经济制度、维护市场经济秩序确立为立法目的。将两者完全对立起来，甚至断言《物权法》违背宪法或违背基本经济制度，都背离了我国《物权法》的立法宗旨。

五　健全产权交易和流转制度

流转顺畅是现代产权制度的重要特征之一，是产权具有的可流动性、可交易性等属性的必然要求，也是市场经济条件下实现各类资源优化配置的重要保证。要保证产权的流转顺畅，就必须健全产权交易和流转制度。

产权交易可以理解为产权作为商品，通过价格机制和交易市场、交易规则、交易方式等完成产权权利的转让。因为产权是一组权利束，所以，产权交易可以是产权各项权利的集合交易，可以是产权各项权利的部分交易，也可以是产权各项权利的单个交易，如企业的兼并重组就可以视为产权权利的集合交易，在保留控股权的情况下转让股权可以视为产权权利的部分交易，在企业所有权不变的情况下转让经营权或承包权则可以视为产权权利的单个交易。产权完成了交易或转让，也就实现了产权的流转。

在市场经济条件下，产权作为一种资源，只有通过市场进行交易和流转，在市场中找到买主，公开询价，发现价格，确定价格，才能发挥市场的择优功能，才能发挥控制权转移的约束功能。如果产权缺乏市场交易性，必然会阻碍本来可以更大规模与之订约的其他资本的进入，市场收购企业的功能基本缺位，其他资本虽然还可以"用脚投票"，但无法通过控制权转移对公司管理层产生根本性的影响。产权作为一种资源，也只有通过市场进行交易和流转，在市场中不断融合，进行重组，才能更快地进入更有前景的行业和领域，实现优化配置。因此，股份制企业和公司治理要有效运转，产权必须能够交易和流转，必须能够流动和重组。

产权的交易和流转，一方面，可以给产权主体带来利益的实现和增加；另一方面，也可能导致产权权利受到侵犯和损害。就国有资产流失而言，绝大多数都是在产权交易和流转的过程中发生的。完善产权保护制度的一项重要任务，就是要健全产权交易和流转制度，在促进产权交易和流转的同时有效防止各种所有制经济的合法产权权利受到侵犯和损害。

健全产权交易和流转制度，就是通过健全相应的法律法规和制度安排使产权交易和流转的制度更加完备，更加有效，在提高产权交易效率的同时有效防止合法产权权利受到侵犯。健全产权交易和流转制度，最重要的就是要完善多层次的资本市场。作为市场化配置资源的重要机制，资本市场是现代市场经济发展中最重要的资源配置场所，是现代市场经济发达程度的一个重要标志，也是产权交易和流转的重要平台。从产权交易和流转角度看，完善多层次的资本市场，主要是完善证券市场和产权交易市场，同时，要逐步发展和完善场外交易市场。

一是要不断完善证券市场。作为上市公司的平台和窗口，证券市场是资本市场的重要组成部分。通过股票的发行和交易，证券市场不仅可以为各种所有制经济筹集长期资本，分散投资风险，而且可以促进各种生产要素流动，实现资源优化配置。在当代社会，证券市场对推动制度创新、调整产业结构、约束企业行为等的导向和推动作用越来越强。在我国积极推进企业特别是国有企业股份制改革的背景下，证券市场的发展和完善，将会促进企业的股权转让和收购兼并活动，推动企业的产权多元化，为企业的股份制改革提供平台和渠道。我国证券市场建立20多年来，在促进企业产权交易和流转方面发挥了重要作用。

第一，促进了企业的并购重组。市场化并购重组是企业转换发展战略的重要方式，也是企业做大做强做优、增强活力和竞争力的必由之路。随着越来越多的企业改制上市，企业资产证券化的程度越来越高，经营性资产大多集中于上市公司。因此，作为产权各项权利集合交易的并购重组，越来越多地要通过证券市场完成。证券市场的发展也使上市企业的资产通过证券化得以顺畅流转，加快了并购重组的步伐。

第二，促进了国有经济的布局和结构的优化。从战略上调整国有经济布局和结构，是提高国有经济素质和效益、增强国有经济影响力和控制力的一项根本性措施。目前，中央企业超过80%的资产集中在石油石化、国防、通信和电力、运输、矿业、冶金、机械等行业和领域，这些行业和领域大多数属于关系国家安全和国民经济命脉的行业和领域，国有经济布局和结构的这一战略性调整，相当一部分是通过资本市场完成的。

第三，促进了企业的优胜劣汰。一批适应市场竞争要求的企业脱颖而出，成为所在领域和行业的佼佼者和"领头羊"；一批丧失市场竞争力、资不抵债的企业退出了市场。最近，由中国外运长航集团控股的*ST长油（股票代码：600087）退市，成为第一家退出股市的中央企业控股上市公司，标志着资本市场优胜劣汰机制开始对国有控股上市公司发挥作用。

第四，促进了资本在更大范围内的流转和流动。证券市场的发展还为我国企业与国际资本更加便利、更加有效地对接提供了重要交易和交流的平台，拓展了吸引国际资本的渠道，改变了主要依赖外商直接投资和合资的模式。通过证券市场，我国上市公司吸引到国际战略投资者和国际财务投资者，促进了我国资本与世界经济的融合。

第五，促进了资本的价格发现和价值重估。客观、准确地评估企业资本的价格和价值，不仅有利于投资人做出正确决策，而且有利于"用手投票"机制作用的充分发挥，使企业家的经营行为得到更好的约束，使出资人可以根据资本价格的涨落选择企业家。在资本市场出现之前，企业的估值通常基于企业的净资产，资本市场的出现使企业资产的定价机制发生根本性变化，企业的价值主要由市场对企业未来赢利能力的预期而非净资产决定，未来赢利能力越强，预期产生的现金流越大，企业的价值就越高，由此确定的企业价值往往数倍甚至数十倍地高于企业的净资产。证券市场的发展为我国大量企业提供了价值评估的新的渠道，这些企业的价值得以更客观地进行评估，许多上市公司的市场价值远远高于原评估体系下的价值，实现了企业资产的保值增值。

第六，为资产的公平和公正交易发挥了十分重要的作用。证券市场的出现和发展还提高了企业资产转让的透明度，在证券市场出现以前，企业股权的转让和资产的流转没有公开有效的交易平台，交易的过程不够透明，交易的竞价主体较少，个别交易只有一两家机构报价，证券市场的发展为投资者广泛参与竞价提供了平台，使得各方参与者尤其是机构投资者在不断博弈中形成相对公允的价格。证券市场与产权市场共同构成了我国国有企业股权转让和国有资产流转的主要交易平台，使国有资产流转更多地在"阳光下操作"，进行公平、公正的交易，减少了"寻租现象"。

在看到证券市场在促进企业产权交易和流转中发挥积极作用的同时，也要看到，我国证券市场还不够成熟，还存在机制上的缺陷，"一股独大"的股权结构相当普遍，上市公司董事会也没有真正形成相互制衡的机制，以致大股东损害小股东利益的事情经常发生，上市公司信息披露不真实和不全面的问题也时有发生，股东不分红或很少分红的问题也比较普遍，上市公司的退出机制不够有效。

完善产权保护制度，必须进一步健全证券交易市场，进一步推动证券市场改革，更好地发挥证券市场在促进产权交易和流转中的重要作用。

第一，调整上市公司股权结构。针对普遍存在的"一股独大"问题，通过股权减持或股权分散持有实现股权结构的优化，减少大股东对制衡机制的损害。在此基础上，进一步规范股东会、董事会、监事会和经理层的运行，形成相互制衡、相互监督的运行机制，完善内控机制和风险防范机制，健全风险预警和防范措施，加强对重大风险的前瞻性预判，建立和完善上市公司股权激励机制，培养上市公司规范意识，提高依法经营水平，保护中小股东合法权益。通过有效的公司治理结构更好地保护各投资者的利益，从而实现对不同所有制资本所拥有的产权的保护。

第二，建立完备的市场体系。继续鼓励和支持主板上市公司做优做强，继续推动更多代表中国经济的大盘蓝筹公司上市，吸引海外上市企业和红筹公司回归，吸引境外企业到境内上市，扩大证券市场的规模；探索多种并购方式和手段，推动上市公司的整合；完善中小企业板的各项制度，不断扩大规模；推动融资制度创新，建立适应中小企业特点的快捷融资平台，提高中小板公司再融资的灵活性；不断丰富上市公司行业结构；完善适应中小企业特征的交易制度，着重提高市场的流动性，增强市场的广度和深度。

第三，完善证券交易和流转的法规和服务体系。健全完备的法规体系是证券市场规范运作与健康发展的基础。要继续完善相关法律法规，对证券的发行与交易、证券交易所、证券商、股东保护措施、外国投资者等做出明确而详尽的规定，使证券的交易和流转做到有法可依。与此同时，应鼓励和支持成立为证券市场服务的专业化社会化机构，如投资信用发布机构，使投资者了解投资动态；投资咨询机构，为证券投资者解决疑难问题；证券信誉评价机构，对准备上市的证券进行评价等。

第四，推进我国证券市场国际化进程。在大力发展国内证券市场和扩大市场规模的同时，要努力提高上市公司质量，提高我国证券市场抵御国际资本冲击的能力。要继续规范我国证券市场，这是我国证券市场国际化的前提和基础，要对证券市场的法律法规、会计准则等进行完善和健全。同时，规范证券发行和证券交易市场，逐步和国际准则接轨，吸引更多的外国投资者。

二是要继续健全产权交易市场。产权交易市场有狭义和广义两种，狭义的产权交易市场是指各类企业作为独立的产权主体从事以产权有偿转让为内容的交易场所，包括产权交易所、产权交易中心、资产调剂市场等。广义的产权交易市场则指一切产权交易的场所、领域和交换关系的总和。广义的产权交易市场分为两类：一类是公开的产权交易市场；另一类是非公开产权交易市场。这两个市场在交易流动性上有比较大的差异，交易效率也有所不同，公开市场的效率会比较高，而非公开市场相比之下效率就比较低。

产权交易市场具有四大功能：其一是信息积聚功能，即指产权交易市场能提供所有产权交易的信息，沟通买卖双方。市场可以公开价格和其他相关信息，使交易者通过市场建立固定的联络渠道，使具有交易意愿的买卖双方或潜在的买卖双方通过恰当的形式进行沟通联系。其二是价格发现功能，即产权交易市场可以形成价格规范，为潜在的交易者对交易价格做出合理的预期，以减少交易费用，促进交易双方顺利达到双方满意的交易价格。其三是制度规范功能，即产权交易市场对产权交易过程中所发生的各种行为提供规范，包括产权交易信息的形成与传递，创立公开交易行为制度，杜绝暗箱操作，形成价格规范，公平竞争等。其四是中介服务功能，即产权交易市场通过实行进场交易委托代理制，简化了产权交易手续，缩短了产权交易过程，提高了产权交易效率。同时，培育了中介服务机构，提高了经纪人员的业务素质。

作为产权交易的重要平台和场所，产权交易市场的出现，在规范产权交易活动、降低交易成本、提高交易效率等方面发挥了重要的作用。

第一，为非上市企业的资产提供了流动性平台。流动性是产权最重要、最典型的运作特性，产权交易市场通过交易方式和品种的不断创新，为产权流动提供了竞价场所和信息平台，通过在产权交易市场进行阳光交易，国有产权得以转让，并在流动中实现保值增值。

第二，为各类产权的价格发现和价格形成提供了场所。在相关法律法规制度尚不健全的情况下，进行国有产权场外交易，易导致国有资产严重流失，其他类产权在定价过程中，也可能无法充分发现价格。通过产权进场公开挂牌、公平竞争和规范操作，可以防止暗箱操作和黑幕交易。通过公平原则割断特定的利益输送，通过竞争机制形成合理的价格。

第三，为异地并购和外资并购提供舞台。产权交易市场促进了产权交易挂牌项目信息在全国甚至全球范围内的传递，为异地并购和外资并购提供了条件，促进了国内外资本的联动。

第四，为创业投资提供了进入和退出渠道。产权交易市场在为风险资本提供进入机会的同时也为其提供了退出渠道。创业者可以通过将种子企业、成长企业或者是发展成熟企业的股权出售来实现资本的退出，从而实现资本流动，使更多的创业企业受益。

　　在我国，产权交易市场的兴起缘于国有企业的改革和发展。国有企业的股份制改革涉及产权的变动，相应带来大量非上市国有企业的股权如何进行买卖和交易的问题；国有企业发展涉及企业的改组、联合、兼并、出售等，相应带来企业产权交易如何实现的问题。与此相适应，独立于证券市场之外的产权交易市场在我国大量出现和迅速发展。同时，国有企业在股份制改革和改组、联合、兼并、出售等过程中，由于国有资产出资人缺位，并且缺乏公开透明、规则健全、监管有力的产权交易平台，出现了大量私下买卖、暗箱操作、权钱交易等现象，甚至出现了半买半送、明卖实送、无偿赠送等问题，在实际操作中采取资产缩水、夸大亏损、隐瞒利润等手法，人为降低国有资产的价值，逃废债务，造成国有资产大量流失，银行债权大量悬空，使国家出资人和债权人的合法权益严重受损。这种状况引起了社会的普遍不满和强烈批评，以至于有人说，国有企业改革成为一些人的暴富机会。如何在推动国有资产交易和流转的过程中有效防止国有资产流失，成为国有企业改革特别是股份制改革能否顺利推进的一个关键问题。经过不断探讨和实践，解决这一问题的有效制度终于为各方面所认同，这就是建立健全产权交易市场。由此，中国产权市场应运而生。防止国有资产交易性流失的历史责任落在了中国产权市场的肩上。

　　我国的产权交易市场作为多层次资本市场的重要组成部

分，在促进国有产权的市场化、资本化方面具有重要作用，但在确保国有产权能够顺利进行交易和流转时，必须健全国有产权的交易规则和监管制度，推动国有产权规范、有序流转，防止国有产权交易中的"寻租"现象，保证国有产权流转不流失。为从制度上保证国有产权在交易和流转中权益不受损害，2003 年，国务院国资委成立后，把制定产权交易规章制度作为一项重要任务来抓，先后出台了《企业国有产权转让管理暂行办法》（国务院国资委　财政部令 ［2003］ 3 号）及相关配套制度。2009 年 5 月 1 日起施行的《企业国有资产法》从法律上明确了产权交易市场和产权交易机构的地位，该法第五十四条规定："除按照国家规定可以直接协议转让的以外，国有资产转让应当在依法设立的产权交易场所公开进行。"2004年以来，国务院国资委相继授权上海联合产权交易所、北京产权交易所、天津产权交易中心和重庆联合产权交易所作为中央非上市企业的国有产权转让的场所，规定中央企业所属非上市企业的国有产权交易必须进入这四个交易所进行公开拍卖，竞价转让。省、市（地）级人民政府国有资产出资人机构大多也在辖区内指定了一批产权交易机构作为本地国有产权交易的平台。截至 2007 年底，国务院国资委和各省国资委认定的从事国有产权交易的产权交易机构已有 65 家。为保证国有产权交易的规范、有效，国务院国资委定期对认定的四家产权交易机构进行综合评审，建立了企业国有产权交易信息监测系统，加强对这四家产权交易机构的监测，并逐步将全国产权交易机构全部纳入监测范围。为实现产权在更大范围内流动和流转，更好地实现产权市场发现价格和促成各类资源有效配置的功能，国务院国资委积极推进中国产权交易报价网的建设（www. ma‐china. org），截至 2011 年 6 月 30 日，这个具有联合报价功能的产权交易平台已经覆盖上海、江苏、江西、福建等 10 多个省市的 43 个产权交易机构，一个基于网络平台的区域性产权交易市场初步形成。10 年来我国产权市场的发展证明，正是产权交易客观上使中国产权市场资本化和市场化程度得到明显提升，发现卖主、发现价格的功能进一步显现，更好地体现了市场在配置资源中的决定性作用。

据国务院国资委的数据，2010 年，全国 26 个省区市通过产权交易市场公开挂牌转让国有产权 921 亿元，比评估结果增值 143 亿元，平均增值率为 17.8%，其中，受国务院国资委监管的中央企业通过产权交易市场公开挂牌转让的国有产权为 531 亿元，比评估结果增值 56 亿元，平均增值率为 11.5%。2013 年中央企业通过产权市场公开转让国有产权 412 亿元，比 2012 年增长 55%，增值 75 亿元，增值率超过 20%。非公有资本合计受让 233 亿元，占全部交易金额的 57%。同时，一些国有及国有控股企业通过市场化的公开阳光操作，向非公有资本转让部分股权达 96 亿元，进而发展成为混合所有制企业。产权市场正在成为国有资本与民间资本互相融合的重要平台，促进了中央企业的结构调整和国有资产的保值增值。

当然，由于我国产权交易的市场化进程还比较短，市场化程度还不够高，在保证国有产权交易过程的廉洁操作、公开透明、依法经营等方面，还需要继续推进制度创新和制度规范。同时，我国产权交易市场还存在着各自为政、条块分割现象，面临市场、信息及中介发育不全，人才缺乏和产权交易不规范等问题，许多中小产权交易机构随着地方国有企业改制任务的基本完成，业务呈现萎缩趋势。作为改革方向选择和正式制度安排，应在统一的产权信息市场的基础上，逐步推进不同地区产权交易机构的整合和重组，并形成统一的全国性的产权交易市场。随着我国国有企业改革任务的基本完成和资本市场的不断发展，现行产权交易市场的定位和功能也需要不断调整和界定，作为一种制度选择和安排，现有以国有产权交易为主的产权交易市场应向社会公共资本市场逐步转变，最终融入统一的社会资本市场体系。

三是逐步发展和形成场外交易市场。场外交易市场是指在证券交易所外进行证券买卖的市场，它主要由柜台交易市场、第三市场、第四市场组成。所谓第三市场，是指非交易所会员在交易所以外从事在交易所上市的股票交易而形成的市场。换言之，是已上市却在证券交易所之外进行交易的股票买卖市场。第三市场交易属于场外市场交易，与其他场外市场的区别，主要是第三市场的交易对象是在交易所上市的股票，而其他场外交易市场则是从事未上市的股票在交易所以外交易。所谓第四市场，是指投资者直接进行证券交易的市场，在这个市场上，证券交易由买卖双方直接协商办理，不用通过任何机构。同第三市场一样，第四市场也是适应机构投资者的需要而产生的。

在我国，场外交易市场是指公司不依靠上海证券交易所和深圳证券交易所而进行公司股权交易的市场，包括三个层次，分别是：全国统一的股权交易市场、区域性股权交易市场、证券公司柜台交易市场，是除主板、中小板、创业板之外的我国资本市场又一重要补充。目前我国的场外市场主要由金融市场报价、信息和交易系统（NET）与全国证券自动报价系统（STAQ）组成。

场外交易市场的外延可以从三个方面界定：第一，场外交易市场是与证券交易所市场相对而言的，具体到我国，即指深、沪以外的交易市场；第二，场外交易市场通常在"场外股票交易场所"的意义上使用，不包括期货及其他证券衍生品；第三，场外交易市场的交易客体，是指非上市公司的股票（股权），既包括股份有限公司，也包括有限责任公司。

与场内交易市场相比，场外交易市场在组织形式、交易对象、运行模式、管理规范化程度等方面存在显著的差异。第一，场外交易市场是一个分散的无形市场，没有固定的、集中的交易场所，而是由许多各自独立经营的证券经营机构分别进行交易，主要依靠电话、手机、传真和计算机网络联系成交；第二，场外交易市场的组织方式采取做市商制度，投资者直接与证券商进行交易；第三，场外交易市场是一个拥有众多证券种类和证券经营机构的市场，以未能在证券交易所批准上市的股票和债券为主；第四，在场外交易市场上，证券买卖采取一对一交易方式，对同一种证券的买卖不可能同时出现众多的买方和卖方，也就不存在公开的竞价机制；第五，场外交易市场的管理比证券交易所宽松，缺乏统一的组织和章程，不易管理和监督，其交易效率也不及证券交易所。

场外交易市场作为多层次资本市场体系的重要组成部分，在完善资本市场功能方面能够起到关键性的作用。加快发展场外交易市场对于满足不同证券的流通要求和中小企业的融资需求，保障产权更好地流动和保值增值，更好地维护不同产权所有者的利益，实现经济发展方式转变和国民经济结构优化调整等，具有十分重要的现实意义。

第一，发展场外交易市场是完善我国多层次资本市场体系的战略举措。从境外成熟资本市场和新兴资本市场的发展历程看，资本市场大多为金字塔结构，场外交易市场处于塔基位置，与处于塔尖的主板市场等证券交易所市场一起，构成满足不同类型、不同阶段企业的融资需求和不同投资者的多元化投资需求、互补互动、互联互通的多层次资本市场体系。在这一市场体系中，场外交易市场能够满足广大中小企业和科技创新企业的创业融资需求，创业投资者及风险投资者的投资需求，以及普通投资者的股份流通需求，能够为证券交易所主板市场和二板市场培育上市资源，成为多层次资本市场体系不可或缺的重要组成部分。西方发达国家以及新兴经济体大都拥有较发达的场外交易市场，这些国家和地区的场外交易市场与证券交易所一起，为各类企业和投资者提供全方位的股票流通服务，有力地促进了相关国家和地区创新科技企业的发展及其经济产业结构的优化调整升级。

第二，发展场外交易市场有助于扩大广大中小企业和科技创新企业的直接融资渠道。不同融资渠道的资金具有不同的性质和相互匹配关系，优化融资结构对于促进企业发展、保持稳定的资金供给至关重要。由于国内沪深证券交易所上市门槛较高，对上市公司的规模、业绩、公司治理、信息披露等方面有较高的要求，一般的中小企业和科技创新企业较难达到其上市条件。而场外交易市场的上市条件低于证券交易所，上市费用也较低，达不到证券交易所上市条件的股份公司可以在这里通过公开发行或定向增资等方式进行上市直接融资，有助于切实解决中小企业和科技创新型企业融资难的问题，改善此类企业的融资环境，为其加强自主创新，加大技术研发投入提供强有力的资本支持。

第三，发展场外交易市场有助于从源头上减少非法证券活动。我国场外交易市场正处在逐步完善过程中，非上市公开发行股票制度未有效建立，大量非上市股份公司缺乏合法的股权流通和直接融资渠道，广大投资者多样化的投资需求得不到有效满足，导致近年来变相股票交易、地下股票交易市场屡禁不止，非法发行股票和非法经营未上市公司股票活动在我国部分地区时有发生，少数产权交易机构违规公开组织非上市公司股票交易活动，扰乱了证券市场的正常秩序，损害了投资者的合法权益，严重危害社会稳定和金融安全。但是公司股份天然具有流动的特性，存在转让的要求，场外交易市场为其提供了流通转让的场所，也为投资者提供了兑现及投资的机会。发展场外交易市场，积极拓展正道服务，最大限度地满足市场各方的合理需求，将有助于从源头上压缩非法证券活动空间，维护证券市场正常秩序和社会稳定，更好地保护投资者的合法权益。

第四，发展场外交易市场有助于拓展资本市场，优化资源配置、资本定价和促进企业转换经营机制等功能。场外交易市场与证券交易所市场一样，具有优化资源配置、资本定价和促进企业转换经营机制等功能。中小企业和科技创新企业在场外交易市场挂牌后，通过履行信息披露义务，企业股权价值在市场流通中能够被投资者有效挖掘，资本市场的定价功能能够得到有效发挥。而企业股权资本的准确定价，可以引导社会资本向符合产业政策、具有创新能力和持续发展能力的企业聚集，进一步促进资源优化配置和经济结构调整升级。

此外，场外交易市场通过实行强制性信息披露制度和规范的公司治理制度，强化对挂牌企业的外部监督，有助于促进企业建立健全公司治理结构和内部控制制度，实行经营者和业务骨干利益与企业长远利益相结合的股权激励约束机制，为企业转换经营机制、留住科技管理人才、实现长远规范发展奠定坚实的基础。

第五，场外交易市场为投资者提供了风险分层的金融资产管理渠道。资本市场是风险投资市场，不同投资人具有不同的风险偏好。建立多层次资本市场体系，发展场外交易市场能够增加不同风险等级的产品供给、提供必要的风险管理工具以及风险的分层管理体系，为不同风险偏好的投资者提供了更多不同风险等级的产品，满足投资者对金融资产管理渠道多样化的要求。

经过多年的发展，我国场外交易市场在完善资本市场功能、满足中小企业融资需求、实现不同证券的流通、促进经济发展方式转变和国民经济结构优化调整等方面发挥了重要的作用，但还面临交易不活跃、融资难、市场参与的各方生存难等问题。以新三板交易为例，从 2006 年 1 月 23 日到 2011 年 12 月底，六年里一共交易了 20 多亿元，其中 51% 由同一个证券公司撮合交易。六年时间里融资总量为 14 亿元，其中 77% 由同一个证券公司主导完成。参与这个市场的 62 家券商赢利的只有一家。这些问题严重影响着场外交易市场的健康发展，也影响着其功能的正常发挥。

2013 年 1 月召开的全国证券期货监管工作会议明确提出，要以柜台交易为基础，加快建立统一监管的场外交易市场，为非上市股份公司提供阳光化、规范化的股份转让平台。借鉴欧美等发达国家或地区发展场外市场的成功经验，结合我国场外交易市场发展的特点，加快我国场外交易市场改革发展可以考虑从以下方面努力：第一，建立一个全国统一互联的、电子化报价的柜台交易系统，允许非上市公司股权转让和交易；第二，给予小企业融资更多的豁免权；第三，柜台交易拟定为证券公司非上市证券买卖或代理买卖的新业务，应鼓励发展做市商；第四，交易佣金收入宜实行固定佣金制，采取统一固定比率的佣金制；第五，深沪主板市场上退下来的企业可以转到场外市场继续交易。

债券市场也是资本市场的一个重要组成部分。要扩大企业债券的发行，丰富资本市场产品种类。逐步建立健全以市场为主导的创新体制，推动债券市场产品发展；逐步完善各种期限的收益率曲线，健全债券信用评级制度，建立债券市场的市场化约束机制；完善债券投资者结构，创造有利于债券市场发展的外部环境；在稳步发展国债、公司债、资产证券化产品、可转换债券等产品的同时，积极推动其他固定收益类和结构化金融产品的创新。

加强监管是保证资本市场有效运转的重要措施。无论是证券市场还是产权市场，要能够有效运转，都必须做到严格监管和提高监管效果。要依法严格监管，强化执法意识，加大执法力度，严厉打击违反交易规则和损害投资者利益的各类违法违规行为，真正做到有法必依，违法必究，确保参与交易的公司规范运作，维护证券和产权市场正常发展的秩序。信息公开、及时、准确是确保证券市场和产权市场健康运行和正常发展的重要环节，只有交易各方信息对等，在公开、公平、公正的基础上进行价格竞争，才能防止交易和流转中的合法权益受损问题。要加强信息披露，采用自愿披露和强制披露相结合的方式提高信息披露的透明度，提高市场交易的透明度。要以信息披露为重点，强化对控股股东、实质控制人、高管人员及董事、独立董事的监管，加大对信息披露违规行为的惩罚力度，确保信息及时披露和信息的真实可靠。要改进监管理念、监管模式和监管内容，推动以审批为主的监管方式向以信息披露为主的监管方式转变，不断加强监管的独立性和有效性，进一步提高监管人员的专业水平，加强监管机构内部的协调，提高监管机构的内部治理水平，逐步完善监管机构、行业自律组织、交易所共同组成的多层次监管体系，加强市场参与主体内部监督；加强不同监管机构间的协调与合作，逐步实现从机构监管模式向功能监管模式的转变，提高监管效率，为各种所有制经济的发展提供条件。

三论积极发展混合所有制经济

核心论点：混合所有制经济是基本经济制度的重要实现形式。党的十八届三中全会《决定》强调积极发展混合所有制经济，意在"淡化所有制，强化混合制"，打破所有制界限，进一步激发市场经济潜力，增强企业活力，推动中国经济不断发展繁荣。

提示：第三论的重点是回答，什么是混合所有制？发展混合所有制与坚持和完善基本经济制度是什么关系？发展混合所有制经济是否会导致私有化？国有资本与私营资本是否能够很好地融合？

一　混合所有制经济——老话题、新热点

二　正确理解混合所有制经济

三　从股份制到混合制

四　把握混合所有制经济的正确走向

五　积极稳妥地发展混合所有制经济

党的十八届三中全会做出的《决定》在论述坚持和完善基本经济制度时，将"积极发展混合所有制经济"单列一条，与完善产权保护制度、推动国有企业完善现代企业制度、支持非公有制经济健康发展共同构成了坚持和完善基本经济制度的主要内容。《决定》强调"国有资本、集体资本、非公有资本等交叉持股、相互融合的混合所有制经济，是基本经济制度的重要实现形式，有利于国有资本放大功能、保值增值、提高竞争力，有利于各种所有制资本取长补短、相互促进、共同发展"。《决定》关于发展混合所有制经济的论断和阐述，清楚地表明了发展混合所有制经济的意义和作用，同时，也为坚持和完善基本经济制度指明了方向和路径。

一　混合所有制经济——老话题、新热点

混合所有制经济作为一种经济和社会现象，引起人们高度关注并成为我国经济体制的改革取向和国有企业改革的必然选择，已有二十多年的历史，并不是一个新提法、新概念。

早在 1993 年 11 月召开的党的十四届三中全会就提出了混合所有制经济的思想，这次全会做出的《中共中央关于建立社会主义市场经济体制若干问题的决定》指出，"随着产权的流动和重组，财产混合所有的经济单位越来越多，将会形成新的财产所有结构"。1997 年 9 月召开的党的十五大第一次正式使用了混合所有制经济的提法，这次大会的报告指出，"要全面认识公有制经济的含义。公有制经济不仅包括国有经济和集体经济，还包括混合所有制经济中的国有成分和集体成分"。1999 年 9 月召开的党的十五届四中全会是我们党的历史上专门研究国有企业改革和发展的一次中央全会，这次全会第一次

将发展混合所有制经济写入我们党的正式文件，这次全会做出的《中共中央关于国有企业改革和发展若干重大问题的决定》指出，"国有大中型企业尤其是优势企业，宜于实行股份制的，要通过规范上市、中外合资和企业相互参股等形式，改为股份制企业，发展混合所有制经济"。2002 年 11 月召开的党的十六大进一步指出，"除极少数必须由国家独资经营的企业外，积极推行股份制，发展混合所有制经济。"2003 年 10 月召开的党的十六届三中全会是专门研究完善社会主义市场经济体制的一次中央全会，这次全会做出的《中共中央关于完善社会主义市场经济体制若干问题的决定》提出，"要适应经济市场化不断发展的趋势，进一步增强公有制经济的活力，大力发展国有资本、集体资本和非公有资本等参股的混合所有制经济，实现投资主体多元化，使股份制成为公有制的主要实现形式"。2007 年 10 月召开的党的十七大着眼于完善基本经济制度，强调"以现代产权制度为基础，发展混合所有制经济"。2013 年 9 月召开的党的十八届三中全会把混合所有制经济提升为基本经济制度的重要实现形式，并强调要积极发展混合所有制经济。这是对多年来完善基本经济制度和深化国有企业改革实践新的总结，也是对我们党关于发展混合所有制经济一系列重要论断新的发展，标志着我们党对坚持和完善基本经济制度的认识有了新的提高。

回顾我们党在发展混合所有制经济问题上的重要思想和多次论述，至少可以看出三点：第一，随着改革的不断推进，我们党对混合所有制经济的认识不断深化；第二，把发展混合所有制经济作为完善基本经济制度、深化国有企业改革的重大举措，是党中央的一项重大决策和部署；第三，中央关于发展混合所有制经济的主要精神和内容是一脉相承的，并在坚持和完善基本经济制度实践的基础上不断丰富和发展。

从党的十四届三中全会提出混合经济的思想，到党的十五届四中全会正式提出发展混合所有制经济，再到党的十八届三中全会强调积极发展混合所有制经济，已经有二十多个年头了，因此，发展混合所有制经济可以称得上一个老话题了。但党的十八届三中全会后，发展混合所有制经济受到了国内外的广泛关注，在社会上引起强烈反响，成为全面深化改革的一个热门话题。为何老话题成了新热点？分析其原因，应该说，这与党的十八届三中全会提出的积极发展混合所有制经济的背景和时机有关，与党的十八届三中全会对混合所有制经济的丰富和发展有关。

一是与近年来国内居高不下的"国进民退"争论有关。进入 21 世纪以来，国际国内经济赶上了一个景气期，国有经济和民营经济都得到快速发展，生产能力快速提升。2008 年爆发的国际金融危机，使国际国内市场发生剧变，供需矛盾加剧，多年两位数的出口增长不见了，已经形成的生产能力面临市场收缩的巨大压力，应对国际金融危机投入的巨额资金加剧了产能过剩的矛盾，进一步放大了市场供需矛盾，在这个大背景下，国内出现了"国进民退"的争论，即国有经济在一些行业和领域不断扩展挤压了民营经济的发展空间。这场争论引起多方参与并持续不断。在这个时候，再次强调积极发展混合所有制经济，使社会看到了"淡化所有制，强化混合制；淡化国有企业，强化国有资本"的改革取向，使社会看到了平息"国进民退"争论的希望。

二是与寻找深化国有企业改革的突破口有关。产权制度改革被普遍认为是搞好国有企业的关键和前提。实践证明，国有企业只有积极推进产权制度改革，才有可能真正健全公司治理结构，才有可能真正转换经营机制，才有可能更好地成为市场竞争主体和独立法人。党的十六大以来，国有企业股份制改革取得积极进展，相当一部分中央企业实现了主营业务资产的整体上市，这也是混合所有制经济的重要实现形式。但社会上总有国有企业改革进展不大甚至停滞的感觉，其中一个原因，就在于一些人觉得国有企业产权制度改革步伐迈得不够大。目前，我国经济体制改革已经进入深水区，国有企业改革也已进入深水区，如何实现国有企业改革的新突破，已成为社会普遍关注的问题。发展混合所有制其实质就是深化产权制度改革，这被普遍视为深化国有企业改革的突破口和加速器。通过不同所有制资本的混合推动国有企业改革取得新突破，也就被人们普遍寄予了厚望。

三是与中央关于发展混合所有制经济的理论创新有关。虽然党中央将发展混合所有制经济正式写入文件已有多年的历史，但中央在强调发展混合所有制经济时，大多是与推进国有企业的股份制改革联系在一起进行论述的，这使得人们更多地将发展混合所有制经济理解为就是要推进国有企业的股份制改革，注意力更多地集中到国有企业的股份制上来，以至于发展混合所有制经济的思想没有受到足够的重视。此前中央强调的多是股份制的作用，党的十六届三中全会明确提出股份制是公有制的主要实现形式，党的十八届三中全会明确提出混合所有制经济是基本经济制度的重要实现形式，这就使得人们重新审视发展混合所有制经济的意义和作用，使得混合所有制经济受到理论界和企业界前所未有的重视，使得社会将着眼点更多地集中到发展混合所有制经济上来。同时，党的十八届三中全会对发展混合所有制经济提出了一些新的重要论断。对国有经济而言，提出允许更多国有经济和其他所有制经济发展成为混合所有制经济，允许混合所有制经济实行企业员工持股，形成资本所有者和劳动所有者利益共同体。发展混合所有制提法上的这些突破有利于调动国有企业员工特别是经营者发展混合所有制的积极性。对民营经济而言，提出允许非国有资本参股国有资本投资项目，鼓励发展非公有资本控股的混合所有制企业，而以往强调的都是公有资本与非公有资本参股的混合所有制经济，这次全会强调非公有资本也可以控股，这使民营经济看到了更多商机，看到了更多的发展希望和机会，因而，受到民营企业的欢迎和重视。

四是与中央全面深化改革的决心和意志有关。以往一些重大改革由于改革措施不配套或既得利益阻力大等原因，往往难以深入下去。在全面深化改革的大背景下，中央专门成立深化改革领导小组，中央主要领导担任改革小组负责人，并成立了若干专门小组，中央有关部门、各地区都成立了深化改革领导小组，国有企业也普遍成立了由主要负责人担任组长的深化改革领导小组，这表明深化改革已经成为社会共识和必然行动。作为坚持和完善基本经济制度的重点，发展混合所有制必然是各级、各类深化改革领导小组研究的重点和绕不过去的一项重大改革，这也使人们看到了发展混合所有制经济的决心和信心。

五是与培育我国经济发展新优势有关。经过多年发展和形势变化，支撑我国经济多年持续快速发展的优势或者说"红利"已经发生重要变化或逐步消失，经济发展下行面临着重大压力，如何培育我国竞争新优势、形成新红利，推动经济持续健康较快发展，是需要着力解决的一个重大战略问题。通过全面深化改革，形成新的制度"红利"，已成为人们的普遍认识和愿望。通过发展混合所有制可以把国有企业的规模优势和人才优势与民营企业的体制优势和机制优势共同发挥出来，通过资本融合做到"你中有我，我中有你；互利共赢，共同发展"，在此基础上形成我国企业新的竞争优势，形成中国经济新的竞争力。因而，也受到社会的广泛好评和欢迎。

二　正确理解混合所有制经济

积极发展混合所有制经济，需要解决的一个问题是，什么是混合所有制经济？或者说，如何界定混合所有制经济？应该说，混合所有制经济作为一种经济和社会现象，近一二十年来引起了广泛关注，并成为我国经济体制和国有企业的改革取向。党的十八届三中全会后，发展混合所有制经济更是成为全面深化改革的一个热门话题，大量文章和访谈见著媒体，从中可以看出，对混合所有制经济的内涵，即什么是混合所有制经济以及混合所有制经济与股份制的关系等基本问题，存在不同的理解和认识，有必要进行深入研究并尽力达成共识。

国内对混合所有制经济存在广义和狭义两种理解，广义的理解是把混合所有制经济界定为不同所有制的资本之间的融合，即混合所有制经济既可以是公有资本与非公有资本的融合，也可以是国有资本与集体资本的融合；狭义的理解是把混合所有制经济界定为公有资本与非公有资本的融合，公有资本之间或非公有资本之间的融合不能被视为混合所有制经济。根据中央关于坚持和完善基本经济制度的论述，将混合所有制经济界定为公有资本与非公有资本的融合更符合基本经济制度的本质规定和内在要求。

坚持和完善基本经济制度，必须坚持"两个毫不动摇"，即毫不动摇地巩固和发展公有制经济，毫不动摇地鼓励、支持和引导非公有制经济发展。坚持和完善基本经济制度，关键是在坚持公有制主体地位的同时实现多种所有制经济的更好发展，使"两个毫不动摇"统一于中国特色社会主义道路之中。能否有效地解决这个重大理论和实践问题，关系到中国特色社会主义制度的巩固和完善。

理论和实践已经证明，发展混合所有制经济是有效解决这个问题的必然选择和实现途径。从基本经济制度的本质规定和内在要求出发，应该将中央关于发展混合所有制经济的出发点和落脚点解读为实现公有制经济与非公有制经济的共同发展，根据这一解读，无疑，应该将混合所有制经济界定为公有资本与非公有资本的融合。

从增强我国各类所有制经济活力的要求出发，也要求将混合所有制经济界定为公有资本与非公有资本的融合。一方面，要增强国有经济的活力和竞争力，就必须鼓励非公有制企业参与国有企业改革，引入社会资本和民营资本，通过不同所有制资本的融合使国有企业的体制和机制更好地适应市场竞争的要求。另一方面，增强非公有制经济的活力和创造力，就必须坚持权利平等、机会平等、规则平等，废除各种形式的不合理规定和消除各种隐性壁垒，使非公有制经济能够进入国有资本处于垄断地位的领域和行业，更加平等地参与市场竞争。无论是增强国有经济的活力和竞争力还是增强非公有制经济的活力和创造力，其有效途径都是发展混合所有制经济。因此，将混合所有制经济界定为公有资本与非公有资本的融合更符合中央的精神，更有利于坚持和完善基本经济制度，也更能促进多种所有制经济的共同发展。

国内对混合所有制经济与股份制的关系也有广义与狭义两种理解：广义的理解把混合所有制企业界定为不同所有制企业按照一定原则实行联合生产或共同经营，即混合所有制企业既可以是股份制企业，也可以是非股份制企业；狭义的理解把混合所有制企业界定为公有资本与非公有资本共同参股组建而成的企业，即混合所有制等同于股份制企业。现在，一种说法很有市场，认为"混合所有制是股份制的一种形式"，既包括公有制经济，又包括非公有制经济，是不同所有制经济按照一定原则实行联合生产或经营的经济行为。还有一种说法更极端，直接断定"股份制就是混合所有制经济"。根据中央精神，基于产权理论，立足企业实际，可以做出这样的判断：股份制是混合所有制经济的主要实现形式，但混合所有制经济不等于股份制。

一是混合所有制经济与股份制是两个不完全相同层面的经济和社会现象。混合所有制经济可以从宏观和微观两个层面来分析：从宏观层面来看，混合所有制经济是指一个国家或地区所有制结构的非单一性，即在所有制结构中，既有国有、集体等公有制经济，也有个体、私营、外资等非公有制经济，还包括拥有国有和集体成分的合资、合作经济。宏观层面的混合所有制经济可以理解为一个国家经济结构中不同所有制的构成和比重。在宏观层面上推进混合所有制经济的发展，就是要在坚持公有制主体地位的同时毫不动摇地支持、鼓励和引导非公有制经济的发展，其实质是调整社会的所有制结构。从微观层面来看，混合所有制是指不同所有制性质的投资主体共同出资组建的企业，也可以理解为企业内部不同所有制的构成。在微观层面上推进混合所有制经济的发展，就是要大力发展混合所有制企业，其实质是调整企业的产权结构。显然，混合所有制经济比股份制的内涵更为宽泛，如果把混合所有制经济与股份制画等号，那么发展混合所有制经济只剩下企业层面的产权制度改革了，显然，这样的理解不利于全面坚持和完善基本经济制度。

二是混合所有制企业与股份制企业是相互交叠的两种多元产权结构。混合所有制企业在产权结构上体现为不同所有制的资本融合形成的多元投资主体企业，或财产权分属于不同性质所有者的企业组织形成。判别是否属于混合所有制企业关键在于把握两个内在规定和本质特性，一个是多元投资主体，另一个是不同所有制资本的融合，只有同时具备这两个特性的企业才属于混合所有制企业。股份制企业属于多元投资主体的企业，但如果是同一属性资本相互持股形成的股份制企业，如国有资本与国有资本或民营资本与民营资本交叉持股，则不属于混合所有制企业。由此可见，在产权结构上，混合所有制企业与股份制企业既相互交叠，又相互区别，混合所有制包括公有资本与非公有资本交叉持股形成的企业，但不包括公有资本与公有资本相互持股形成的企业。混合所有制企业属于投资主体多元化企业，但同一属性的资本相互持股形成的投资主体多元化企业并不属于混合所有制企业。因此，混合所有制企业不限于股份制企业，也不限于股权多元化企业。基于这一判断，不能将混合所有制等同于股权多元化，因为，股权多元化可以是公有资本与非公有资本相互持股形成的股权多元化，也可以是公有资本与公有资本或国有资本与国有资本相互持股形成的股权多元化，现实中，国有资本与国有资本相互持股的混合所有制企业为数不少。

三是要区别所有制与所有制的实现形式。所有制与所有制的实现形式是两个既相互联系又相互区别的概念，我国所讲的混合所有制经济，是相对于公有制经济和非公有制经济等而言的，属于所有制的形态和范畴，而股份制企业是相对于非股份制企业而言的，属于企业组织形式和范畴，是所有制的实现形式，不能将两者混为一谈。混合所有制经济作为一种所有制形态和范畴，可以与公有制、私有制作为同等经济范畴进行分析，混合所有制企业作为多元产权结构的企业组织形式和经营方式，则不能与国有企业、私营企业一样作为一种企业类型进行工商登记注册。其根本原因就在于，混合所有制企业属于一种所有制形式，但不属于具体的企业组织形式。混合所有制企业的组织形式可以有多种，包括公司制、股份制等，混合所有制属于哪种企业组织形式要根据具体的资本结构和经营方式来确定。正因为如此，我国企业的工商登记中只有公司制或股份制等企业形式，没有混合所有制企业形式。

四是公司制企业与股份制企业是有所区别的两种企业组织形式。一些专家学者之所以将混合所有制等同于股份制，一个重要原因可能就在于将公司制企业与股份制企业混合为一谈。积极发展混合所有制经济，有必要对公司制企业与股份制企业加以区分，有必要对公司制改革在发展混合所有制经济进程中的意义和作用重新审视。

一方面，有限责任公司和股份有限公司是两种形式的公司。通常讲的公司是相对于个人业主制企业、合伙制企业等而言的一种企业组织形式。根据资本形式和承担责任的不同，公司又分为有限责任公司和股份有限公司两种，股份有限公司又分为上市公司和非上市公司两种，上市公司是指其股票在证券交易所上市交易的股份有限公司。2013 年 12 月 28 日第十二届全国人大常委会第六次会议通过修订的《公司法》第二条明确规定，"本法所称公司是指依照本法在中国境内设立的有限责任公司和股份有限公司"。在我国，有限责任公司包括一人有限责任公司和国有独资公司。一人有限责任公司是指只有一个自然人或者一个法人股东的有限责任公司。国有独资公司是指国家单独出资、由国务院或者地方人民政府授权本级人民政府国有资产监督管理机构履行出资人职责的有限责任公司。《公司法》第三条还规定，"依照本法设立的有限责任公司，必须在公司名称中标明有限责任公司或有限公司字样。依照本法设立的股份有限公司，必须在公司名称中标明股份有限公司或股份公司字样"。显然，有限责任公司与股份有限公司是有明确法律界定和法律区别的两种企业组织形式，虽然都属于公司这个大范畴，都属于《公司法》的调节对象，但两者不能混为一谈。习惯上，一般将有限责任公司称为公司制企业，将股份有限公司称为股份制企业。正因为如此，党的十七大做出的《决定》在论述完善基本经济制度时强调，要"深化国有企业公司制股份制改革"。政府工作报告和国务院批复的国家发改委下发的深化经济体制改革指导意见也多次强调，要深化国有企业公司制股份制改革。由此可见，深化国有企业的公司制改革和股份制改革都应成为推进国有企业市场化改革的主要取向和重要任务。

另一方面，有限责任公司与股份有限公司是有所区别的两种企业组织形式。根据我国《公司法》的规定，无论是有限责任公司还是股份有限企业，其出资人都以股东称谓，股东都以投入企业的资本对公司承担责任，董事会决议的表决都是一人一票，公司以其全部资产对公司的债务承担责任。而且，公司制企业股东的出资比例经常也被称为持股比例，这就使得人们很容易将公司制企业与股份制企业混为一谈，从而得出混合所有制企业就是股份制企业的结论。实际上，公司制企业与股份制企业在设立、组织机构、股权转让三个方面存在明显的区别和差异。

在设立方面，第一，资本划分方式不同，公司制企业的资本不必等额划分，股份制企业的资本必须划分为等额股份，每股金额相等。这是公司制企业有别于股份制企业最重要的一点。第二，资本名称不同，公司制企业股东所出资本称为出资额，股份制企业所出资本称为所持股份，股份制企业的股份采取股票的形式。相应地，股权证明形式也不同，公司制企业向股东签发的是出资证明书，股份制企业是股票。第三，资本募集方式不同。公司制企业只能在股东范围之内募集资金，不得向社会公开招股集资，股份制企业可以采取发起设立或者募集设立的方式，发起设立是指发起人认购公司应发行的全部股份而设立公司，募集设立是指发起人认购公司应当发行股份的一部分，其余部分向社会特定对象募集而设立公司。第四，出资方式不同。公司制企业的股东应当按照其发起人协议和公司章程中认购的出资数额足额缴付出资，如不按期缴付所认缴的出资，应当向已出资的其他出资人承担违约责任；股份制企业发起设立时，公司章程中载明的公司全部资本必须在公司设立时全部发行，并由发起人全部认购。募集设立的，发起人认购的股份不得少于公司股份总数的 35%，其余股份应向社会公开募集。第五，股东人数限制不同。公司制企业由 50 个以下股东出资设立，而股份制企业应当有 2 人以上 200 人以下发起人，成立后股东没有上限。

在组织机构方面，公司制企业董事会成员为 3 ~ 13 人，股东人数较少或者规模较小的可以不设董事会和监事会，不设董事会的设 1 名执行董事，不设监事会的设 1 ~ 2 名监事。股份制企业需要设立股东会、董事会、监事会，董事会成员为 5 ~ 19 人。公司制企业的股东会会议由股东按照出资比例行使表决权，股份制企业股东出席股东大会所持每一股份有一表决权，但是，公司持有的本公司股份没有表决权。公司制企业的股东以其出资额为限对公司承担责任，股份制企业的股东以其所持股份为限对公司承担责任。此外，公司制企业与股份制企业在重要议题的表决、责任的追究等方面，也有所不同，有所区别。

在股权转让方面，公司制企业的股东之间可以相互转让其全部或者部分股权，股东向股东以外的人转让股权，应经其他股东过半数同意，同等条件下其他股东有优先购买权。股份制企业的发起人持有的本公司股份，自公司成立之日起一年内不得转让；公司公开发行股份前已发行的股份，自公司股票在证券交易所上市交易之日起一年内不得转让。公司董事、监事、高级管理人员在任职期间每年转让的股份不得超过其所持本公司股份总数的 25%，所持本公司股份自公司股票上市交易之日起一年内不得转让，离职后半年内不得转让其所持有的本公司的股份。记名股票由股东以背书方式或者法律、行政法规规定的其他方式转让，无记名股票的转让由股东将该股票交付给受让人即发生转让的效力。

由于公司制与股份制是两种企业组织形式，并且公司制企业也可以是多元投资主体企业，因此，公司制也应该并且可以成为混合所有制经济的重要实现形式，成为发展混合所有制经济的一个重要途径。根据《决定》强调的积极发展国有资本、集体资本、非公有资本等交叉持股、相互融合的混合所有制经济这一精神和要求，只要能够实现公有资本与非公有资本的交叉持股和相互融合，都应该视为混合所有制企业，都应该给予积极支持和鼓励。公司制企业中，除《公司法》分别作了特别规定的一人有限责任公司和国有独资企业外，其他公司制企业的股东按法律规定必须在 2 人以上、50 人以下，如果股东所出资本中既包括公有资本，又包括非公有资本，从混合所有制经济的内涵和要求来看，应该属于多元投资主体的混合所有制经济。由此可见，采用公司制企业的组织形式，也可以实现发展混合所有制经济所要求的公有资本与非公有资本交叉持股、相互融合的目的，也可以达到国有资本放大功能、保值增值、提高竞争力的目的，应该成为发展混合所有制经济的一个重要途径，成为深化国有企业改革的一个重要方向。正因为如此，国内理论界和企业界通常将公司制企业和股份制企业都归为现代企业制度，并将现代企业制度确定为国有企业改革的方向。把混合所有制等同于股份制，必然会排除和排斥公司制这一实现混合所有制经济的重要途径和有效形式，显然，是不可取、不适宜的。因此，积极发展混合所有制经济，既要继续推进国有企业的股份制改革，允许更多国有经济和其他所有制经济发展成为混合所有制经济，鼓励发展私营资本控股的混合所有制企业，也要继续深化国有企业的公司制改革，发展公有资本与私营资本等多元投资主体的公司制企业，以拓展混合所有制经济的发展途径，推进混合所有制经济更快发展。

五是坚持和完善基本经济制度必须探索公有制的多种有效实现形式。完善基本经济制度，坚持公有制的主体地位，关键是找到公有制与市场经济有效结合的形式。因此，中央多次强调要探索公有制的多种有效实现形式。股份制是社会化大生产和市场经济发展到一定阶段的必然产物，是企业赢得市场竞争优势的一种有效组织形式和运营方式，也是公有制的主要实现形式。总结我国多年国有企业改革的经验，借鉴国外的成功做法，2003 年 10 月召开的党的十六届三中全会通过的《关于完善社会主义市场经济体制若干问题的决定》明确提出，使股份制成为公有制的主要实现形式。这一重大理论突破和创新，表明我们党对公有制实现形式的认识达到了一个新的高度，为探索公有制的有效实现形式指明了方向，也明确了国有企业改革的重点。因此，当时发展混合所有制经济的重点是推进国有企业的股份制改革，使股份制成为混合所有制的主要实现形式。但是，公有制的实现形式应该也可以有多种，把混合所有制等同于股份制，容易限制混合所有制更好地发展，也容易束缚对公有制多种实现形式的广泛探索。

六是国有企业不可能也不需要都采用股份制的形式。企业采取什么样的组织形式，是采取公司制还是采取股份制形式，是否公开上市，取决于投资者的综合考虑。企业进行股份制改制，产权结构就由单一产权变为多元产权，如果改制上市成为公众公司，必须做到信息公开，必须接受社会监督，这对国有企业建立现代企业制度、完善法人治理结构能够提供有效的制度保障，因此，股份制就成为公有制的主要实现形式，国有企业进行股份制改革特别是整体上市就成为主要取向和改革模式。但国有企业进行股份制改革，必须能够回报股东并且具有较好的投资回报，如果改制上市，必须符合上市条件，如果连续亏损将要摘牌退市，还存在控制权转移的压力等。实际情况是，并非所有国有企业都具有投资价值，更不是所有国有企业都符合上市条件，特别是那些承担公益性功能或主要承担保障性功能的国有企业，由于赢利能力不强，可能出现亏损甚至严重亏损，无法实现良好回报，无法吸引其他股东，也无法满足上市要求。因此，国有企业发展混合所有制不可能都采取股份制特别是改制上市的模式。为适应建立现代企业制度的要求，国有企业可以也必须进行公司制改革。因此，中央历来强调，国有企业要加快推进公司制股份制改革，具备条件的国有企业进行改制上市。从中国国有企业目前的实际情况看，相当一部分国有企业并不是股份制企业。据国务院国资委的数据，截至2012年底，全国共有国有企业151820户，其中国有控股企业有90682户，占全部国有企业的59.7%；国有独资企业或公司有56075户，占36.9%；企业化管理的事业单位有5063户，占3.3%。从全国企业目前的实际情况看，股份制企业特别是上市公司在各种组织形式的企业中占少数。据国家统计局《2013年中国统计年鉴》，截至2012年底，全国企业单位数共有828654个，其中，股份有限公司有138698个，占全部企业的16.7%。实际上，股份制企业在全部企业中占少数这种现象在市场经济国家具有普遍性。这也从一个侧面说明，发展混合所有制经济不等于也不可能将国有企业都改为股份制企业。

把握混合所有制经济的内涵，一方面，要求我们加快推进以股份制为重点的混合所有制改革，增强各类所有制经济的活力；另一方面，要求我们继续探索公有制的多种有效实现形式，更好地坚持和完善基本经济制度，为推进中国特色社会主义建设提供新的改革动力。

三　从股份制到混合制

从党的十六届三中全会强调股份制是公有制的主要实现形式到党的十八届三中全会强调混合所有制经济是基本经济制度的重要实现形式，既表明我们党更加淡化所有制，强化混合制，也表明混合所有制对我国经济和社会发展具有特别重要的意义。根据《决定》的论述和习近平总书记在党的十八届三中全会上所作的关于《决定》说明的有关论述，发展混合所有制经济的重要意义和作用至少体现在四个方面。

一是实现基本经济制度的重要形式。坚持和完善基本经济制度，关键是要找到基本经济制度的有效实现形式，最重要的是要找到公有制与市场经济结合的有效实现形式。走中国特色社会主义道路，一方面，必须坚持和完善基本经济制度，坚持公有制的主体地位；另一方面，必须坚持市场化改革方向，发挥市场在资源配置中的决定性作用，破解这一难题的有效解决方式就是加快推进基本经济制度的多种有效实现形式。改革开放以来，我们党一直在努力寻找基本经济制度特别是公有制的有效实现形式。1997年召开的党的十五大确立了我国社会主义初级阶段的基本经济制度，同时提出，"公有制实现形式可以而且应当多样化"，"要努力寻找能够极大促进生产力发展的公有制实现形式"。2003年召开的党的十六届三中全会部署如何完善社会主义市场经济体制，同时提出，"使股份制成为公有制的主要实现形式"。党的十八届三中全会部署全面深化改革，同时提出，"混合所有制经济是基本经济制度的重要实现形式"。从这些重要论断可以看出：第一，党的十五大以来，在改革的重要时刻，我们党都提出了积极探索公有制和基本经济制度实现形式的重要使命；第二，我们党在寻找公有制和基本经济制度的实现形式方面，不断进行理论探索和创新；第三，我们党在总结改革实践的基础上将混合所有制经济确立为我国基本经济制度的重要实现形式，这是一个重大理论创新，是新形势下探索公有制经济和市场经济相结合有效形式的新成果，既与以往论述一脉相承，又结合实际实现了新的突破和发展，反映了经济市场化深入发展的客观要求，必将有力地推动混合所有制经济的发展，进一步完善基本经济制度。

二是增强国有经济活力、控制力、影响力的有效途径和必然选择。改革开放以来，我国所有制结构逐步调整，公有制经济和非公有制经济在发展经济、促进就业等方面的比重不断变化。截至 2014 年 4 月，全国工商登记注册企业共 1591.35 万户，而我国国有独资企业、国有控股企业和企业化管理的事业单位只有 15 万多户，约占企业总数的 1%。此外，全国还有个体工商户 4564.15 万户，这些个体工商户基本上也都是民营企业。民营企业包括微型企业不仅数量众多，而且在经济和社会发展中发挥着越来越重要的作用。随着改革的深入推进和市场经济的不断发展，可以预见，非国有经济的规模将会继续扩大，比重将会继续提高。在这种形势下，要体现和坚持公有制的主体地位，增强国有经济的活力、控制力、影响力，必由之路和不二选择就是发展混合所有制经济。可以说，发展混合所有制经济是全面深化改革和发展市场经济的必然趋势。

三是有利于国有资本放大功能、保值增值、提高竞争力。面对国有资本规模相对变小、比重相对下降的新形势，如何坚持公有制的主体地位，发挥国有经济的主导作用，是坚持和完善基本经济制度必须回答和解决的一个重大理论和实践问题。党的十五大强调指出，"公有制的主体地位主要体现在：公有资产在社会总资产中占优势；国有经济控制国民经济命脉，对经济发展起主导作用。这是就全国而言，有的地方、有的产业可以有所差别。公有资产占优势，要有量的优势，更要注重质的提高。国有经济起主导作用，主要体现在控制力上"。党的十五届四中全会再次强调，"国有经济在国民经济中的主导作用主要体现在控制力上"，并指出，"国有资本通过股份制可以吸引和组织更多的社会资本，放大国有资本的功能，提高国有经济的控制力、影响力和带动力"。在当代市场经济中，资本的作用不仅取决于自身的规模和质量，而且取决于控制能力，即通过"四两拨千斤"放大资本的功能。截至 2013 年底，国务院国资委管理的中国建材集团有限公司所属 1113 家企业中，三级企业有 117 家。其中，属于混合所有制的有 38 家；四级企业有 383 家，其中，属于混合所有制的有 316 家。通过发展混合所有制，中国建材集团用 226 亿元的国有权益控制了 668 亿元的净资产，带动了超过 3600 亿元的总资产。通过与社会资本特别是民营资本的融合，中国建材集团既具有了调动和组织社会资本的能力，放大了国有资本的功能，也促进了国有企业体制机制的转换，增强了总体竞争能力，实现了国有资产的保值增值。

四是有利于各种所有制资本取长补短、相互促进、共同发展。各种所有制的资本由于产权属性不同，在市场经济中各自具有不同的功能和作用。一般而言，国有资本在体现国家意图、实现公共目标等方面更具优势，私营资本在适应市场竞争、激发企业活力等方面更具优势。从我国的实际情况看，总体上，国有资本在综合实力、依法经营等方面更具优势，私营资本在进取创新、灵活经营等方面更具优势。混合所有制经济兼有国有资本与私营资本两种资本的特点，能够更好地适应现

代市场经济的发展要求，能够更好地适应现代化大生产的发展
要求，通过国有资本与私营资本的交叉持股、相互融合，可以
实现国有资本与私营资本的优势互补，相互促进，对提升我国
企业的整体竞争能力进而提高整个国民经济的竞争能力，都会
起到强有力的助推作用。

实际上，混合经济对经济社会发展的积极作用并非我国学
者最先发现，混合经济的思想也并非我国学者首次提出。美国
著名经济学家、诺贝尔经济学奖获得者保罗·萨缪尔森较早提
出了混合经济的概念。第二次世界大战后，由于多种因素的作
用，资本主义世界的经济危机发生的程度有所缓和，生产下降
的幅度也较战前发生危机时要小。在 20 世纪 50～70 年代，西
欧、北美等主要资本主义国家还曾出现过经济迅速发展的时
期。对这种"奇迹"的出现，美国经济学家萨缪尔森认为这
是由于实行了所谓"混合经济"制度所带来的结果。他指出，
当代西欧、北美等许多国家"从混合经济制度中找到一条能
迅速而持续发展的道路"。

当然，西方学者所讲的混合经济与我国所讲的混合所有制
经济不完全是一个概念。美国经济学家、诺贝尔经济学奖得主
约瑟夫·斯蒂格利茨在其著名的《经济学》教科书中将混合
经济（mixed economy）界定为公共（政府）决策与私人决策
混合在一起。

根据百度文库，混合经济是指资本主义和社会主义的某些
特征并存的一种经济制度，或某一特定社会制度下经济体制中
各种不同因素的混合。有些西方学者从公私混合的角度提出，
现代资本主义经济是私人资本主义经济与社会化经济的混合。

社会化经济在生产上是指国有企业；在收入与消费上是指公共卫生、房租低廉的住宅和社会安全与福利开支等。混合经济就是指生产上、收入与消费上的公私混合经济。另一些西方学者从资本主义国家的政府在经济中所起的巨大作用角度提出，政府和私人同时对经济发生作用，从而使现代资本主义经济成为一种混合经济。还有西方学者认为，市场经济体制通过市场机制的作用配置资源、调节经济运行，在这一经济体制中，同时也运用了计划这一调控手段；国家采用指标、综合平衡的办法，对宏观经济活动进行预测、规划和指导，规范微观经济符合宏观经济发展目标，引导市场经济的发展方向。正是在这一意义上，市场与计划在一种经济体制范围内的结合，也意味着一种混合经济的形成。

将混合经济与所有制联系起来，正式使用混合所有制经济这一术语，应该属于我国学者的首创。正因为如此，有专家学者提出，"大力发展混合所有制经济，是我国发展社会主义市场经济中所特有的"。如果将公众公司归为混合所有制企业，应该说，20世纪80年代主要由英国开始的国有企业私有化改革，主要方式就是股份化改革，相当部分就是减持国有股。从区别于原有国有独资的国有企业来说，从多元产权结构的股份制企业比一元产权结构的国有独资企业更具制度优势来看，混合所有的国有控股企业确实是我国经济体制转型过程中出现的一种新的经济现象，但从多元产权结构来看，混合所有制企业是发达市场经济国家和经济体制转型国家的一种普遍经济现象和现实存在，并不是我国的特有经济现象和企业类型。

四 把握混合所有制经济的正确走向

党的十八届三中全会以来，发展混合所有制经济成为全面深化经济体制改革的一个重点和热点，但国内对发展混合所有制经济存有不同观点和担忧：一方面，有观点担忧如果鼓励发展非公有资本控股的混合所有制企业，不明确国有资本占主导地位，最终会削弱公有制的主体地位，甚至导致私有化；另一方面，有观点担忧发展混合所有制经济如果继续强调公有制的主体地位，着眼于放大国有资本的控制力，会打压和限制民营经济的发展空间，与市场经济发展方向相悖；还有观点提出，应逐步形成以民营企业为主导的混合所有制模式，并建议国家在竞争性领域的混合所有制企业中明确民营资本占据经营主导地位；更有观点把发展混合所有制经济解读为搞私有化，只讲积极发展混合所有制经济，不讲推动国有企业完善现代企业制度。这些不同观点折射出的是，一方面，不同所有制经济对发展混合所有制经济有不同的期待；另一方面，伴随混合所有制经济的不同走向带来的所有制结构的不同变化对基本经济制度会产生不同的影响。积极发展混合所有制经济引发的对市场经济改革方向的不同担忧，这可能是始料未及的，需要引起重视并加以引导。

（一）全面和完整认识私有化的含义

兴起于20世纪70年代末80年代初的英国私有化曾在世界上产生了强烈反响，并在发达市场经济国家引起连锁反应。

但对私有化的具体内涵，国内大多数人可能并不十分清楚，人们心目中的私有化普遍是指个人或家族对产权的实际占有或控制。由此，将国有企业的私有化理解为将国有企业变为个人或家族占有或控制的企业。实际上，这样的理解与一些发达市场经济国家的理解和做法是不一样、不相同的。从不少发达市场经济国家来看，国有企业私有化是一个包含多层面内容的概念，包括：推进国有企业改制上市、减持国有企业中的国有股、放弃国有企业的控股权、国有股从企业中完全退出、将国有企业卖给私人、将国有企业提供的产品或服务转给私人承包、转让国有企业的特许经营权等。在发达市场经济国家，企业的股份制改革通常也被视为私有化。基于这个判断，不少外国政要和学者经常将中国推进国有企业的股份制改革理解为要搞私有化。在发达市场经济国家，将大股东通过回购实现上市公司退市即由公众公司变为私人公司也视为私有化。受此影响，国内不少媒体和一些专家也时常将国有控股企业通过回购实现的退市解读为私有化。

对比国内外对国有企业私有化的理解，至少可以看出三点不同：一是发达市场经济国家关于国有企业私有化的解读比我国大多数人的理解更为宽泛；二是国有企业私有化不等于将国有企业都卖给个体、私营企业或企业经营者；三是将国有企业股份制改革解读为私有化这与我国推进国有企业股份制改革的出发点和落脚点是不相符的。

（二）准确理解混合所有制企业的性质

产权是所有制的核心。发展混合所有制经济作为深化国有企业产权制度改革的重大举措，无疑会对我国的所有制结构产生重大和深刻影响。但发展混合所有制经济到底会对所有制结构进而对基本经济制度产生什么样的影响，很大程度上要看混合所有制企业由谁控股。因为，企业的所有制性质最终取决于控股资本的属性。从产权结构分析，不论是什么所有制资本组成的混合所有制企业，不论是国有资本控股还是私营资本控股或是外国资本控股，混合所有制企业本质上都属于多元产权结构或多元投资主体的组织形式。作为多元产权结构的企业，其所有制性质是由处于实际控制权的资本属性决定的，也就是说，混合所有制企业的性质取决于控股资本的所有制属性。混合所有制企业作为公有资本与非公有资本交叉持股、相互融合的一种企业组织形式，可以是公有资本控股，也可以是非公有资本控股，这就决定了混合所有制企业可以是国有控股的企业，也可以是非国有控股的企业，因而，混合所有制企业的性质是动态的、可变的。

根据国际惯例，国有资本控股 50% 以上的企业才能归入国有企业的范畴。混合所有制企业中如果国有资本不处于绝对控股地位，就不属于国有企业；如果是私人资本控股，则属于私营企业；如果是上市公司，可以统称为公众公司，进一步则可以分为国有资本控股的上市公司和民营资本控股的上市公司。由此可见，混合所有制经济的性质具有不确定性，混合所有制经济的不同走向会对基本经济制度进而对中国特色社会主义制度产生不同影响。因此，积极发展混合所有制经济，必须全面理解中央关于深化国有企业改革的精神，坚持社会主义市场经济的改革方向。国内有专家将含有国有股的混合所有制企业称为"新型公有制"或"新国企"。作为改革开放中涌现的新现象和新论点，对这些论点应允许并提倡继续探索和研究，但目前这些论点还没有成为社会共识并被普遍接受。

（三）发展混合所有制经济要有利于坚持和完善基本经济制度

党的十八届三中全会强调要积极发展混合所有制经济，是在坚持和完善基本经济制度这个前提下提出的，并将混合所有制经济上升为基本经济制度的重要实现形式，强调这有利于国有资本放大功能、保值增值、提高竞争力。习近平总书记在作《决定》说明时强调，这是新形势下坚持公有制主体地位，增强国有经济活力、控制力、影响力的一个有效途径和必然选择。学习贯彻党的十八届三中全会精神，一方面，要增强对发展混合所有制经济重要性和必然性的认识。要看到，发展混合所有制经济体现了基本经济制度的本质规定和内在要求，是坚持走中国特色社会主义道路的一个必然选择，是全面深化国有企业改革的主要方向。发展混合所有制经济作为我国全面深化国有企业改革的一项重大举措，必须继续坚持解放思想，允许大胆试，大胆闯。另一方面，发展混合所有制经济要有利于坚持和完善基本经济制度。全面深化改革的总目标是完善和发展中国特色社会主义制度，推进国家治理体系和治理能力现代化。基本经济制度是中国特色社会主义制度的重要支柱，也是社会主义市场经济体制的根基。因而，发展混合所有制经济的目的是要更好地坚持和完善基本经济制度，而不是削弱或动摇基本经济制度。要有利于巩固和发展公有制经济，增强国有经济活力、控制力和影响力；要有利于鼓励、支持和引导非公有制经济发展，激发非公有制经济活力和创造力。要把"两个毫不动摇"有机地融入发展混合所有制经济的全过程，在各种所有制相互融合与竞争中，坚持公有制的主体地位，实现多种所有制经济的共同发展。

（四）发展混合所有制经济要与国有经济布局和结构调整统筹安排

国有经济布局和结构调整与发展混合所有制经济密切相关，事关发展混合所有制经济的走向。1997 年党的十五大提出混合所有制经济的同时就提出，"要从战略上调整国有经济布局"，并强调，"对关系国民经济命脉的重要行业和关键领域，国有经济必须占支配地位。在其他领域，可以通过资产重组和结构调整，以加强重点，提高国有资产的整体质量"。此后，中央多次强调要发展混合所有制经济，同时也多次强调要调整国有经济布局和结构。党的十八届三中全会在论述积极发展混合所有制经济时，一方面强调要完善国有资产管理体制，另一方面对国有资本投资运营提出了更加明确的方向要求。因此，积极推进混合所有制经济发展的同时，要更好地体现和坚持公有制的主体地位，更好地坚持和完善基本经济制度，一个重要选择就是将发展混合所有制经济与国有经济布局和结构调整有机结合起来，在国有经济布局和结构调整中加快发展混合所有制经济。

根据中央关于国有经济布局和结构调整的论述，从坚持和完善基本经济制度的要求出发，积极发展混合所有制经济至少要把握好以下几点：一是发展混合所有制经济既要有利于增强国有经济的活力、控制力和影响力，又要有利于激发非国有经济的活力和创造力；二是既不能将发展混合所有制经济理解为国有资本要尽可能多地控制民营资本，也不能将鼓励非公有资本控股的混合所有制企业理解为形成以民营企业为主导的混合所有制模式；三是既不能将发展混合所有制经济理解为国有企业凭借规模和资金优势"攻城掠地"，也不能将发展混合所有制经济理解为民营资本对国有资本的"单向混合"，更不能理解为国有经济从竞争性领域全部退出。正确的理解应是，在积极发展混合所有制经济的同时，国有资本的投资运营要充分体现《决定》的要求，更好地服务于国家战略目标，更多投向关系国家安全、国民经济命脉的重点行业和关键领域，重点提供公共服务、发展重要前瞻性战略性产业、保护生态环境、支持科技进步、保障国家安全。

总之，要正确把握混合所有制经济的发展走向，通过积极发展混合所有制经济，一方面，确保各类所有制企业的活力和竞争力进一步增强，另一方面，确保基本经济制度的坚持和完善，为中国特色社会主义制度的完善提供更加坚实的基础。

五 积极稳妥地发展混合所有制经济

虽然我们党多年前就强调要发展混合所有制经济，但党的十八届三中全会强调要积极发展混合所有制经济，这在我们党的文件中还是第一次。2014 年的政府工作报告强调要加快发展混合所有制经济。落实中央的要求，发展混合所有制经济需要在积极和加快上下功夫，关键要解决两个问题：一个是找到积极发展混合所有制经济的有效途径和方式，另一个是破解发展混合所有制经济面临的深层次矛盾和问题。

作为一项重大产权制度改革，发展混合所有制经济必然涉及一系列深层次的矛盾和问题，必然涉及一系列配套制度改革，我国国有企业改革进程中特别是涉及产权制度改革时曾几次出现较大范围的国有资产流失，引起学者和社会的广泛议论和强烈不满。因此，推进混合所有制改革态度要积极，但措施要稳妥。鉴于发展混合所有制经济的重点和难点是国有资本与民营资本的融合，因此，积极发展混合所有制关键需要切实解决国有资本与民营资本融合过程中遇到的矛盾和问题，同时也要着力解决发展混合所有制经济的各种体制和政策障碍。从目前的多方反映和以往的改革经验来看，以下十个方面是推进混合所有制改革可能会遇到和需要着力破解的突出问题。

一是国有资本与民营资本进行混合的积极性的问题。发展混合所有制最重要的是要充分调动国有企业和民营企业的积极性，使双方有混合的意愿和动力。虽然目前双方都表示出有意混合的热情，但也存在不少的差距，关键是控股权之争。从国有企业来看，不少国有企业经营者出于做大做强企业的考虑，需要将营业收入和利润纳入本公司合并报表。因此，在引进社会资本时往往要求绝对控股；还有国有企业经营者担心引入民营资本后会加剧企业内部腐败案件的发生，也要求绝对控股；一些处于行业优势地位的国有企业经营者则存有"肥水不流外人田"的想法，不愿别人分一杯羹；还有一些国有企业的经营者担心优质资产拿出去进行混合，剩下的创利能力较弱的资产和大量富余职工难以维持。从民营企业来看，一些有实力的民营企业所有者存有不让控股不愿混合的思想；还有不少民营企业所有者担心混合后没有话语权，合法权益得不到保障；不少民营资本与国有资本进行混合主要是为逐利，如果无利可图或获利有限，则不愿与其混合。这些问题如果不能找到有效的解决方式，则会影响国有企业和民营企业发展混合所有制经济的积极性。

二是民营资本投资能力与巨量国有资本的匹配问题。虽然改革开放以来民营企业得到快速发展，世界 500 强企业中也有了中国民营企业的身影，中国 500 强企业中民营企业已经接近 40%，但总体上看，单个民营企业的规模还相对较小，难以拿出巨额资本参与国有企业的投资运营。中央企业近一半已进入世界 500 强，企业资产规模巨大，有的达上万亿元，民营资本如要与其混合，其单个企业的持股比例将十分有限，即使是进行部分资本的融合，有时也需要投入巨额资本。为响应中央积极发展混合所有制经济的要求，中国石化启动了油品销售业务重组、引入社会和民营资本实现混合所有制经营的进程，社会和民营资本持股比例将根据市场情况确定，上限为 30%。中国石化的这一决定，受到社会的广泛欢迎和好评。但初步评估的结果是，中国石化油品销售板块的资产达 3400 多亿元，即使按 30% 计算，单个民营企业如要参股，也需要支付上千亿元的资金，这是单个民营企业难以承受的。由民营资本如何与国有资产的体量相适应引申出来的一个问题是国有企业的集团层面如何引入非公有资本建立混合所有制企业，如果国有企业集团层面不进行混合，国有独资公司甚至是国有独资企业的一些深层次的体制、机制问题是很难从根本上得到较好解决的。

三是国有资本与民营资本在经营管理方面的差异问题。由于资本的属性不同，国有企业与民营企业在经营管理中存在许多差异，包括经营理念方面的差异，国有企业不仅要承担经济责任，还要承担政治责任和社会责任，民营企业所追求的主要是企业利润最大化，因此，一些民营企业往往在发展过程中对环境、生态关注不够，侵犯知识产权和制假售劣等现象相对较多；还包括体制机制方面的差异，国有企业在人事、劳工、分配等机制方面还不能很好地适应市场化国际化的新形势，一些民营企业在用工方面不能严格执行国家政策，存在侵犯职工合法权益等问题。此外，在市场营销、财务会计、企业文化等方面，国有企业与民营企业都存在不少差异。

四是企业员工持股的问题。员工持股作为一种长效激励机制是增加员工对企业认同感和关切度的一个重要手段，也是发展混合所有制经济的一个重要途径。《决定》提出，"允许混合所有制经济实行企业员工持股，形成资本所有者和劳动者利益共同体"，这既为发展混合所有制经济指明了一个重要途径，也为国有企业员工持股明确了一个重要条件。其实，员工持股在20世纪80年代初就已被引入一些国有企业改革进程之中并迅速在全国范围内得到推广，由于改革不够配套，做法不够规范，信息不够透明，分配不够公平等，引起企业员工和人民群众的不满，最后仅限于上市公司还时有尝试，但进展和成效都不大。实行企业员工持股有多重难题有待破解。一个棘手的问题是谁来持股，是管理层持股，或是技术骨干持股，还是全体员工持股。只规定少数管理层或技术骨干持股很容易引发广大员工的不满，全体员工持股很容易变成人人持股或平均持股，成为一种企业内部福利，丧失了股权激励的本来意义。另一个棘手问题是持股比例，股权过于集中于管理层容易导致国有企业职工在经营管理中缺乏话语权，股权过于分散则容易导致决策和执行效率下降。还有一个棘手问题是，员工持有的股票如何获得和资金从何而来，国有企业改制中曾出现过少数国有企业高管牟取暴利甚至"空手套白狼"的问题。此外，员工持股的退出机制也是需要解决的一个问题。这些问题如果不能得到较好解决，员工持股将很难深入广泛进行下去。2014年6月中国证监会发布了《上市公司实施员工持股计划试点指导意见》，对员工持股计划的资金、股票来源以及持股期限等做出了明确规定，专家普遍认为，这有利于激发新一轮国有企业的改革动力，有利于形成劳动者与所有者风险共担、利益共享的机制，但在操作层面依旧面临诸多挑战，需要进行诸多配套改革。

五是国有企业员工对职位可能失去的担心问题。相对民营企业和外资企业而言，国有企业的工作岗位较为稳定，职业风险相对较低，这些年工资收入增长也较快。因此，相当一部分国有企业员工流动的意愿并不十分强烈。国有企业引入社会资本或民营资本后，如果是对方控股，迟早会提出改变现行用人和分配制度的要求，国有企业高管人员的现有职位则可能发生变动甚至丢失，普通员工的现有岗位也可能丧失。这种担忧可能会滋生对混合所有制改革的抵触情绪。

六是有关政府和部门对可能涉及违法违纪的担忧问题。从这些年查处的一些大案要案看，一些国有企业改革重组中的重大资产流失案件往往与民营资本有关，涉及国有企业重大项目招投标导致的官员落马事件其背后往往也可以看到民营资本的身影，一些地方和部门监督检查的重点往往也放在国有资本与民营资本的混合方面，以致一些地方政府或有关部门的人员对国有资本与民营资本混合产生了可能会背负贪污受贿罪名的心理，认为国有资本与国有资本的混合是"肉烂在锅里"，不存在国有资产流失的问题，不用担心审计或巡视，由此产生了多一事不如少一事的思想，对国有资本与国有资本的混合往往采取积极放行的态度，对国有资本与民营资本的混合往往采取不够积极甚至消极拖延的态度。

七是国有企业用人制度和分配制度与混合所有制适应的问题。我国国有企业现行的人事管理制度和分配制度是根据现有国有企业的资本组织形式安排的，这些年的公司制和股份制改革已经显示出现行的国有企业人事管理制度和管理方式及相应的分配制度和分配方式存在不相适应的地方，需要进行改革和调整。进一步发展混合所有制，现行国有企业的人事管理体制和分配制度与企业资本组织形式不相适应的矛盾势必会加剧，如混合所有制企业的经营者要更多地由不同的资本所有者选择和确定，高管人员要更多地由市场来选聘和确认，相应地，企业经营者和高管人员的薪酬方式和薪酬水平也要由其他资本所有者和市场来决定，这必然要求现行的国有企业内部管理制度要做重大改革。

八是现行国有资产监管体制与混合所有制经济适应的问题。现行的国有资产管理体制主要是以管国有企业为主设计和安排的，作为中国特色国有企业重要监管制度的外派监事会制度主要针对的也是国有独资企业和国有独资公司，积极发展混合所有制经济，势必引起国有企业产权制度和结构的变化，如何适应混合所有制的发展趋势，做到既维护国有资本合法权益，又做到依法合规进行监管，体现各种所有制的资本做到权利、机会和规则平等，也是发展混合所有制经济需要解决的问题。

九是资本市场如何支持混合所有制发展的问题。发展混合所有制经济，一方面要继续推进国有企业的股份制改革，另一方面要调整和优化现有的股权结构。这些年，大量国有企业改制上市，成为公众公司，但社会对国有企业的负面议论仍然较多，其中一个原因就在于普遍存在"一股独大"的问题，即国有控股上市公司往往持股比例过高。推进混合所有制改革涉及国有控股上市公司减持国有股的问题。现在一些大型国有控股上市公司，大股东出于筹集发展资金、降低资产负债、减轻财务费用等考虑，有意减持所持有的股份，但受制于资本市场的承受能力和交易规定，国有股大幅度减持难以成行。推进混合所有制经济的发展，必须尽快解决这个问题。

十是有效防止国有资产流失的问题。2014 年全国"两会"期间，习近平总书记在谈到混合所有制经济时强调，要吸取过去国有企业改革经验和教训，不能在一片改革声浪中把国有资产变成牟取暴利的机会。从实践看，国有资本与外国资本融合的争议较小，成功的也比较多，国有资本与民营资本的融合存在一些争论，确实也存在国有资产流失的问题，导致一些国有企业重大改革措施严重受阻甚至停滞不前。应该看到，党的十六大以来，新的国有资产管理体制已经建立，各级国资委作为国有资产的出资人代表，必须对国有资产保值增值负责。同时，目前产权交易市场比较健全，评估机构比较发达，社会监督更为有力，所有这些，使再出现大面积或者说严重的国有资产流失的可能性小多了。但在积极推进混合所有制改革时，如何采取有效措施确保混合所有制改革规范顺利推进，防止国有产权在流转或交易时受到损害，出现损失，还是值得注意的一个问题。

发展混合所有制经济面临的这些困难和问题，大多是难啃的硬骨头。尽快解决这些问题，直接关系到混合所有制的发展进度，关系到混合所有制经济的成败。现在，方向已经明确，关键在于细则。

一是要抓紧制定全面深化国有企业改革的有关文件，搞好总体规划和顶层设计；抓紧起草出台发展混合所有制的文件和规定，为发展混合所有制提供依据和规范；抓紧制定相关配套改革意见，为发展混合所有制创造良好条件。

二是要坚持自上而下的强制性推动。面对可能会遇到的既得利益对发展混合所有制的种种阻拦，必须采取由上而下的做法，重大改革方案由中央决定，同时加强对改革方案落实情况的监督检查。还要注意调动各种所有制经济发展混合所有制的积极性，对发展混合所有制涉及国有企业人员的进退要"有情操作"，努力处理好改革、发展和稳定三者关系。

三是积极拓展发展混合所有制的途径和方式。《决定》在强调积极发展混合所有制经济的同时，指出了发展混合所有制经济的主要途径，即"三个允许"和"一个鼓励"，具体来讲就是，允许更多国有经济和其他所有制经济发展成为混合所有制经济；国有资本投资项目允许非国有资本参股；允许混合所有制经济实行企业员工持股，形成资本所有者和劳动者利益共同体；鼓励发展非公有资本控股的混合所有制企业。要将这"三个允许"和"一个鼓励"进一步具体化、明细化，同时，积极探索发展混合所有制经济的多种有效形式。

四是选择易于突破的领域和环节先行推开。积极发展混合所有制经济，可以采取先易后难的办法，选择能够加快发展的领域和环节先行推开。相对于企业员工持股这类涉及收入分配、十分敏感的改革措施，可以选择一些重大项目对私营资本先行开放。2014 年的政府工作报告提出，制定非国有资本参与中央企业投资项目的办法，在金融、石油、电力、铁路、电信、资源开发、公用事业等领域，向非国有资本推出一批投资项目，制定非公有制企业进入特许经营领域具体办法。作为落实政府工作报告的重要举措，2014 年 5 月 21 日，国家发改委公布了首批 80 个鼓励社会资本参与投资运营的示范项目，明确鼓励社会资本特别是民间投资以合资、独资、特许经营等方式参与建设及营运。这 80 个项目涵盖铁路、公路、港口等交通基础设施，新一代信息基础设施，重大水电、风电、光伏发电等清洁能源工程，油气管网及储气设施，现代煤化工和石化产业基地等方面。国务院有关部门应不断推出社会资本参与投资运营的项目清单，同时，各地政府和有关部门也应抓紧提出和公布一批鼓励社会资本参与投资运营的项目清单，以确保《决定》提出的积极发展混合所有制经济的要求尽快取得实质性的重大进展。

五是加快推进垄断行业的改革。垄断行业往往是民营资本有意投向的行业和领域，深化垄断行业改革也成为发展混合所有制经济的助推器。除自然垄断业务外，竞争业务应尽可能发展混合所有制经济，要抓紧提出金融、石油、电力、铁路、电信、资源开发、公用事业等领域对非国有资本开放的具体业务和项目。

六是既重视增量混合也重视存量混合。积极发展混合所有制经济，一方面，要在增量混合上下功夫，尽快推进新建项目和企业吸引社会和民营资本投资；另一方面，要在存量混合上下功夫，积极推进存量国有资本的混合。要研究制定办法，促进国有控股上市公司减持国有股，使国有企业控股比例保持在合理的水平。

除上述措施外，还必须加强对发展混合所有制经济进程中可能会出现国有资产流失问题的防范。要加强监督机制创新和内控制度建设，完善公司法人治理结构，健全信息披露制度，打造阳光国企，引入社会监督，保证混合所有制经济规范健康推进。

发展混合所有制经济虽然面临不少矛盾和困难，但只要坚定信心，勇于进取，大胆探索，同时做到统筹安排，配套改革，强力推进，这项事关坚持和完善基本经济制度的重大制度变革一定能够得到积极推进和发展。

需要指出的是，发展混合所有制是搞好企业的重要条件之一，但不是搞好企业的全部。企业要成为优秀企业，要实现基业长青，需要一系列要素的支撑和保障，不仅要有好的产权制度和产权结构，还要有好的公司治理和运营机制，要有好的企业文化和人才团队，要不断进行技术创新和管理创新等，所以，搞好企业是一个长期的系统工程，不能指望"一混就灵"，更不能搞"一混了之"。积极发展混合所有制经济，既要坚定信心，积极进取，又要统筹安排，稳步推进，使这项重大制度改革能够为坚持和完善基本经济制度真正发挥积极和重要作用。

四论国有经济

核心论点：国有经济是公有制经济的重要组成部分。国有经济的布局、结构、质量等对坚持和完善基本经济制度具有重要影响。坚持和完善基本经济制度必须发挥国有经济的主导作用，增强国有经济的活力、控制力、影响力。

提示：第四论的重点是回答，在社会主义市场经济条件下，竞争性领域为什么有大量国有经济和国有企业的存在？为什么要发挥国有经济的主导作用？发挥国有经济主导作用与坚持公有制主体地位是什么关系？为什么要增强国有经济的活力、控制力、影响力？全面深化改革是否意味着国有经济从一般竞争性领域都退出？国有经济如何发挥主导作用？国有经济如何增强活力、控制力、影响力？

国有经济是公有制经济的重要组成部分，国有经济的布局、结构、质量等对坚持和完善基本经济制度具有重要影响。《决定》在论述坚持和完善基本经济制度时，再次强调坚持公有制主体地位，同时再次强调要"发挥国有经济主导作用，不断增强国有经济活力、控制力、影响力"。坚持和完善基本经济制度，需要对社会主义市场经济条件下为什么要发挥和如何发挥国有经济的主导作用及为什么要增强和如何增强国有经济的活力、控制力、影响力等重大问题，有全面正确的认识和理解。

一　坚持和完善基本经济制度的题中之意

坚持和完善基本经济制度，必须发挥国有经济在国民经济中的主导作用，增强国有经济的活力、控制力、影响力。这是建设中国特色社会主义的必然要求，也是中国特色社会主义的重要特征：第一，国有经济是公有制经济的重要组成部分，国有经济和集体经济共同构成了公有制经济；第二，国有经济是坚持公有制主体地位的重要基础和有力保证，毫不动摇地巩固和发展公有制经济要求发展壮大国有经济；第三，基本经济制度是中国特色社会主义制度的重要支柱，国有经济对发挥社会主义制度优越性具有关键性作用；第四，基本经济制度是社会主义市场经济体制的根基，国有经济是社会主义市场经济体制的重要微观基础；第五，中国特色社会主义制度是实现中国梦的根本保证，国有经济构成了社会主义制度的重要经济基础。

经过中华人民共和国建国 60 多年的积累特别是改革开放

30 多年的快速发展，我国国有经济不断壮大，并且大多分布在关系国家安全和国民经济命脉的重要行业和关键领域。据财政部的数据，截至 2013 年底，全国国有及国有控股企业资产总额达 104.1 万亿元，国有及控股企业的所有者权益为 37 万亿元，上交国家税费 3.8 万亿元。充分发挥这些国有资产的积极作用，提升这些国有资产的整体素质，提高这些国有资产的运营效率，对坚持和完善基本经济制度具有重大意义，是建设中国特色社会主义过程中始终需要解决好的重大问题。

总之，发挥国有经济在国民经济中的主导作用，增强国有经济的活力、控制力、影响力，是社会主义本质属性的内在要求，是坚持和完善基本经济制度的必然结果。正因为如此，党的十四大确立我国经济体制改革的目标是建立社会主义市场经济体制以来，中央在强调要坚持公有制主体地位的同时多次强调，要发挥国有经济的主导作用，增强国有经济的活力、控制力、影响力。

党的十四大强调，"社会主义市场经济体制是同社会主义基本经济制度结合在一起的。在所有制结构上，以公有制包括全民所有制和集体所有制经济为主体，个体经济、私营经济、外资经济为补充，多种经济成分长期共同发展，不同经济成分还可以自愿实行多种形式的联合经营。国有企业、集体企业和其他企业都进入市场，通过平等竞争发挥国有企业的主导作用"。党的十四届三中全会强调，"国有大中型企业是国民经济的支柱，推行现代企业制度，对于提高经营管理水平和竞争能力，更好地发挥主导作用，具有重要意义"，"生产某些特殊产品的公司和军工企业应由国家独资经营，支柱产业和基础产业中的骨干企业，国家要控股并吸收非国有资金入股，以扩大国有经济的主导作用和影响范围"。党的十五大强调，"公有制的主体地位主要体现在：公有资产在社会总资产中占优势；国有经济控制国民经济命脉，对经济发展起主导作用"，"国有经济起主导作用，主要体现在控制力上"。党的十六大强调，"发展壮大国有经济，国有经济控制国民经济命脉，对于发挥社会主义制度的优越性，增强我国的经济实力、国防实力和民族凝聚力，具有关键性作用"。党的十六届三中全会强调，"要坚持公有制的主体地位，发挥国有经济的主导作用"，"要适应经济市场化不断发展的趋势，进一步增强公有制经济的活力"。党的十七大强调，"深化国有企业公司制股份制改革，健全现代企业制度，优化国有经济布局和结构，增强国有经济活力、控制力、影响力"。党的十八大强调，"要毫不动摇巩固和发展公有制经济，推行公有制多种实现形式，深化国有企业改革，完善各类国有资产管理体制，推动国有资本更多投向关系国家安全和国民经济命脉的重要行业和关键领域，不断增强国有经济活力、控制力、影响力"。党的十八届三中全会强调，"必须毫不动摇巩固和发展公有制经济，坚持公有制主体地位，发挥国有经济主导作用，不断增强国有经济活力、控制力、影响力"。中央的这些重要论断是在全面总结我国国有经济发展的经验教训、研究借鉴市场经济国家国有经济的功能定位的基础上，深刻分析我国国情和国有经济现状及经济社会发展对国有经济的要求，得出的重要结论。理解好和执行好这些重要思想，关系到公有制主体地位的巩固，关系到基本经济制度的完善，关系到中国特色社会主义制度的坚持。

从党的十四大以来中央关于国有经济的论述中可以看出，第一，中央关于国有经济发挥主导作用的思想是一以贯之的，同时在实践中不断丰富和发展；第二，坚持公有制的主体地位就需要发挥国有经济的主导作用，两者之间存在着不可分割的内在联系；第三，国有经济的主导作用主要体现为控制力，体现为国有经济控制国民经济的命脉；第四，坚持公有制主体地位和发挥国有经济主导作用，要求不断增强国有经济活力、控制力、影响力。中央关于国有经济的这些重要精神和要求，是我们全面深化改革的指南，必须切实遵循和牢牢把握。

二 市场经济国家中的国有经济

对中央做出的发挥国有经济主导作用和增强国有经济活力、控制力、影响力的重要论断，国内认识并不完全一致，长期存有分歧。经常可以看到或听到有观点主张，"国有经济从竞争性领域全部退出"，理由是政府是市场竞争规则的制定者和执行情况的监督者，不能直接参与市场竞争，"官不与民争利"等。2008 年全球金融危机发生以后，国内出现了"国进民退"的争论并持续了相当一段时间，有观点认为，在股权结构上一股独大和竞争格局上一家独占没有得到完全改变的情况下，某些领域出现"国进民退"，这与国有经济的功能定位是相悖的，不符合市场化改革的取向，是改革的"开倒车"等。从西方经济学的产权经济学以及政府理论和企业理论来看，这些观点似乎不无道理。但是，如果国有经济从竞争性领域全部退出，国有经济的主导作用还能不能发挥？国有经济的活力、控制力、影响力还能不能增强？相应地，基本经济制度还能不能坚持和完善？

一些人坚持和宣传这些观点，其实质是要否定发挥国有经济主导作用的必要性和重要性，是要否定增强国有经济活力、控制力、影响力的必要性和重要性，最终达到否定公有制主体地位的目的。围绕国有经济的争论，我们可以看出，正确认识国有经济在社会主义市场经济条件下的地位和作用，是十分必要和重要的，是建设中国特色社会主义必须回答和解决的一个重大理论和实际问题。

如果把国有经济理解为产权归属于国家所有的各种经济成分或理解为属于国家所有的一切资产和资产权利的总和，可以说，只要有国家，就会有国有经济，也就是说，国有经济几乎存在于一切社会制度之中。对此，不存在多少分歧。目前，分歧的焦点主要集中在，竞争性领域还要不要有国有经济，或者说，竞争性领域还要不要有国有企业？对此，有必要了解市场经济国家的普遍做法。目前，世界上绝大多数国家实行的是市场经济体制，从这些国家的情况看，经营性活动领域也存在着国有企业。

芬兰、瑞典两国按追求目标和设立宗旨把国有企业分为两类，一类是以为社会提供特定的公共服务为主要任务、不完全按市场化运作的企业，这类企业的利润可能不高，但这类企业是政府履行公共服务职能、弥补市场经济缺陷的重要工具；另一类是以利润最大化为主要目标、完全按市场化运作的企业，这类企业不承担任何政府职能，与私营企业适用同样法律，遵循同样规律。这类企业所处领域基本上都属于竞争性领域。截至 2006 年底,芬兰中央政府管理着 54 家国有企业,瑞典中央政府管理着 57 家国有企业。其中,相当一部分是竞争性领域的国有企业,如主要从事不锈钢生产和销售的芬兰奥托昆普(OUTOKUMPU)公司就是一家竞争性国有企业。

马来西亚把国有企业分为两类,一类是财政部投资的以公用事业、社会服务为主的国有企业,由财政部下设的 MOF INC 公司管理,政府对此类企业主要采取政策性控制。另一类是以马来西亚国库控股公司(KHAZANAH)为主投资并负责管理的以赢利为目的的商业性企业,亦称为官联企业。截至 2007 年 9 月,国库控股公司管理的官联企业共有 56 家,其中 27 家为上市公司。官联企业的业务遍及银行、保险、能源、航运、港口、汽车、建筑、电讯、电子、传播、医药、投资等多个领域。这些领域绝大多数属于竞争性领域。

可以看出,国有经济作为与国家所有权相联系的经济范畴,在竞争性领域也存在,这并非实行社会主义制度的国家所独有,也并非中国特色社会主义所独有,而是市场经济国家一种比较普遍的现象。如果把竞争性领域的国有经济视为一个整体,国有经济在芬兰、瑞典这些发达市场经济国家中已成为经济生活中最大的生产者、最大的消费者、最大的雇佣者、最大的财产所有者和最大的投资者。

通常认为,包括西方发达国家在内的市场经济国家之所以要有国有经济,主要有以下五个方面原因。

一是提供公共产品和服务。所谓公共产品和服务,可以理解为具有公用性和公益性的产品和服务,即人们普遍可以消费的产品和享受的服务。经济学家通常将公共产品和服务定义为具有非排他性和非对抗性的产品和服务。所谓非排他性，是指人们在消费公共产品和服务时，无法排除他人同时消费该公共产品和享受该公共服务。所谓非对抗性，是指对于公共产品和服务来说，新增加的人们参与消费时的边际成本为零。公共产品和服务是相对于私人产品和服务而言的，介于两者之间的产品可以被称为准公共产品和服务。属于公共产品和服务的有国防、安全、外交等，城镇居民的供水、供气、供电、污物处理、公共交通等也具有明显的公共产品和服务的特征。通常认为，政府对经济的宏观调控也属于公共产品和服务的范畴。公共产品和服务并非都要由政府包下来，也就是说，政府并不是公共产品和服务的唯一提供者，私人部门也可以参与提供，但由于公共产品和服务具有非排他性的特征，存在着"免费搭车"的问题，即某些人付费提供公共产品和服务，而他人则可以免费享受该产品和服务，因此，现实中私人部门很少投资于公共产品和服务领域。为弥补市场机制的"失效"，公共产品和服务大多由国家投资的国有企业来提供。在这里，国有经济承担着为人们提供公共产品和服务的职能。

二是支撑和促进经济和社会的发展。铁路、港口、机场等基础设施和能源、运输、通信等基础产业是经济持续快速发展的基础和先导，石化、造船、汽车、钢铁等支柱产业具有产业规模大、关联程度高、上下游延伸长等特点，对一个国家经济的持续快速发展具有极强的支撑和带动作用。支撑国民经济发展的这些基础设施和基础产业，因资金需要量大，投资回收期长等原因，私人部门往往无力或不愿涉足。生物工程、空间技术、信息技术等新兴产业涉及一个国家的国际地位和竞争力。

这些行业和领域的科学技术研究和开发往往需要超前投入，投资大、风险高、回收慢，私人部门往往也不愿或一时难以涉足。为弥补私人投资的不足，构筑基本和合理的产业结构，支撑和保证国民经济持续发展，提升国家竞争力，国家必须对这些行业和领域进行投资，并建立国有企业进行管理和经营。在这里，国有经济承担着为经济和社会发展提供支撑和促进的作用。

三是促进区域经济协调发展。一个国家在发展过程中往往会出现区域经济不平衡的问题，甚至因地区经济发展水平差距过大而造成严重的社会问题。由于落后地区往往投资环境差，投资风险大，私人资本大多不愿前往。在这种情况下，政府通过有计划、有重点地在落后地区投资创办国有企业促进这些地区的经济发展，以达到改善经济布局、使区域经济平衡发展的目的。巴西政府为了加快落后地区的发展，除了采取财政和税收等政策给落后地区以财力支持外，还根据落后地区的资源状况及原有的工业基础，有计划地投资建立新的工业基地，1974～1979年的第二个全国发展计划期间，巴西政府在相对落后的东北部地区投资近1000亿克鲁塞罗（巴西当时的货币单位），建立了石油化工中心、化肥中心、五金机械和电器机械联合企业，使东北部地区的工业迅速发展起来，被称为"东北部的圣保罗"。在这里，国有经济承担着促进地区经济协调发展，防止区域经济发展悬殊的功能。

四是维护经济的稳定和正常运行。保证经济平稳较快发展，避免因周期性经济危机或突发性重大事件造成经济发展大起大落，是世界各国政府的一项重要经济职能。为了防止经济

发展波动过大甚至崩溃，一方面，除采用经济、政策、法律等
手段对经济运行进行间接调控外，市场经济国家还可以直接掌
握一些关键行业或领域的重要企业，通过直接干预这些重要企
业的经营活动实现对整个经济运行进行直接调控；另一方面，
对一些陷于困境甚至面临破产的企业，为防止这些企业倒闭引
发重大经济危机或工人大量失业引发社会动荡，市场经济国家
经常采用国有化的方式接手陷入困境或可能倒闭的私营企业，
并对其进行整顿和改造。房利美（Fannie Mac）和房地美
（Freddie Mac）是美国两大住房抵押贷款融资机构，是美国住
房抵押贷款的主要资金来源，2008 年所持有或担保的住房抵
押贷款总额约 5.3 万亿美元，占全美住房抵押贷款总额的一
半，其中 3 万多亿美元为美国金融机构持有，另有 1.5 万亿美
元为外国投资者持有。受美国房市泡沫破裂冲击，"两房"自
金融危机爆发至 2008 年 9 月约一年的时间亏损 140 亿美元。
但据估算，随着更多房贷坏账被披露，亏损将大大超过这一数
据。"两房"危机加剧了投资者的恐慌，"两房"股价在过去
一年暴跌了约 90%。2008 年 9 月 7 日美国政府宣布，从即日
起接管陷入困境的这两大住房抵押贷款融资机构。根据接管方
案，美国财政部将通过购买优先股向"两房"各注入 1000 亿
美元，"两房"首席执行官被限令离职，"两房"监管机构联
邦住房署（FHFA）接管"两房"日常业务，并重新任命两家
公司的负责人。虽然一些经济学家提出，"两房"完全是以其
重要性绑架了美国政府，迫使政府最终拿纳税人的钱为两家公
司不负责任的市场行为埋单，这是一种违背市场经济的行为。
但在宣布接管时，时任美国财政部部长的保尔森强调，考虑到

"两房"的庞大规模和对金融体系的重要性，"两房"中任何一个破产，都会造成美国和全球金融市场的巨大动荡，因此，接管两公司是当前保护市场和纳税人的最佳手段。2008 年 9 月 17 日美国政府又宣布，向濒临破产的美国最大保险公司——美国国际公司（AIG）提供 850 亿元美元的为期两年的有抵押循环贷款，以满足该公司的流动资金需求，作为条件，政府将持有该公司 79.9% 的股份，这意味着刚刚宣布接管房利美和房地美不久的美国政府将成为 AIG 的最大股东。一些市场经济国家为了扩大就业，也会建立和发展一部分国有企业。这样，既可以解决工人大量失业的问题，又可以增加投资，刺激经济发展，最终达到稳定经济的目的。此外，对铁路、民航、电信、电力等具有自然垄断性质的网络型行业和领域，为防止私人部门经营造成垄断进而影响市场经济的公平竞争，政府往往也通过设立国有企业的办法来打破垄断。在这些方面，国有经济承担着维护经济平稳和安全运行的职能。

五是保障国家的主权安全和经济安全。航空、航天、核工业等行业和领域直接关系国家的主权安全，金融业则涉及国家的经济安全，银行货币的稳定和安全也意味着整个国民经济的稳定和安全，通常人们将这些行业和领域称为关系国家安全和国民经济命脉的重要行业和关键领域，或称为战略性产业。为了保证这些涉及国家安全和国民经济命脉的重要行业和关键领域不受损害，不少国家往往通过兴建国有企业来实现由国家直接掌控这些行业和领域。在这里，国有经济承担着保证国家和经济安全的特殊职能。

从芬兰、瑞典两国的实际看，现代市场经济条件下竞争性领域还普遍存在国有经济，主要是基于三个方面的原因。

第一，国有经济是国家加快推进工业化建设的依靠力量和实现手段。一个国家在推进工业化建设时可以有两种选择：一种是完全依靠市场的自发作用和自身力量，政府采取"不作为"的态度；另一种是充分发挥市场和政府两种作用、两种力量，政府采取"有所为"的态度。第二次世界大战结束后，芬兰、瑞典两国依靠国家的力量大力推进工业化建设和基础设施建设，国有企业获得快速发展，而国有企业的发展壮大，又加速了国家的工业化进程。

第二，国有经济具有创造公共财富和增加政府收入的功能。在西方国家，政府预算的执行是十分严格的，当政府预算出现赤字或投资资金不足时，可以通过国有公司的分红或出售部分国有股权来弥补。据统计，从1979年10月到80年代末，英国共有27家国有企业全部或部分实行了非国有化，其中重要的企业有18家，英国政府得到近200亿英镑的变卖收入。1993～2005年的12年间，芬兰政府从国有上市公司分得的红利达108亿欧元，通过出售国有股权获得130亿欧元的收入。

第三，国有经济是国家参与国际竞争和合作的重要力量。为适应经济全球化的趋势，芬兰、瑞典两国政府通过重组上市、出售股权等多种方式引进外国资本，鼓励国有大公司、大企业集团尽可能"走出去"参与国际竞争，成为按国际通行惯例运作的国际化企业。2006年芬兰国有企业有雇员20万人，其中一半在国外。

归纳上述分析可以看出，国有经济之所以会成为市场经济国家的一种普遍现象，竞争性领域之所以会存在国有经济，并非哪一个国家或个人随心所欲的产物，而是因为在市场经济国家中，国有经济为整个国民经济的发展和社会稳定提供和创造了多方面的条件，是政府职能的延伸和体现，是政府实现其愿景和意图的手段和工具，其许多功能和作用是私人经济所无法取代的。从根本上讲，市场经济国家之所以要建立国有企业，是由市场经济的缺陷和政府干预经济以及社会发展的需要决定的，是由市场经济国家经济和社会发展的普遍要求决定的。

三　社会主义市场经济条件下的国有经济

我国经济体制改革的目标是建立社会主义市场经济。这一目标的确立，决定了国有经济在社会主义市场经济条件下的地位和作用，既不同于过去的计划经济体制，也有别于西方发达的市场经济国家；既要体现市场经济的一般要求和本质规定，遵循市场经济国家的一般规律和普遍现象，又要符合我国的基本国情，适应现阶段我国经济社会发展的特殊要求。作为公有制经济的重要组成部分，国有经济的地位和作用要与公有制的主体地位相适应，与我国市场经济体制的性质和本质相适应，与我国目前所处的发展阶段相适应。同时，要与市场在资源配置中起决定性作用相适应，与增强非公有制经济的活力和创造力相适应。

从实现中国梦看，全面建成小康社会，建成富强民主文明和谐的社会主义现代化国家的奋斗目标，实现中华民族伟大复兴，是深深体现中国人理想的中国梦，其基本内涵就是要实现国家富强、民族振兴、人民幸福。实现中国梦必须坚持走中国特色社会主义道路，社会主义制度优越性是坚持走中国特色社会主义道路的基石和支撑，国有经济则是社会主义制度优越性得以充分体现和发挥的经济基础和有力保证。

从实现我国经济持续较快发展看，我国作为一个后发工业化国家，面临着发达国家在科技、经济上占优势的巨大压力，面临着市场经济体制不完善的客观现实，要发挥后发优势，实现赶超战略，国家需要集中必要的资源加快实现工业化和现代化。

从转型升级和创新驱动来看，加快转变经济发展方式，推动产业结构优化升级，是关系国民经济全局紧迫而重大的战略任务。提高自主创新能力，建设创新型国家，是国家发展战略的核心，是提高综合国力的关键。国有企业特别是中央企业是我国重大科技创新成果的主力军，历年国家科技进步特等奖全部为中央企业获得，一等奖和二等奖的比例多年保持在同类奖项的 60% 和 30%，这充分反映了国有经济在我国科技创新中的分量和作用。

从保持社会平稳转型看，当前及今后一段时期，对我国来说是一个必须紧紧抓住并且可以大有作为的重要战略机遇期，同时我国又面临着经济体制和经济结构双重转型的历史重任，各种社会矛盾比较集中和突出，处理好改革、发展和稳定的关系显得尤为重要。在这一时期，国有经济作为调节经济社会矛盾、实现国家战略目标的重要工具需要发挥更大作用。

从促进共同发展看，我国幅员辽阔，人口众多，地区经济发展很不平衡，城乡差别、地区差别的矛盾比较突出，改变城乡二元结构，尽快缩小地区差距，努力实现共同发展，构筑和谐社会，也需要国家在运用经济杠杆进行调节的同时更多地发挥国有经济的调节作用。

从和平崛起看，中国作为一个超大型规模的国家在世界上崛起，是人类社会史无前例的，遇到的内外部挑战和困难也将是史无前例的，人类社会包括我们自身对中国今天和未来遇到的种种棘手问题的处理都没有现成的成套经验可供借鉴。在这一过程中，保持中国崛起进程的平稳比什么都重要。历史已经证明并将继续证明，国有经济将是保持中国崛起进程平稳的重要依靠力量。

我国的国情和现阶段经济社会发展的现实要求当前及今后相当一段时期，国有经济在我国不仅要承担市场经济国家赋予国有经济的共同职能，而且要承担中国特色社会主义赋予的特殊职能，更多地承担国家的经济、政治和社会职能，更多地体现国家的战略目标和意图。从我国国有企业特别是中央企业近些年实际发挥的作用情况看，现阶段，国有经济在我国经济和社会发展中的特殊性作用主要体现在四个方面：一是国有经济在国民经济中发挥着主导作用；二是国有经济构成社会主义制度的重要经济基础；三是国有企业是中国共产党执政的重要基础；四是国有经济承担了更多的国家和社会职能。

在社会主义市场经济条件下，政府的职责和作用主要是保持宏观经济稳定，加强和优化公共服务，保障公平竞争，加强市场监管，维护市场秩序，推动可持续发展，促进共同富裕，弥补市场失灵。在政府履行这些职能受到一定客观条件的限制时，很重要的一支依靠力量就是国有经济。因为从理论上和法律上讲，国有资产属于全体人民所有，用国有资产投资建立的国有企业理应更多地担负起提供公共产品和服务、实现社会公共利益的责任。国有经济的性质和定位决定了国有经济兼具公益性和营利性双重性质，特别是在我国这样一个发展中的大国和社会主义市场经济体制不完善的情况下，国有经济理应更多地承担应该由国家和政府承担的部分职能。从我国国有企业实际承担的职能可以看出，国有企业除具有经济职能外，比其他所有制企业还承担了更多的政府和社会职能。从这些年中央企业的实践看，国有企业至少承担了应该由国家和社会承担的 8 个方面的职能。

一是承担了国家对经济运行进行宏观调控的部分职能。对国民经济运行进行宏观调控，避免经济运行的大起大落是国家的重要经济职能。在发达市场经济国家，政府调控经济运行主要运用货币政策和财政政策等经济杠杆。在我国现阶段，由于市场经济体制还不完善，企业治理结构还不健全，造成经济杠杆运用的效果受到一定影响。为了保证国家宏观调控能够及时有效地进行，政府在充分运用货币政策和财政政策等经济杠杆的同时，有时也借助国有企业的调节作用。2008 年相当一段时期内，受国际输入型通货膨胀和国内推动型通货膨胀双重影响，国内通货膨胀压力相当大。为防止经济增长由偏快转为过热，防止价格由结构性上涨转为明显通货膨胀，国家对成品油、电力等产品价格进行了管制，全年原油与成品油价格、电煤与电力价格之间严重倒挂。据中国石化统计，炼油产品全年销售均价为 5055 元/吨，加工成本为 5164 元/吨，炼油毛利为 −424 元/吨。2008 年中国石油和中国石化累计实现利润达 1551.1 亿元，同比减少 1125.9 亿元，下降 42.1%，其中，炼油业务在获得 632 亿元财政补贴的基础上，仍然亏损 1652 亿元，同比增亏 1186.4 亿元。2008 年，中国大唐、中国华能、中国华电、中国国电、中电投五大中央发电集团累计亏损 322.4 亿元，同比减利 641 亿元，主要原因是火电板块亏损 471.8 亿元。造成火电板块严重亏损的主要原因则是国家煤电联动政策不到位，全年发电燃料成本上涨幅度高于火电售价上调幅度。2008 年中央五大发电集团火电单位燃料成本达 0.195 元/千瓦时，同比增加 4.9 分/千瓦时，而火电单位售价为 0.306 元/千瓦时，同比增加 1.6 分/千瓦时，燃料成本上升速度远远高于电价上升幅度，每度电亏损约 3.7 分钱。在社会效益和经济效益发生冲突的情况下，国有的石油石化企业和发电企业积极落实国家的宏观调控政策，把社会效益摆在第一位，一方面，大力加强管理，努力降低成本，千方百计地减轻通货膨胀给企业自身带来的成本上升压力，另一方面，努力稳定生产，搞好产销衔接，千方百计地确保成品油和电力供应，以保证经济发展和人民生活对成品油、供电和供气的需求，为缓解通货膨胀压力，保持国民经济持续平稳增长做出了积极贡献。2008 年中央企业因政策性因素减利达 2660 多亿元。中国石油承担了国内天然气供应的重要职责，供气量占全国供气量的比重在 70% 左右，由于进口天然气包括管道气及 LNG 的价格与国家规定的国内售价倒挂，2012 年进口气亏损达 419 亿元，2013 年在国家调整非民用气的情况下仍然亏损 419 亿元。由此可见，国有企业特别是关系国计民生的大型国有企业在国家对经济运行实施调控时，既是国家宏观调控的对象，又是国家宏观调控的工具，承担着重要的社会职能。

二是承担了国家应对和处理突发事件的部分职能。我国幅员辽阔，人口众多，自然灾害发生较为频繁，有时因矛盾激化，局部地区还会发生大规模群体性事件，如果应对不当，会给人民生命和财产带来重大损害，给国家经济发展和社会稳定造成严重影响。2003 年 SARS 病毒在全国流行，为尽快战胜SARS 病毒，中国医药集团严格执行国家的价格政策，同时确保抗击非典所需药品和医疗器械的需要。2008 年 1 月在我国南方地区出现了罕见的低温雨雪冰冻灾害，2008 年 5 月四川汶川发生特大地震，面对特大自然灾害，国有企业服从大局、服务大局，全力以赴抢险救灾，在特殊时期发挥了特殊作用。电网企业积极组织抢修供电线路，保障京广、京九等铁路大动脉供电；发电企业克服电煤供应不足的困难，全力确保人民生活和经济发展对发电和供热的需求；石油、石化企业进行紧急部署，调配成品油、天然气支援灾区，保证农产品运输、路途受困车辆的油料供应；运输企业及时调整航班、航运计划，建立电煤和救灾物资绿色通道。在 2008 年西藏拉萨"3·14"和2009 年新疆乌鲁木齐"7·5"打砸抢烧严重暴力事件中，国有企业为平息事件、维持秩序以及重建经济和社会发挥了积极作用。由此可见，在我国，国有经济成为国家动员和组织全国力量和各种资源战胜特大自然灾害和应对突发事件的重要手段。

三是承担了维护地区和社会稳定的部分职能。员工能进能出是市场经济的一个基本要求，也是企业参与市场竞争的一个通常做法。每当经济严重不景气或企业经营遇到重大困难时，企业经常采取的一个措施就是裁减员工甚至大幅裁员。2008

年爆发的国际金融危机给全球汽车业带来了严重冲击，造成全球汽车需求量骤降，多年赢利位居各大汽车制造商之首的日本丰田汽车公司当时预计 2008～2009 财政年度的赢利额将下降 2/3 以上。面对汽车需求和赢利水平的大幅下降，2008 年 10 月初，丰田汽车公司北美分部宣布裁员 2000 人，并表示如果销售量继续下降，则不排除进一步裁员的可能性。随着经营状况进一步恶化，2008 年 11 月下旬，丰田汽车公司又宣布裁减丰田公司本部临时工 3000 人，占丰田本部 6000 名临时工的 50%。这次国际金融危机给我国不少企业也带来了巨大冲击，据全国总工会统计，全国因金融危机下岗人员最多时达 2500 多万人，但考虑到我国社会保障体系尚不健全，大规模裁员会给社会就业和稳定造成巨大压力，大型国有企业普遍采用了"减薪不裁员""歇业不下岗"的办法，并通过调整工时、合理安排设备维修等措施力争渡过难关，努力不减员或尽量少减员，尽力减轻社会就业压力，为地区和社会稳定做出了重要贡献。

四是承担了确保国家大型活动成功举办的部分职能。在 2008 年奥运会、2009 年庆祝中华人民共和国成立 60 周年庆典活动和 2010 年上海世博会、2011 年广州亚运会等国家举办的大型活动中，国有企业特别是中央企业都发挥了十分重要的作用。为保证这些活动如期顺利举行，中央企业全力以赴，不计报酬，确保了通讯、电力以及有关装备、设备的供应。在庆祝中华人民共和国成立 60 周年活动中，威武雄壮的阅兵式中几乎所有的武器装备都是中央企业制造的。这些活动的成功举办，极大地提升了中国的形象，增强了国人的自豪感和爱国心。

五是承担着支援新疆、西藏、青海等地区经济和社会建设的部分职能。多年来，国有企业通过项目安排和人员派出等多种方式和途径为新疆、西藏、青海等地区的发展做出了积极贡献。中央企业承担了西藏 16 个县（区）和青海 16 个县（行委）的对口支援任务，70 多家中央企业参与了援疆工作。2011 年以来，中央企业在定点扶贫工作中投入资金超过了 15 亿元，在援疆工作中投入无偿援助资金达 6 亿多元，在对口援藏工作中投入资金 7.44 亿元，在对口援青工作中投入资金 2.5 亿元，总额超过了 30 亿元。产业援疆是党中央、国务院的重要决策部署，"十二五"时期，中央企业在新疆计划投资超过 1.5 万亿元。2013 年共有 38 家中央企业在疆投资项目 7192 个，累计完成投资 1969.52 亿元；共有 21 家中央企业在新疆承建重要项目 1311 个，承建项目合同额为 1225.52 亿元，完成合同额 768.09 亿元。2013 年，中央企业在新疆还投入无偿援助资金 1.13 亿元。党中央、国务院对国务院国资委和中央企业产业援疆工作给予了充分肯定。中央企业在支持西藏发展方面，坚持把保障和改善民生放在优先位置，积极履行社会责任，有 40 多家中央企业在西藏大力开展文化教育、医疗卫生、抗灾救灾、人才培训、无偿捐赠、行业扶持等各类援助帮扶工作。

六是承担了参与国际竞争与合作的部分职能。经过改革开放 30 多年特别是"十一五"时期的快速发展，我国经济总量、国际地位、影响力和对外开放水平显著提高。在快速发展的同时，我国资源和市场约束的问题也日益显现。据统计，

2013 年，我国原油对外依存度为 58.1%，铁矿石为 73%。同时，国内钢铁、有色、建材、船舶等行业出现严重的产能过剩现象，每年有超过 25% 建成的生产能力闲置，截至 2012 年底，全国钢铁生产能力利用率为 72%，电解铝为 71.9%，水泥为 73%，平板玻璃为 73.1%，船舶为 75%。同时，建筑施工、汽车等领域的竞争也异常激烈。确保我国经济持续较快增长和社会持续和谐发展，需要有更充足的能源资源保障和更广阔的市场空间来保证，需要企业积极"走出去"进行海外投资和经营。据统计，2006～2010 年中国对外投资额最大的 21 宗海外并购案中，20 宗是国有企业完成的，比重达 95.23%。

七是承担了国家对外交往和维护国家安全的部分职能。支持和帮助一些发展中国家加快经济建设是我国外交的一个重要组成部分，在这方面，国有企业发挥了主力军的作用。如近年来我国政府援助非洲的农业示范中心项目，大多就是由国有企业承建的。对一些政治和社会不太稳定的国家，在发生动乱和战争的关键时候，大规模撤回或转移我国外交人员和所在国的侨民是我国政府的一项义不容辞的职责，从事航空运输、远洋运输和远洋渔业的大型国有企业往往承担起这方面的特殊职责。近几年来，仅中国农业发展集团所属的中国水产总公司的船队在中东、非洲数国战乱中救助和转移的我国外交人员和侨民就达 1600 多人。利比亚战乱，我国有 28000 多名员工和侨民需要撤离，形势严峻，任务繁重，在这非常时期，中央企业发挥了十分重要的作用，受到党中央、国务院的高度表扬。与一些和我国还没有建立外交关系的国家开展经济贸易，也是我国外交的重要组成部分，在这方面，大型国有企业也起到了重要作用，甚至对我国与这些国家建立或恢复外交关系起到了积极的促进作用。大型国有企业大多处于关系国家安全和国民经济命脉的行业和领域，在维护国家的安全方面具有举足轻重的作用。近年来，军工企业深化改革，加快技术创新，按时保质保量完成军品科研和生产任务，为国防现代化建设做出了重要贡献。

八是承担着重要的政治职能。国有企业中的共产党组织和成员是中国共产党的重要构成。据国务院国资委的数据，截至2013年底，中央企业拥有共产党员533万人，设有各级党组织25.6万个。这些分布在国民经济各个领域、各个层面的国有企业党的组织，这些工作和生活在各个地区、各个行业的国有企业党员，既是推动国民经济建设的强大力量，也是党的路线方针政策的忠诚执行者和党的执政地位的坚定维护者。除落实和执行党的方针、政策外，中央企业还承担了不少政治职能，如中央企业驻香港的华润集团、港中旅集团和招商局集团以及驻澳门的南光集团，在贯彻"一国两制"方针、维护香港和澳门的稳定方面，都承担着重要职责。

从中央企业承担的这些职能中不难看出，国有经济在我国社会主义市场经济下具有特殊的地位和作用，这既是一种历史现象，也是一种现实需要，既是经济发展的要求，也是政治治理的需要，如果脱离我国国情和发展现状，照抄照搬西方经济学关于政府职能和国有企业的一般原理，自然无法理解和解释国有经济在我国的地位和作用，自然无法理解和认识中央关于发挥国有经济主导作用和增强国有经济活力、控制力、影响力的重要论断。

四 增强国有经济的活力、控制力、影响力

发挥国有经济在国民经济中的主导作用，并不意味着国有经济越多越好，也不等于国有经济在国民经济中的比重越高越好。发挥国有经济在国民经济中的主导作用，主要途径和方式是要增强国有经济的活力、控制力、影响力。1997 年召开的党的十五大就明确提出，"国有经济起主导作用，主要体现在控制力上"。党的十五大还强调，"对关系国民经济命脉的重要行业和关键领域，国有经济必须占支配地位。在其他领域，可以通过资产重组和结构调整，以加强重点，提高国有资产的整体质量"。党的十五届四中全会进一步提出，"在社会主义市场经济条件下，国有经济在国民经济中的主导作用主要体现在控制力上，体现在对整个社会经济发展的支撑、引导和带动上"。党的十六大强调"国有经济控制国民经济命脉"。党的十六届三中全会第一次提出，"增强国有经济的控制力"。党的十七大从完善我国的基本经济制度的要求出发，第一次提出"增强国有经济活力、控制力、影响力"。党的十八大和党的十八届三中全会都强调要增强国有经济活力、控制力、影响力。贯彻落实中央的这些精神，要求在增强国有经济活力、控制力、影响力的有效途径和具体方式上必须不断进行探索，不断取得进展。

一是推行公有制多种实现形式，积极发展混合所有制经济。混合所有制经济既有利于增强国有经济的活力，也有利于放大国有资本的功能。要积极探索混合所有制经济的多种有效

实现形式，加快推进混合所有制经济的发展。股份制是公有制的重要实现形式，也是混合所有制经济的重要实现形式。对国有企业进行股份制改革，不仅可以筹集到企业发展所需的资金，更重要的是通过产权制度改革，转换企业经营机制，形成规范的法人治理结构，同时可以扩大国有资本功能，增强国有经济的控制力。因此，增强国有经济的控制力，必须加快国有企业股份制改革步伐，使股份制成为国有经济的主要实现形式。除军工生产等极少数企业外，其他国有企业包括特大型国有企业都应通过规范上市、中外合资、相互参股、兼并收购等多种途径进行股份制改革，实现投资主体多元化。新建的国有企业，应尽可能采用股份制形式，通过控股、参股、联合等多种方式，广泛吸纳外国资本、民营资本以及社会其他方面资金，进一步增强和放大国有资本的功能。对需要国有资本控股的企业，也应区别不同情况实行绝对控股和相对控股。根据发达国家的经验，随着资本市场和社会监管体系的完善，企业股权高度社会化和分散化，只需用少量的资本就可以控股整个跨国公司，应学会和善于运用较少的国有资本控制更多的社会资本。在放大国有资本功能方面，一些发达国家为了保证国家利益或公众利益不受损害，对某些特定行业的企业规定了经营的范围和行为，并设置了具有一票否决权的"黄金股"来保证国家对这些行业的控制或影响。国家不直接参与和干预企业的一般决策，但如果企业违反规定，国家则可以动用一票否决权。如英国政府在英国宇航公司就设置了"黄金股"。这种做法值得我们研究和借鉴。除通过资本进行控制外，国有经济还可以通过政府招标、政府拍卖、特许经营、连锁经营等方式，采用输出标准、专利、品牌、管理等办法获得控制权。应积极运用资本与非资本结合的方式，增强国有经济的控制力。

二是深化国有企业改革，推动国有企业实现体制机制创新。国有企业是国有经济的主要载体和实现国有资产保值增值的主要力量。增强国有经济的活力，提高国有经济整体素质，必须按照党的十八届三中全会的部署和要求，以规范经营决策、资产保值增值、公平参与竞争、提高企业效率、增强企业活力、承担社会责任为重点，进一步深化国有企业改革。要在准确界定不同国有企业功能的基础上，健全国有企业的公司法人治理结构，建立职业经理人制度，深化内部人事、劳动、分配三项制度改革，建立长效激励约束机制，强化经营投资责任追究，建立重大信息公开制度，增加市场化选聘国有企业高管人员的比例等。总之，要通过全面深化国有企业改革，通过体制机制创新，进一步增强国有经济的活力和竞争力。

三是继续调整和优化国有经济布局和结构，推动国有资本更多投向关系国家安全和国民经济命脉的重要行业和关键领域。国有经济布局和结构是否合理，直接影响国有企业的竞争能力，影响国有经济的质量和效益，进而影响国有经济的活力、控制力、影响力。影响国有经济竞争力的深层次原因，既在于体制性障碍，又在于结构性障碍，还涉及历史包袱障碍等。党的十五大强调，要从战略上调整国有经济布局和结构，此后，中央多次强调要继续调整国有经济布局和结构。推进国有经济布局和结构的调整包括多方面的内容，既包括所有制结构的调整，也包括国有经济行业分布调整；既包括国有经济组织结构的调整，也包括国有企业产业结构的调整，此外，加快需要破产关闭的国有企业退出市场，也是调整国有经济布局和结构需要解决的问题。继续推进国有经济布局和结构的调整，要坚持"有进有退""有所为有所不为"，要推动国有经济更多集中到关系国家安全和国民经济命脉的重要行业和关键领域，要有利于增强国有经济的活力、控制力、影响力。在具体实施中，应坚持市场导向与出资人指导相结合，坚持国有经济布局调整与所有制结构调整相结合，坚持存量调整与增量投入相结合，坚持国有经济行业调整与发挥地区国有经济优势相结合。要通过继续调整国有经济布局和结构，使有经济的布局更趋合理，国有企业的产权结构更趋合理，国有企业的内部资源配置更趋合理，国有经济的整体素质和质量不断提高，使国有经济为建设中国特色的社会主义发挥更好作用。

四是完善各类国有资产管理体制，提高国有资产运营效率。国有资产管理体制是否合理、有效，事关国有资产保值增值的责任主体和行为主体是否层层到位，是否层层落实，对增强国有经济的活力、对提高国有资产的运营效率，进而对国有经济的质量和效益具有重要影响。因此，增强国有经济活力、控制力、影响力必须完善国有资产管理体制。党的十六大以来，新的国有资产管理体制已经建立，出资人不到位和多头管理等困扰国有经济多年的问题得到明显改变，国有资产保值增值的责任主体已经明确，各级国有资产监管机构在依法享有更多出资人权力的同时，也要承担更多的实现国有资产保值增值的责任，这对提高国有经济质量和效益提供了制度保证。但"国进民退"的争论也反映了各级国资委组建以来，国有经济的定位和功能还没有很好体现中央提出的国有经济布局和结构调整的总体要求。增强国有经济活力、控制力、影响力，需要继续完善各类国有资产管理体制。

五　历史和动态地看待国有经济

按照历史唯物主义的观点，市场经济作为一种社会经济形态，必然是一个历史的、动态的概念和过程。国有经济作为市场经济的一个重要组成部分，也必然是一个历史的、动态的概念和过程。国有经济在市场经济国家的地位和作用，在不同国家、不同时期必然会呈现出差异。分析市场经济国家中国有经济的变化，可以看出，国有经济的地位与作用至少受到以下五个因素的影响。

一是受国家工业化发展阶段的影响。国有经济的规模和比重与一个国家工业化的发展阶段之间存在着内在的联系，一般而言，不同的经济发展阶段，客观上要求不同规模的国有经济，其所处的地位和作用也大不相同。世界银行的一些专家曾对西方发达市场经济国家的国有经济发展趋势做过调查，结果显示，国有经济的规模与工业化发展阶段之间存在着内在的联系，他们提出了一种抛物线式的曲线论，即在工业发展的"幼年时期"，国有经济比重最小，分布的领域比较狭窄，发展速度也相对缓慢。到工业发展的"成长期"，即经济起飞阶段，社会对国有企业的需求大大提高，国有经济比重明显快速上升，部门分布也越来越广。到了工业发展的"成熟期"，国有经济的发展达到最高峰。进入"后工业化时期"，国有经济的比重则逐渐下降，部门分布也开始收缩（见图1）。

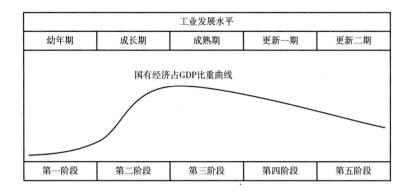

图1 工业发展不同阶段国有经济比重变化示意图

资料来源:中国经济出版社《国有资产监管和国有企业改革研究报告(2007)》。图中的更新一期和更新二期对应文中的后工业化时期。

英国大规模国有化从 1945 年开始,政府将一系列基础工业和英格兰银行收归国有,扩大国有企业规模,这一时期正是英国进一步提高工业化水平的时期。英国大规模私有化是从 20 世纪 80 年代开始的,这一时期正是英国即将进入后工业化的阶段。芬兰、瑞典的国有企业在 20 世纪 50~70 年代得到较快发展,这一时期也是两国工业化程度加快提升的阶段。国有经济之所以在国家工业化初期和中期得到较快发展,主要是因为大规模的工业化和基础设施建设需要大量投资,而私营企业的投资往往难以满足这一时期经济快速发展的要求,因此,国有企业成为国家实现工业化和推进经济快速发展的重要工具。随着全球化发展和后工业化社会的来临及私人经济的来临,国有经济在国家经济、社会发展中的地位和作用发生重大变化,在这一时期,不少国家的国有企业出现亏损甚至巨额亏损,成为国家财政的负担。因此,20 世纪 80 年代末 90 年代初一些发达国家出现了大规模国有企业私有化进程,法国在 1986~

1988 年第一次大规模私有化运动中，对 12 个国有企业集团共29 家国有企业进行了非国有化改造，总资产达 1200 亿法郎。其结果是，国有经济在国民经济中的比重明显下降。20 世纪80 年代末 90 年代初芬兰、瑞典两国均出现了国有企业私有化的进程，国有经济在国民经济中的比重明显下降，芬兰国有工业企业增加值最多时占整个工业企业增加值的 20%，2006 年不到 10%；2006 年瑞典整个股市市值约 5000 亿美元，国有上市公司全部市值约 200 亿美元，只占整个市值的 4%。有关资料显示，发达国家和发展中国家国有经济占 GDP 的比重已分别由 20 世纪 80 年代初的 8% 和 13% 下降到 90 年代中期的 5%和 10% 左右。

与成熟的工业化国家相比，处于"成长期"的发展中国家国有企业分布的部门要广泛得多，除了交通、运输、供水、供电、矿山、能源这些国有企业发展的传统领域外，在发达国家国有企业很少进入的制造业、商业乃至农业部门，许多发展中国家国有企业也占相当大的比重。

二是受经济运行周期的影响。国有经济的地位和作用与经济危机密切相关，国有经济作为政府稳定经济的重要措施的功能，往往在大的经济危机到来时凸现出来。20 世纪 30 年代世界发生严重的经济危机，罗斯福总统为了挽救处于大萧条的美国经济，充分运用政府这只看得见的手的作用，开创了国家直接干预经济的模式，被称为"罗斯福新政"。英国 1945～1949年的第一次国有化浪潮以及 1974 年的第二次国有化浪潮，都与英国此前的经济危机联系在一起。由美国次贷危机引发的国际金融危机爆发后，美国、英国、冰岛等发达市场经济国家对一些陷于困境或可能倒闭的私营企业也采取了国有化的办法，并对其进行整顿和改造。英国是较早对金融机构实行国有化的国家。英国诺森罗克银行因全球信贷危机陷入金融困境，导致该银行发生大规模储户挤兑现象，该银行被迫向英国中央银行——英格兰银行寻求紧急资金援助，英国政府于 2007 年 9 月批准了这一请求，英格兰银行向诺森罗克银行提供了 250 亿英镑的政府贷款。此后，英国政府寻求私人部门收购诺森罗克银行，因对收购方案不满意，英国政府于 2008 年 2 月 17 日宣布将诺森罗克银行暂时收归国有。虽然此举受到不少批评，但英国首相布朗于 2008 年 2 月 18 日在新闻发布会上表示，英国正在经受金融动荡，诺森罗克银行危机出现后，英国经济的稳定性受到影响，将诺森罗克银行国有化有利于稳定英国经济和金融市场，将诺森罗克银行暂时收归国有是英国政府在适当时机做出的正确决定，也是诺森罗克银行目前最好的选择。冰岛政府继将国内第三大银行 Glitnir 收归国有后，2008 年 10 月 7 日和 10 月 9 日又分别将国内第二大银行 Landsbanki 和第一大银行 Kaupthing 收归国有，这样，冰岛国内最大的三家银行全部国有化。从发达资本主义国家看，当经济复苏后，一些国家往往将国有企业中的国有股份卖掉。英国能源公司曾经是一家私营企业，提供的电力占英国电力需求的 1/4。因能源价格下跌，英国能源公司一度陷入巨大困境，英国政府于 2004 年将这家企业收归国有，但在 2007 年和 2008 年英国政府又逐步出售能源公司中的国有股，现在国有股已完全从英国能源公司中撤出。这次国际金融危机中，英国政府也表示，当市场稳定时，诺森罗克银行可以恢复为私人部门。由此可见，国有经济

的地位与作用与经济危机之间存在着正相关关系,即经济危机
到来时,国有经济的地位和作用得到强化;当经济危机过去
后,国有经济的地位和作用相对削弱。

三是受国家历史和文化的影响。同样是处于后工业化发展
阶段的国家,国有经济的规模和比重也不尽相同。美国独特的
发展历史使美国的国有经济的比重一直不高,而欧洲大陆的法
国、德国、意大利等国家国有经济的比重则相对较高。

表1　世界主要国家国有经济比重情况

单位:%

国　　家	国有企业产值 占本国 GDP 的比重	国　　家	国有企业产值 占本国 GDP 的比重
美　国	1	意大利	8
英　国	2	芬　兰	8
法　国	11	墨西哥	14
德　国	9	阿根廷	7

资料来源:中国经济出版社《国有资产监管和国有企业改革研究报告（2007)》。

四是受执政党执政理念和更替的影响。西方国家普遍实行
多党制,通常情况下,更多强调政府作用的政党有时会采取一
些国有化举措,更多强调自由经济的政党有时会采取一些私有
化政策,因此,执政党的更替很可能带来国有经济比重的变
化。在瑞典,社会民主党强调国有企业的重要性,保守党则主
张国有企业应尽量私有化。2006 年瑞典大选社会民主党竞选
失败,保守党上台,组成了以温和联合党为主的中右联合政
府,保守党在竞选中曾提出将优先出售 4 家国有上市公司的股
权,保守党的上台使瑞典国有经济的比重有所下降。

五是受国家体制变革和转型的影响。前苏联和大多数东欧国家在相当长的时间内实行的是社会主义制度，经济上普遍实行的是高度集中的计划经济体制，国有经济的规模都比较大，比重都比较高。针对高度计划经济体制带来的弊端，20 世纪 70~80 年代，这些国家进行了程度不等的改革探索，国有经济的比重有所下降。20 世纪 80 年代末 90 年代初，这些国家先后发生巨变，经济上转向私有化。苏联采用"休克疗法"，大规模出售国有企业，国有经济比重大幅下降。

由此可见，一个国家国有经济的规模和比重受多种因素影响，不是一成不变的。一个国家国有经济的规模多大为合适，比重多少为合理，也很难进行定量分析。各国要根据本国国情和发展阶段来确定国有经济的规模和比重，选择所有制结构。但总的趋势是，实行市场经济的国家随着市场化和工业化程度的提高，国有经济分布在收缩，国有经济的比重在下降。

国有经济在我国也是一个历史和动态的过程。新中国建立后，我国政府在进行公私改造的同时，确立了大量重点建设项目并由国家作为投资主体直接进行投资，建立了大量国有企业。其动因和目的主要是，尽快改变我国一穷二白的面貌，加快国家的工业化建设步伐，建立门类比较齐全、产业比较完整的国民经济体系，保持国家的经济独立，增强国家的防御能力，提高我国在国际上的地位和影响等。此后，为了提高我国企业在国际市场上的竞争力，执行国家的产业政策，缩小地区之间的发展差距，引导新地区、新技术、新产业的开发，维持国民经济稳定，加强国家防御能力，保持政治统一稳定，保证财政收入，为整个国民经济发展和人民生活服务提供保障等，国家又先后建立了大量国有企业。同时，受计划经济体制的影响，在所有制结构上追求"一大二公"，结果造成国有经济遍布国民经济的各个行业、各个领域和各个部门。改革开放起步的 1978 年，国有工业企业资产总额在全部工业企业资产总额中的比重达到 92%，国有经济在国民经济中占绝对支配地位。

我国国有企业形成的独特历史和特殊环境造就了国有经济布局过宽，战线过长，比重过大。这种广覆盖、全能型的国有经济布局和结构有其历史必然性，也发挥过极为重要的作用，但也带来结构不够合理、经营效率不高的问题，影响国有企业竞争力的提升，制约着国有经济主导作用的发展，也不利于所有制结构的调整和完善，必须进行调整。经过多年的努力，国有经济布局和结构的战略性调整取得重大进展，国有经济布局总体上呈现收缩趋势，比重大幅下降，同时，国有经济的布局得到优化，结构趋于合理。作为我国改革开放前沿省份的广东省，目前国有企业、民营企业和外资企业在 GDP 中各占三分之一左右，深圳市国有经济在 GDP 中的比重只有四分之一左右。浙江省国有工业企业产值占整个工业企业的比重远低于10%。

当然，使市场在资源配置中起决定性作用，国有经济数量不是越多越好，比重也不是越大越好。国有经济在国民经济中发挥的是主导作用，不是主要作用，并不要求比重占绝对多数。但是，也不能走向另一个极端，认为国有经济数量越少越好，比重越小越好。增强国有经济的控制力、影响力，是以保持必要的数量为基础的，没有一定的数量，国有经济对国民经济的支撑、引导和带动作用就缺乏基础。国有经济发挥主导作用，既要注重质的提高，也要保持必要的数量，既要体现为国有经济在关系国家安全和国民经济命脉的重要行业和关键领域处于支配地位，也要体现为国有经济在国民经济总量中保持必要的规模和比重。在不同地区国有经济所占比重有所差别，但都应保持一定的规模，以保证顺利实现地区社会经济发展目标的需要。随着我国全面改革的进一步深化，所有制结构将进一步完善，国有经济布局和结构将进一步调整，可以预见，国有经济在整个国民经济中的比重还会有所减少，只要国有经济在关系国家安全和国民经济命脉的重要行业和关键领域处于支配地位，只要国有经济的活力和竞争力得到增强，在这个前提下，国有经济比重减少一些，不会影响我国的社会主义性质，只会促进各种所有制经济共同发展，从而更好地坚持和完善基本经济制度。

五论完善国有资产管理体制

核心论点： 完善国有资产管理体制是深化经济体制改革的一项重要任务，是推进行政体制改革的一个组成部分。有效的国有资产监督机制是国有企业持续健康发展、防止国有资产流失的制度保障。

提示： 第五论的重点是回答，完善国有资产管理体制与坚持和完善基本经济制度是什么关系？完善国有资产管理体制的原则和主要任务是什么？能否通过构建有效的国有资产监管体制有效遏制和防止国有企业腐败和国有资产流失？

一　完善国有资产管理体制的重要意义

二　完善国有资产管理体制的原则和主要任务

三　加强对各类国有资产的监管

四　从制度上加强和改进国有资产监管

五　提高国有资产监管的有效性

完善国有资产管理体制是深化经济体制改革的一项重要任务，是推进行政体制改革的重要组成部分。有效的国有资产管理体制是增强国有经济活力和竞争力、实现国有企业持续健康发展、防止国有资产流失的制度保障。《决定》从积极发展混合所有制经济的要求出发强调，"完善国有资产管理体制，以管资本为主加强国有资产监管"。这既是对国有资产管理体制改革已经取得成效的充分肯定，也是对加强国有资产监管做出的新的部署。我们要深刻领会和认真贯彻《决定》精神，以改革创新的精神不断完善国有资产管理体制。

一　完善国有资产管理体制的重要意义

所谓国有资产，可以理解为属于国家所有的一切财产和财产权利的总称。国有资产管理体制则是关于国有资产管理机构设置、管理权限划分、管理模式、管理方式等一整套制度体系的总称。我们党历来十分重视国有资产管理体制的改革和完善。党的十五大提出，"建立有效的国有资产管理、监督和营运机制，保证国有资产的保值增值，防止国有资产流失"。党的十六大把改革国有资产管理体制确立为深化经济体制改革的一项重大任务，并强调，"在坚持国家所有的前提下，充分发挥中央和地方两个积极性。国家要制定法律法规，建立中央政府和地方政府分别代表国家履行出资人职责，享有所有者权益，权利、义务和责任相统一，管资产和管人、管事相结合的国有资产管理体制"。还强调，"继续探索有效的国有资产经营体制和方式。各级政府要严格执行国有资产管理法律法规，坚持政企分开，实行所有权和经营权分离，使企业自主经营、自负盈亏，实现国有资产保值增值"。党的十七大提出，"加快建设国有资本经营预算制度。完善各类国有资产管理体制和制度"。党的十八大再次强调，"完善各类国有资产管理体制"。党的十八届三中全会从积极发展混合所有制经济出发，对完善国有资产管理体制做出了新的部署。

完善国有资产管理体制，就是要在国有资产改革已经取得成效的基础上，认真总结成功经验，深入分析存在的不足。在此基础上，进一步健全适应社会主义市场经济要求的国有资产管理体制，为保护好、利用好、经营好各类国有资产提供可靠的制度保障，以最大限度地发挥好各类国有资产的作用，创造更好的经济效益和社会效益，为建设中国特色社会主义提供坚实的经济和政治基础。

一是完善国有资产管理体制是健全社会主义市场经济体制的必然选择。《决定》指出，"市场决定资源配置是市场经济的一般规律，健全社会主义市场经济体制必须遵循这条规律，着力解决市场体系不完善、政府干预过多和监管不到位问题"。完善国有资产管理体制既是经济体制改革的重要内容，也是深化行政体制改革的重要组成部分，是理顺政府与市场关系的一个重要方面。完善国有资产管理体制，最根本的就是要使国有资产管理更好地适应健全社会主义市场经济体制的要求。健全社会主义市场经济体制，要求公有制与市场经济更好地结合，要求更好地发挥国有经济的主导作用，要求国有企业更好地适应市场化和国际化的要求，这些都需要以完善的国有资产管理体制为保障。

二是完善国有资产管理体制是坚持和完善基本经济制度的必然要求。国有资产是社会主义制度的重要物质基础，是坚持和发展社会主义制度的重要条件之一。国有资产是公有制的重要经济基础，坚持公有制主体地位要求保持相当数量的国有资产，要求不断提高国有资产的质量和效益。坚持和完善公有制为主体、多种所有制经济共同发展的基本经济制度，必须保护好、利用好、经营好全国人民多年发展和积累的国有资产。能否通过体制改革和制度创新，进一步提高国有资产的质量和效益，直接关系到国有经济主导作用的发挥，关系到公有制主体地位的坚持，关系到基本经济制度的完善，关系到社会主义制度优越性的更好发挥。

三是完善国有资产管理体制是深化行政体制改革、转变政府职能的客观需要。深化行政体制改革，转变政府职能，是全面深化改革的一项重要内容，深入推进政企分开、政资分开、政事分开、政社分开，对完善国有资产管理体制提出了新的要求。党的十六大以来，行政体制改革、政府职能转变取得积极进展，但目前很多改革措施还不到位，总的来看，我国的行政体制和政府职能还不能适应《决定》强调的"使市场在资源配置中起决定性作用和更好发挥政府作用"的要求。体现在国有资产管理体制上，一方面，一些政府公共管理部门仍然对国有企业履行出资人职责，政企不分的现象依然存在；另一方面，国有资产监管机构还承担一些带有公共管理性质的职能，政资不分的现象依然存在。从根本上解决这些问题，需要进一步完善国有资产管理体制，进一步促进行政体制改革和政府职能转变，推动各级政府公共管理部门与所属企业脱钩，把精力集中到社会公共管理上来。

四是完善国有资产管理体制是深化国有企业改革的迫切要

求。完善国有资产管理体制与深化国有企业改革具有内在的紧密联系，国有企业要适应市场化、国际化新形势，在作为独立法人和市场竞争主体方面必须更进一步，这就要求进一步做到政企分开、政资分开，相应地必须完善国有资产管理体制。因为能否做到政企分开和政资分开，并不取决于国有企业本身，主要取决于各级政府，取决于国有资产管理体制改革。国有企业要建立产权清晰、权责明确、政企分开、管理科学的现代企业制度，也要求完善国有资产管理体制。产权清晰要求国有企业出资人必须到位，权责明确要求国有资产保值增值的责任必须落实，政企分开要求政府不直接管理企业的经营事务，管理科学要求建立健全科学有效的国有资产监管机制。国有企业要形成适应市场竞争要求的经营机制，不少问题也不取决于国有企业本身，如高管人员的选聘和任用、收入分配的方式和水平等，目前都是国有企业自身决定不了的。同时，完善国有资产管理体制对突破国有企业体制障碍具有较强的牵引作用，遇到的障碍和阻力相对较小，成为深化国有企业改革的推进器和加速器。因此，党的十六大把改革国有资产管理体制确立为深化经济体制改革的一项重大任务，提出了用改革国有资产管理体制推进国有企业改革的新思路、新任务、新举措。从这些意义上讲，完善国有资产管理体制是深化国有企业改革的制度性条件，构成了深化国有企业市场化改革的基础和前提。

五是完善国有资产管理体制是实现以管资本为主加强国有资产监管的必然选择。《决定》从积极发展混合所有制经济的要求出发，强调以管资本为主加强国有资产监管，并提出要改革国有资本授权经营体制。这些新的论述是我们党关于国有资产管理体制的创新，对完善国有资产管理体制提出了新的要求。相应地，现有的以管资产为主的国有资产管理体制必须进行调整。

六是完善国有资产管理体制是积极发展混合所有制经济的内在要求。积极发展"国有资本、集体资本、非公有资本等交叉持股、相互融合的混合所有制经济，"必然要求完善国有资产管理体制。随着混合所有制经济的发展，国有企业的产权制度和产权结构必然发生重大调整和变化，对现有的国有资产管理体制会带来新的挑战和问题，要求各级国有资产出资人机构与国有企业的关系进行调整，要求国有资产监管机构承担的职责任务、组织设置等进行变动，要求现行的管理国有企业的方式和方法进行改变，原来以管资产为主的监管方式已无法满足和适应发展混合所有制经济的需要，迫切要求转到以管资本为主加强国有资产监管上来。

党的十六大以来，国有资产管理体制改革取得了积极的进展和成效，国务院、省（区、市）、市（地）三级国有资产监管机构相继建立，明确了政府层面的出资人机构，大部分经营性非金融国有资产纳入监管体系；基本形成了企业国有资产监管法律法规制度体系；强化了对企业国有资产的监管，业绩考核和激励约束机制建立并不断完善，财务监督、审计监督、监事会监督机制不断完善，产权管理不断加强，国有资本预算管理制度和收益管理机制逐步建立。这一系列重要举措，为国有企业改革和发展创造了良好的体制环境，促进了社会主义市场经济体制的完善。

当然，也要看到，党的十六大确定的改革国有资产管理体制的很多措施还不到位。同时，在国有资产管理体制改革过程中也出现了一些新的问题：一些政府公共管理部门仍然对国有企业行使出资人职责，国有资产监管机构也还承担着一些带有公共管理性质的职能，政企不分、政资不分的现象依然存在；所有权与经营权不分的现象也没有完全解决，干预国有企业依法享有的经营管理权的问题还普遍存在；各类国有资产管理的体制还没有完全理顺，机制和法规制度还不完善，存在责任主体不明确、监管不到位、配置不合理等现象；一些特定行业的企业国有资产还没有纳入新的监管体制，出资人职能还没有完全落实，国有资产监管的科学性有效性有待进一步增强。要适应完善社会主义市场经济体制的要求，必须进一步完善国有资产管理体制，使各类国有资产更好地发挥其经济社会功能，使国有企业真正成为独立的市场主体。《决定》强调完善国有企业资产管理体制，这是对党的十六大以来国有资产管理体制改革取得成效的充分肯定，对此可以理解为，对现行的国有资产管理体制不是推倒重来，另起炉灶，而是在认真总结经验和分析不足的基础上进行完善，好的就坚持，不足的就改进，不够的就完善，不行的就改革。

二 完善国有资产管理体制的原则和主要任务

党的十六大确立了改革国有资产管理体制的原则和主要任务，党的十八届三中全会总结国有资产管理体制改革的经验并根据新的形势强调要完善国有资产管理体制，并提出要以管资本为主加强国有资产监管。贯彻落实中央关于完善国有资产管理体制的要求，必须坚持社会主义市场经济改革方向和坚持社会主义基本经济制度，充分发挥市场在国有资产资源配置中的决定性作用，遵循市场经济规律经营管理国有资产，推动国有资本优化配置，实现国有资产的保值增值，同时，努力使各类国有资产实现最优化配置、最充分使用，争取经济效益和社会效益的统一，更好地发挥国有经济的主导作用。在具体工作中要把握好以下原则。

一是要坚持国家所有、分级代表的原则。国家所有、分级代表，就是在坚持国有资产国家所有的前提下，中央政府和地方政府分别代表国家履行出资人职责，享有所有者权益。国家所有是我国现行法律所规定的，也是从整体上落实对国有资产的管理、更好地配置国有资产所需要的。分级代表是现实的国有资产形成和管理的延续，也是调动各级政府积极性、更好地落实国有资产管理责任、推动国有资产保值增值和最大限度发挥国有资产使用效率的要求。按照国家所有、分级代表的原则，各级政府要执行统一的国有资产监管法律法规，建立统一的基础管理工作体系，上级政府国有资产监管机构依法对下级政府的国有资产监督管理工作进行指导和监督。

二是要坚持政企分开、政资分开、所有权和经营权相分离的原则。政企分开、政资分开是理顺政府与国有企业关系的核心。根据社会公共管理职能和所有者职能分开的原则，国家授权的国有资产出资人机构代表国家履行国有资产出资人职责，不承担社会公共管理职能，社会公共管理部门从政府经济调节和社会管理角度对各类所有制企业进行管理，不承担出资人职责。按照政企分开以及所有权和经营权分离的原则，国有资产监管机构主要从管资本的角度对企业的国有资产进行监管，不能干预企业的生产经营活动。企业必须自觉接受国有资产监管机构的监管，不得损害所有者权益。

三是要坚持权利、义务和责任相统一，管资产和管人、管事相结合的原则。各级国有资产出资人机构经授权代表本级人民政府对国有资产履行出资人职责，对出资企业国有资产保值增值和发挥好国有资产在经济社会发展中的作用负责，接受本级人民政府的监督和考核。国有资产出资人机构建立以绩效考核、薪酬分配、领导人员管理和财务评价、产权管理、风险管控等为主线的工作体系，实现管资产与管人、管事的有效结合。

四是要坚持以管资本为主加强国有资产监管。作为国有资产最终出资人代表，国有资产监管机构主要通过董事会管理国有资本运营公司和投资公司，通过国有资本运营公司和国有资本投资公司履行国有资本出资人职责，从体制上进一步促进政资分开和所有权与经营权分离。同时，国有资产监管机构要加强国有资本的总体布局规划，对任命的国有资本运营公司和投资公司董事进行选聘和考核，并拥有收取和部分使用国有资本收益的权力等。

党的十六大以来国有资产管理体制改革的实践证明，这些原则是经过实践检验的原则，是行之有效的原则，必须在完善国有资产管理体制时坚持和遵循。

根据中央确立的完善国有资产管理体制的主要任务，当前及今后一个时期，完善国有资产管理体制必须在以下五个方面取得实质性进展。

一是完善国有资产监管机构和职能。进一步明确各类国有资产的责任主体，明晰产权关系，建立体制机制，落实监管责任。进一步完善中央、省（区、市）、市（地）三级经营性国有资产监管机构，经营性国有资产规模较大的县（市）可探索设立独立的监管机构。进一步规范各级国有资产监管机构作为政府直属特设机构的性质定位，依法保障其专门性和独立性。明确政府公共管理部门不履行国有资产出资人职责。进一步落实"上级政府国有资产监管机构对下级政府的国有资产监督管理工作进行指导和监督"的规定，各级国有资产监管机构在依法履行职责的基础上，深入开展国有资产监管，防止将国有资产监管职责混同于行政管理职能，形成新的国有资产多头监管。

二是完善国有资产监管的法律法规。完善国有资产管理体制的一个重要使命就是要使各类国有资产的监督管理都做到有法可依，同时要制定和完善国有资产的各项管理制度，使国有资产监督管理的每个方面、每个环节都做到有章可循。要根据《决定》的精神和要求及各类国有资产的属性和监管特点，修改和完善相关的国有资产监管法律，加快制定各类国有资产监管的法律规章，形成比较完善的国有资产监管法规体系，实现国有资产监管的制度化、规范化和体系化。要加快完善各类国有资产立法，健全国有资产出资人制度、领导人员管理制度、重大事项管理制度、财务和资产监管制度，规范政府、国有资产监管机构和国家出资企业的关系。健全完善国家出资企业投资管理、财务管理、风险管理等专项管理制度，不断提高现代化管理水平。健全完善产权登记、资产统计、清产核资、资产评估、产权转让等各类国有资产基础管理制度，建立全国统一的企业国有资产基础管理工作体系。健全完善上下级国有资产监管机构指导监督制度，确保中央和地方国有资产监管政策、目标和主要任务协调一致。

三是推进经营性国有资产集中统一监管。经营性国有资产监管要坚持已形成并在实践中证明行之有效的国有资产监管法律法规的基本原则，要有明确的出资主体，要落实保值增值责任，要建立考核与薪酬挂钩的激励约束机制，提高国有资产监管效能。总结推广部分地方开展集中统一监管的经验，充分发挥各级国资委的专业化监管优势，探索实现国有资产监管的全覆盖，防止经营性国有资产监管条块分割，为在更大范围优化配置资源、提高国有资本运行效率、加快资源整合和企业重组、培育具有核心竞争力的企业集团创造有利条件。行政事业性和资源性国有资产转为经营性国有资产的，都要纳入经营性国有资产监管体制。

四是促进混合所有制经济的快速发展。完善国有资产管理体制，改革国有资本授权经营体制，使国有资产管理体制更好适应和满足积极发展混合所有制经济的需要，为国有经济和其他所有制经济发展成为混合所有制经济、非国有资本参股国有资本投资项目、实行企业员工持股、发展非公有资本控股的混合所有制企业等提供体制保障。同时，通过完善国有资产管理体制，防止国有资产流失，保证混合所有制经济规范健康发展。

五是增强国有资产监管的针对性、有效性和及时性。科学把握各类国有资产管理的特殊性，针对具有不同属性和特点的国有资产,探索有针对性的监管模式和方式方法。根据国家经济社会发展的不同阶段和面临的新形势、新任务、新要求,及时调整监管措施和重点。完善绩效考核体系,加大分类考核力度,探索不同性质、不同类别、不同行业的绩效考核模式,提高考核指标的导向性和针对性,切实落实国有资产保值增值、有效使用和管理责任。加强对各类国有资产经营管理和使用重点环节的监管,形成依靠政府、联合部门、协调各界的国有资产监管大格局,使各类国有资产监管的工作合力进一步增强,国有资产配置效率进一步提高。各类国有资产的存在形态、功能作用、监管方式等虽有所不同,但加强国有资产监管、保障国有资产安全的基本要求应是一致的,必须做到产权清晰、权责明确、配置合理、运转顺畅、监管到位、保护严格。

三 加强对各类国有资产的监管

国有资产有广义和狭义之分。广义的国有资产也称国有财产,通常是指国家以各种形式的投资及其投资收益、拨款、接受捐赠或凭借国家权力取得的,或者依据法律认定的各种形式的财产或财产权利。狭义的国有资产是指国家作为出资者在企业依法拥有的资本及其权益,又称经营性国有资产。

广义的国有资产通常包括三个部分:一是国家以各种形式形成的对企业投资及投资收益等经营性国有资产;二是国家向各级党的机关、各级政府及其派出机构、文化教育卫生科研等事业单位拨款形成的非经营性国有资产;三是国家依法拥有的以资源形态存在并能带来一定经济价值的资源性国有资产,包括土地、矿藏、森林、河流、海洋、滩涂、山岭、草原等。

狭义的国有资产通常也包括三个部分：一是企业国有资产；二是行政机关、事业单位占有、使用和为获取利益而转作经营用途的资产；三是投入生产经营过程的国有资源性资产。企业国有资产又可以分为金融性国有资产和非金融性国有资产，金融性国有资产包括国有银行、证券、保险、基金等金融性机构的资产，非金融性国有资产主要指国有工商企业的资产。

全国非经营性国有资产和资源性国有资产用于经营的数额没有准确统计。2004年上半年国务院国资委研究室曾对辽宁、吉林、湖北、安徽、四川、重庆6省市的12个地级市（区）和10个县（市、区）的机关、事业单位非经营性国有资产用于经营的情况做过调查，最高的重庆涪陵区为24%，最低的重庆荣昌县为5.3%。据吉林省统计局统计，全省非经营性国有资产用于经营的比重约为10%。

实际上，属于国家所有的资产比广义国有资产的范围要宽得多，如国家外汇储备、国家储备物资、国有知识产权、文物和文化遗产等，都属于国有资产。

与国有资产密切相关的一个概念是国有企业资产。所谓国有企业资产可以理解为国有企业的资产总额。国有企业资产 = 所有者权益（国有股东权益 + 其他出资人权益） + 债权人权益（银行等经营性金融机构的权益）。

在实际工作中，理解和认识国有企业资产需要注意以下三点：

第一，通常统计上只统计国有及国有控股企业的资产总额，而且习惯上将国有工商企业的资产总额与国有金融企业的资产总额分别统计。

第二，国有企业资产与企业国有资产是两个不同的概念。企业国有资产可以理解为企业中属于国有的资产。企业国有资产＝国有股东权益（资产－其他股东权益－负债）。

理解和把握国有企业资产与企业国有资产的区别十分重要。一方面，有利于政府公共管理职能与出资人职能分离，促使国资委依法行使权力，使国有企业真正成为市场经济的独立法人；另一方面，有利于依法管理。2008 年 10 月 28 日第十一届全国人大常委会第五次会议通过了《企业国有资产法》，原来列入全国人大立法计划的是《国有资产法》，如果将全部国有资产都纳入一部法律中，该法是难以或者说是无法出台的，即使颁布了也无法实施。

第三，理论上，企业国有资产既包括国有及国有控股企业中的国有权益，还应包括国有参股企业中的国有股东权益，由于国有资产总额涉及国有经济的比重问题，进而涉及改革的方向问题，我国目前公布的国有资产只涉及国有及国有控股企业中的国有权益，不包括国有参股企业中的国有股东权益。

据财政部的数据，截至 2013 年底，全国国有及国有控股企业①资产总额为 104.1 万亿元，其中，中央企业资产总额为

---

① 全国国有及国有控股企业，包括中央企业和 36 个省（自治区、直辖市、计划单列市）的地方国有及国有控股企业，不含国有金融类企业。其中，中央企业包括 94 个中央部门所属企业、国务院国资委监管的 113 家企业以及财政部监管的中国铁路总公司、中国邮政集团公司、中国烟草总公司、中国出版集团公司和中国对外文化集团公司。

48.6 万亿元，占比为 46.7%；地方国有企业资产总额为 55.5 万亿元，占比为 53.3%。保护好、利用好、经营好这些国有资产，是完善国有资产管理体制的重要目标和任务。

一是要使各类国有资产都处于有效的制度监管之下。由于经营性国有资产更容易出现"寻租现象"，因此监管的重点应是经营性国有资产。通常讲的国有资产保值增值，防止国有资产流失，主要都是针对国有企业而言的，这是因为国有企业是经营性国有资产的主要载体，经营性国有资产是国有企业的价值形态，但这并不意味着其他类型的国有资产不存在流失的可能。从国有资产的内涵和范围可以看出，只要是存在国有资产的地方，都有国有资产流失的可能，都有国有资产合法权益受到损害的可能，如奥运会标志未经授权随意使用就意味着国有资产权益受到损害，资源性国有资产未经批准随意使用就意味着国有资产可能出现流失。实际上，国家机关、事业单位占有和使用的国有资产及资源性国有资产都有用于经营的现象，都有防止国有资产流失的问题。因此，要加强对各类国有资产的监督和管理。

二是应明确金融类国有资产的受托主体。完善各类国有资产管理体制和制度的一项根本性措施是要明确国有资产的受托主体。所谓国有资产的受托主体是指受全国人民的委托对国有资产履行出资人职责的机构。只有明确各类国有资产的受托主体，才会有机构对国有资产的保值增值和防止流失负责，才能够真正建立起国有资产保值增值和防止流失的责任体系。各级国资委的组建表明，经营性国有资产中的非金融类国有资产大部分已明确了受托主体。2007 年国务院先后颁布了《行政单位国有资产管理暂行办法》和《事业单位国有资产管理暂行办法》，明确了财政部是行政单位、事业单位国有资产的管理部门。目前，国有银行、保险、证券、基金等金融类国有资产还没有明确的国有资产受托主体，银监会、保监会和证监会作为分别承担银行、保险、证券和基金行业监管职责的事业单位，并不是金融类国有资产的出资人机构。据银监会公布的数据，截至 2014 年 4 月末，我国银行业金融机构资产总额为157.38 万亿元，其中国有商业银行资产总额为 64.79 万亿元，占 41.2%；股份制商业银行资产总额为 28.88 万亿元，占18.4%，这其中也包含国有金融资产。鉴于金融在市场经济条件下的特殊重要性，应尽快明确金融类国有资产的受托主体和受托职责。

三是应探索尚未纳入国资委监管的非金融类经营性国有资产的监管方式。据财政部的数据，截至 2013 年底，全国独立核算的国有法人企业（非金融类）户数为 15.5 万户，其中，国务院国资委管理企业户数为 3.8 万户，占全国国有企业户数的 24.5%；94 个中央部门所属企业 9988 户，占比为 6.4%；财政部监管企业 3614 户，占比为 2.3%。三者合计即全部中央企业户数为 5.2 万户，占全国国有企业户数的33.5%。地方国有企业 10.3 万户，占国有企业户数的 66.5%。2013 年全国国有企业资产总额（负债＋所有者权益）104.1 万亿元中，国务院国资委管理企业资产总额为 34.9 万亿元，占比为 33.5%；94 个中央部门所属企业资产总额为 1.6 万亿元，占比为1.5%；财政部监管企业资产总额为 12 万亿元，占比为11.5%。全国国有企业所有者权益 37 万亿元中，国务院国资委管理企业所有者权益为 12.8 万亿元，占比为 34.6%；94 个中央部门所属企业所有者权益为 0.6 万亿元，占比为 1.6%；财政部监管企业所有者权益为 8.9 万亿元，占比为 24.1%。地方国有企业资产总额和所有者权益中，由地方各级国资委管理的也仅是一部分，仍然由为数不少的国有企业和企业国有资产游离于国资委的监管之外。目前，分散在其他部门与机构的国有企业和企业国有资产的管理体制大多仍沿袭政企不分、政资不分、政事不分的模式，国有资产出资人不到位的现象相当普遍，国有资产的流失现象仍时有发生。应通过不断探索尽快明确游离于国资委之外的企业国有资产的有效监管方式，条件具备时可以将部分这类国有资产授权国资委进行管理。

四是应加大用于经营的行政事业单位国有资产的监管力度。据财政部公布的全国行政事业单位资产清查结果显示，截至 2006 年 12 月 31 日，全国行政事业单位国有资产总额为 8.01 万亿元，其中净资产总额为 5.31 万亿元，占国有净资产总额的 35.14%。从单位类别看，行政单位占 25.63%，事业单位占 74.37%；从级次看，中央级占 15.24%，省、市、县、乡四级占 84.76%。这次清产核资显示，行政事业单位国有资产中对外投资占 2.14%。财政部组织的清产核资发现，行政事业单位国有资产管理中存在一些突出问题，包括基础工作较为薄弱，存在家底不清、账实不符等现象；资产使用效益需进一步提高，资产闲置、低价出租、无偿出借等现象较为普遍；存在资产流失风险，一些单位存在资产处置不按规定程序报批、往来款项长期得不到清理、对外投资管理较为混乱等问题；资产管理体制有待进一步理顺，部分部门、地方和单位没有设立或明确专门机构、专职人员负责资产管理工作，职责分工不够明确。行政事业单位国有资产用于经营的数额和清产核资中暴露的突出问题都要求切实加强对这部分资产的监管，真正做到对这些用于经营的国有资产有人负责，能够负责。

无论是哪一类国有资产都有一个进一步明确和落实国有资产监管责任的问题。完善国有资产管理体制必须建立明晰的责任体系，明确国有资产监管方和被监管方各自的权利、责任和义务，做到有责有权，责权一致。要通过一整套制度安排使各类国有资产的监管做到责任主体到位，行为主体到位，做到国有资产监管的责任层层得到落实，国有资产权益受损可以追究责任。总之，要通过完善各类国有资产管理体制，进一步提高各类国有资产监管的科学性和精细化，使经营性国有资产实现保值增值，不断增强国有经济的活力、控制力、影响力；使行政事业性国有资产配置使用更加合理有效，发挥更大的社会效益；使资源性国有资产规划更加科学、开发更加节约高效，促进经济、社会、环境可持续发展。

四　从制度上加强和改进国有资产监管

完善国有资产管理体制，既要有利于提高国有资产运营效率，实现国有资产保值增值，又要有利于加强国有资产监督管理，防止国有资产权益受损。国有企业作为经营性国有资产的载体，作为国有资产可能流失的重点领域，应该也必须作为一个重要对象进行监管。

现代企业制度特别是公司制企业的一个重要特征是所有权

与经营权相分离，由于委托—代理关系的形成，出现了"内部人控制"的问题，各种"寻租"问题的出现成为企业普遍存在的一个体制性现象。加强对企业尤其是大企业的监管，成为越来越多的国家关注的问题和面临的任务。对我国国有企业而言，加强监管、遏制腐败、防止国有资产权益受损的任务更为艰巨，更加繁重。除所有权与经营权分离相应带来的体制腐败外，我国国有企业的监管还面临着来自三个方面的严峻挑战：

一是由于法制不健全和诚信大面积缺失形成的整体经商环境使得腐败容易多发。2004年全球知名电信服务供应商美国朗讯科技中国公司"贿赂门"事件曝光，导致中国公司的总裁、首席运营官、营销部高级主管和一名财务经理辞职。值得注意的是，美国朗讯科技在全球有22个子公司，2004年唯独中国公司发生了高层腐败案。类似的"洋贿赂"近年来不断被曝出，2013年以来中国政府部门对以葛兰素史克为代表的外资药企涉嫌商业贿赂的调查，从另一个角度说明，中国"行贿受贿市场"较为广阔。

二是由于产权制度改革不到位及国有企业公司治理和内控制度普遍不够健全使得腐败容易多发。这几年中国石化、中国移动、中国石油、中国华润、中核工业等一批大型国有企业主要负责人因违法违纪相继受到法律的惩处或接受组织调查，这说明国有企业的内控制度和对国有企业的监管制度存在缺陷，不够有效，"制度性腐败"问题更为突出。

三是由于我国国有企业改制重组频繁和处于优势地位及发展迅速带来的对外经营活动剧增使得腐败容易多发。大量的国有企业改制重组使一些不法人员内外联手侵占国有资产的机会大大增加；国有企业的优势地位特别是由于垄断带来的利润高企使一些希望获取更多商机或更好效益的厂商千方百计地拉拢腐蚀国有企业管理人员；国有企业迅速发展带来的大量招投标或物资采购或资金使用等也使得腐败发生的概率大大增加。

面对国有企业反腐防腐的复杂形势，要有效遏制国有企业腐败多发现象，防止国有资产权益受到严重损害，根本的一点就是要加强制度建设，用制度反腐。党中央、国务院十分重视从源头上遏制腐败的问题。被赋予国有资产监管重要职责的国务院国资委自 2003 组建伊始，就研究如何从体制制度上减少中央企业的腐败，进行了不少探索，采取了很多措施，包括：推进国有企业产权制度改革，加快国有企业股份制改革，具备条件的整体改制上市，主要是要解决国有企业产权代表缺位的问题，使国有资产保值增值的责任得到层层落实，为防止国有资产流失提供产权制度基础；完善公司法人治理结构，引入外部董事制度，建立由外部董事组成的审计委员会，主要是解决企业内部权力的合理配置和相互制衡问题，防止经营管理者随意越权或滥用权力；改进国有资产监管方式，突出了对国有企业"三重一大"即重大决策事项、重大人事任免事项、重大项目安排事项和大额度资金运作事项的监督检查，加强对国有企业海外投资和资产的监管，重点关注国有企业腐败发生和国有资产流失的重点领域和薄弱环节；督促和指导国有企业健全内控制度，加强风险防范，要求国有企业尽可能实行资金集中管理和物资集中采购，尽可能利用计算机和信息化手段进行管理等。这些措施的着眼点主要是解决国有企业权力行使的空白地带问题，使国有企业经营管理者的权力行使置于制度约束之下，从制度上防止和减少违法、违纪、违规现象的发生。这些制度建设措施对国有企业加强监管、减少腐败起到了积极作用，但总的来看，国有企业防腐反腐形势仍然十分严峻，任务仍然十分艰巨。要继续探索加强国有资产监管的有效形式和途径，完善防范国有资产流失的体制和机制，加强相关制度建设，着力通过制度建设加强国有企业的源头反腐，预防和减少国有企业违法违纪现象的发生。

一是要进一步健全公司法人治理结构。为解决所有权与经营权分离带来的内部人员控制问题，公司治理应运而生。近二三十年来公司治理问题成为一个世界性的热门话题，一个重要原因也在于防止企业内部的各种"寻租"现象。建立健全董事会是完善国有企业公司治理的核心内容，也是加强国有资产监管和防止国有资产流失的一项重要措施。需要指出的是，我国理论界通常将股东会、董事会、经营层和监事会分别定位为权力机构、决策机构、执行机构和监督机构，并将这些机构各司其职、相互制衡、运转协调视为建立现代企业制度的重要标志。实际上，董事会在公司治理中不仅行使决策职责，同时也发挥内部监督的作用。这是因为，董事会作为出资人代表，作为决策机构，要保证出资人的合法权益得到有效保护，要保证董事会的决策得到有效执行，必然要监督经营层高效执行董事会的决策，这是董事会应尽的职责，也是董事会应有的权利。《OECD 国有企业公司治理指引》就指出，"根据政府和所有权实体制定的目标，国有企业董事会应该履行其监督管理层和战略指导的职能。他们应该有权任命和撤换首席执行官"①。从英国、美国、芬兰、瑞典、澳大利亚、马来西亚等国完善公司治理的趋势可以看出，越来越多的企业引入外部董事制度或独立董事制度，董事会构成中外部董事或独立董事占大多数，董事会下面普遍设立由外部董事组成的审计委员会，专司监督职责，审计委员会的成员大多也由外部董事或独立董事担任。由于董事会中外部董事或独立董事占大多数，并且这些董事的独立性比较强，因此，以外部董事或独立董事为主组成的董事会在一定程度上可以保证企业内部监督的独立性、权威性、专业性和有效性，对解决所有权与经营权分离后的委托—代理问题具有不可或缺的积极作用。由此可见，把董事会仅仅看作决策机构，不承担监督职责，不仅不符合企业实际，而且也不利于加强企业国有资产的监管。总结国内外企业在制度建设方面的成功经验，应继续加强董事会建设，在国有企业加快推进以外部董事为主的董事会制度建设，有条件的公司董事长也可以由外部董事担任，董事会下设由外部董事为主的审计委员会，更好地发挥董事会在国有企业内部监督中的作用。

二是要进一步完善外派监事会制度。所谓外派监事会制度，是指由国家向国有独资企业和国有独资公司派出监事会的一整套制度安排，是区别于国有企业内部设立的监事会的一整套制度安排。外派监事会制度是深化国有企业改革和加强国有资产监管的一项重大措施，是国有资产出资人监督的一个重要形式，也是我国国有资产监管体制的一个重要特色。现行的外

---

① 李兆熙译：《OECD 国有企业公司治理指引》，中国财政经济出版社，2005。

派监事会制度建立于 1998 年，刚建立时叫稽察特派员制度，1999 年改称监事会制度。外派监事会制度由于具有独立性、权威性、专业性和专门性等特点，成为我国国有资产监管的一支重要力量，为防止国有资产流失、确保国有资产保值增值、促进国有企业健康发展，做出了重要贡献。完善国有资产管理体制，加强国有企业防腐反腐，一方面，必须坚持外派监事会制度这个经实践证明行之有效的制度；另一方面，适应深化国有企业改革特别是发展混合所有制经济和改革国有资本授权经营体制的要求，原有向国有独资企业和国有独资公司派出的监事会制度必须进行相应的调整。

三是进一步加强企业内控制度建设。2001 年美国出现了安然、世通等大公司的财务欺诈做假丑闻，2002 年 7 月，美国国会通过了《萨班斯法案》，要求公司的 CEO 和 CFO 对公司治理和内控制度承担法律责任。虽然美国不少企业和专家认为该法案过于严格和执行成本太高，但该法实施 12 年来，美国大公司鲜有新的重大财务欺诈丑闻曝光。借鉴美国的经验，日本制定了类似的法律，欧盟于 2006 年 4 月在卢森堡通过了企业审计新规则，并要求各成员国在 2008 年之前必须通过新规则并付诸实施。为推动我国企业加强内控建设和风险防范，2006 年 6 月，上海证券交易所发布了《上市公司内部控制指引》，国务院国资委也于当月发布了《中央企业全面风险管理指引》。借鉴美国等发达国家的做法，结合我国实际，2008 年 5 月，财政部、审计署、证监会、银监会、保监会等部门共同发布了《企业内部控制基本规范》，2010 年 4 月这些部门又共同发布了《企业内部控制配套指引》。应该说，这些法规和文件的颁布，对企业防范风险起到了积极作用，但对防止企业高管人员的腐败行为作用不够明显。可以考虑，我国在适当时候制定和颁布类似美国《萨班斯法案》的法律，同时，对任何敢于以身试法的企业管理人员严格追究法律责任，以预防企业内部实际控制人的财务欺诈做假行为，保证国有资产出资人的合法权益。

四是进一步提高国有企业的信息透明度。国有企业作为国有资产的法人受托主体，凡是能够公开的信息要尽可能公开披露，以体现国有资产的本质属性和公众参与性。企业的年度财务报告、审计报告均应通过公司网站和国资委网站向社会公众公布，以提高企业信息的透明度。条件具备时，可以要求国有企业特别是国有大型企业像上市公司一样公布季报和年报。各级国资委应将国有企业的财务会计报表汇总分析后向本级人大报告。如果公众需要了解国有企业的有关数据，可以向公司索取。要制定法律限制政府有关部门、国有企业在信息透明方面的自由裁量权。除加强媒体监督作用外，可考虑规定允许公民查阅国有企业高管人员的资产和纳税等情况，以扩大公众的知情权，便于公众对国有企业的监督，让社会各方面能够参与对国有企业的监管。

五　提高国有资产监管的有效性

近年来，中国石化、中国移动、中国石油、中国铝业、中国海运、中储粮、华润集团等中央企业腐败大案的先后公布，使国有企业腐败问题再次成为一个热门话题，也使提高国有企业监管有效性的问题再次被提上重要议事日程。提高国有资产监管的有效性，一方面，要完善和发挥国有资产监管制度的作用，另一方面，要探索和创新国有资产监管制度。

一是要积极发展混合所有制经济，形成不同利益主体的相互制衡。作为国有企业产权制度改革和产权结构调整的重大举措，发展混合所有制经济既有利于各种所有制经济取长补短、优势互补，也有利于各种所有制经济相互制约、相互监督。理论和实践都证明，多利益主体的互相牵制、互相制衡，是最有效的一种监督方式，也是最有效的一种反腐方式。积极发展混合所有制经济，特别是实现国有资本与民营资本和其他非公资本的交叉持股和相互融合，可以形成不同所有制资本在企业内部的权力制衡和利益制衡，有效遏制企业内部的腐败。为有效发挥混合所有制企业在遏制腐败方面的作用，应将国有资本持股比例保持一个合理水平，防止"一股独大"对企业内部制衡机制的破坏。

二是要有效发挥外部专职监督机构的作用，调动外派监督人员监管的积极性。从这些年来国有企业相继披露出来的一些大案要案看，将国有企业高管腐败案件曝光的首要功臣基本上都是国有企业的外部监督机构和社会监督力量，如2007年7月事发的中国石化原总经理陈同海案，2010年9月披露的中国移动原党组书记张春江案，都是由外部监督部门最先发现并揭露的。国有企业内部监督机构在发现和查处下级单位违法违纪问题方面具有重要作用，但在监督国有企业高管人员方面，其作用显得十分有限，存在着明显的对高管人员监督失灵的现象。造成这种现象的原因是多方面的，深层次的，其中，最重要的是监督本单位负责人难是一个普遍现象，在行政依附和职务依附的情况下，监督上级负责人存在很大的职业风险。相对而言，外部监督机构在行政上与国有企业不存在隶属关系，在职务上不存在依附关系，因而更具独立性和权威性，在监督国有企业高管人员、揭露腐败大案方面，就显得更为有效，更具威力。鉴于内部人员监督的局限性特别是对高管人员监督的失灵现象，提高国有资产监管有效性的当务之急是更好地发挥现有外部监督机构的作用，提高外部监督机构的效率。外派监事会作为监督国有企业的专职机构，拥有数百名专职监督人员，是加强国有资产监督、遏制腐败势头的一支重要外部力量。相对于其他外部监督机构，外派监事会连续数年和常年深入国有企业进行监督检查，发现需要反映的问题可以及时向国资委或国务院直接报告，因而更具专业性，更具时效性，具有很大的威慑作用。更好发挥外派监事会制度的作用，提高外派监事会的监督效率，无疑是加强国有资产监督、遏制腐败势头的重要举措。提高外派监事会监督的效率，关键要做好两点，一点是增强外派监事会队伍的履职能力，提高发现腐败案件线索的能力；另一点是激发外派监事会人员的履职动力，保证外派监事会人员履职时全身心投入和不受制于情面。要从制度和机制上研究和解决这两个问题。

三是要强化国有企业党委和纪检的监督责任，更好地发挥企业内部监督部门的作用。为提高国有企业内部纪检部门的独立性、权威性和有效性，使其发挥应有的作用，应加大国有企业纪检组长的交流力度，积极开展向国有企业派驻纪检组的试点工作，为纪检组长更好地履行职责创造条件。完善国有企业领导体制，充分发挥党委在加强监管方面的作用，强化党委在党风廉政建设方面的主体责任和纪委的监督责任，从制度上保证党委书记有更多精力从事企业党风建设和反腐倡廉工作。

四是充分发挥社会和媒体的监督作用，形成国有资产监管的强大压力。社会舆论和群众监督是监管国有企业的重要外部力量。在网络媒体普及的今天，借助网络具有的传播迅速、难以阻拦等特点，社会舆论和群众监督的分量迅速提升，中纪委网络举报网站的开通，更为社会舆论和群众监督开通了"直通车"，相信这方面的外部监督力量将对国有企业防腐反腐产生日益重要的影响。充分发挥社会和媒体等力量对国有资产监管的作用，将大大提升监管的有效性。当然，正如对触犯党纪国法的国有企业腐败分子必须依法进行惩处一样，个人或者媒体作为举报人也必须遵守法律，触犯法律的也应该承担法律责任。

五是要探索不同监督部门的协同机制，形成多方力量防腐反腐的强大合力。我国对国有企业的监督无论是外部监督还是内部监督，机构不少，力量不弱。从企业外部看，与监督有关的有中纪委、中央巡视组、中央督导组、监察部、审计署、财政部（主要是专项审计）、国有重点大型企业监事会、国资委纪委、国资委巡视组、会计师事务所等，如果是上市公司，还要接受证监会的监管。这几年，媒体和社会监督等也是国有企业的外部监督力量，发挥着越来越大的作用。从企业内部看，与监督有关的有纪检、监察、审计等机构，股份公司还普遍建立了内部监事会，进行规范董事会试点的国有企业建立的审计委员会主要职责也是监督。这几年，一些大型国有企业也在试行巡视制度，中国石化还开展了网上巡视工作。与国有企业相关的这些监督机构都配备了不少人员，国有重点大型企业监事会的专职监事就达 300 多人，同时还从会计师事务所等聘用了不少专业审计人员，中国石化的审计人员就达 1400 多人。这些监督机构和工作人员对遏制国有企业腐败都发挥了重要作用，然而，国有企业腐败案件仍居高不下，长期存在的"机构多、投入多、腐败多、监管效率低"的问题并未得到很好解决。如何更好地发挥现行国有资产监管部门和机构的作用，提高对国有企业特别是集团公司主要经营管理者监管的有效性，是摆在我们面前的一个重要任务。要积极探索有效的合作方式，使各类监督机构既有不同分工，分别监督，又有统一协作，密切配合，形成监督合力，进一步增强监督的有效性。

对完善国有资产管理体制，加强国有企业防腐，国内意见比较一致，也是人民群众和社会各界的强烈要求，但对如何从根本上解决国有企业腐败和国有资产流失的问题，国内的认识则不尽相同。有观点认为，国有企业由于产权归属不清，因此必然导致腐败高发，只有产权私有化才可能根除国有企业腐败多发问题。如果将腐败理解为凭借公权力侵害公共权益或以公权谋取私利的行为，无疑，政府公共部门更容易发生腐败行为，正因为如此，世界各国防腐反腐的重点都是政府公共部门。国有资产属于国有性质的产权，国有企业虽然归全体人民所有，但各级政府代行最终出资人的权利，这就使得国有企业被一些学者视为带有公共部门性质的组织，更容易出现腐败行为。但如果将腐败视为一种触犯法律的犯罪行为，无疑，将国有企业等同于腐败多发则是不全面，不客观的。

一是我国国有企业的腐败问题确实比较严重。从已经公布的腐败案件看，我国国有企业违法违纪的大案要案不少，企业高管人员共同作案即"窝案"的问题也时有发生。这种现象与国有企业的产权制度和产权结构有着一定的关联，因为从法律上讲国有产权归国家所有，归全体人民所有，但谁真正享有占有权、使用权、处置权和收益权，有时并不是很清楚。如果不能通过产权制度改革和产权结构调整，解决国有企业内部国有产权代表"缺位"或"虚置"的问题，解决国有资产保值增值无人负责的问题，国有企业腐败多发的势头很难遏制。

二是我国国有企业腐败案居高不下是特定历史阶段产生的社会现象。我国国有企业腐败案件较多与发展市场经济的特定阶段有关。从历史经验看，一个国家在发展市场经济的一定阶段，法制、规则和各种秩序尚不健全，公共部门往往难以避免各种腐败现象。企业经营管理人员尤其是国有企业的高管人员，掌握更多的资源，具有更大的寻租空间，导致这些人成为腐败的高发人群。我国国有企业腐败案件居高不下与我国市场经济体系建设相对滞后也有关，虽然我国法制建设取得了很大的进步，但从总体上看，反腐倡廉的基础还不牢固。从整个社会来看，法治还不完善，制度还不健全，监督体系还很薄弱，诚信还没有普遍建立；从国有企业的制度建设看，政企政资还没有真正分开，公司治理结构还不完善，内控制度还不健全，信息还不够透明等。因此，在我国，加强国有企业监管、防止国有资产流失的任务显得更繁重，更艰巨。

三是我国国有企业腐败案件较多与目前的经商环境有关。发达市场经济国家的企业也面临内部人控制问题，也面临加强监管防止腐败的问题，但由于法制比较严格，总体经商环境有利于减少腐败案件的发生。如发达市场经济国家严格现金管理，普遍使用信用卡或支票转移或支付资金，因此，通过现金行贿或受贿的机会相对较小。但我国现阶段各方面管理的漏洞较多，给不法分子违法犯罪提供了更多机会。同时，许多行业产能过剩，企业之间恶性竞争，为开拓市场和求得生存，一些企业甚至采用不法手段，这也使得现阶段我国的经商环境对反腐防腐构成严重挑战。德国人一向以办事严谨、纪律严明著称，但德国的一些在华大公司也出现腐败问题。这反映出我国目前的经商环境容易导致企业腐败案件发生。

　　四是腐败并非中国国有企业的专利品。在所有权和经营权分离的情况下，任何类型的企业都有可能出现腐败或其他触犯法律的问题，只不过是表现形式可能有所不同。西方有不少公众公司多次出现管理层腐败案，即使在美国这样一个公认的公司治理比较有效、企业监管比较严格的国家，企业腐败也时有发生。2001 年美国能源行业的霸主安然公司、电信业巨头世界通信公司、世界最大复印机生产商施乐公司等相继被揭露存在财务欺诈做假丑闻，结果是安然公司和为安然提供审计业务的世界著名会计师事务所——安达信倒闭破产，在美国企业界和社会上产生了强烈震动，引起不小的冲击。2012 年惠普公司收购 Autonomy 公司被骗，使惠普公司陷于十分困难的境地。著名的安永会计师事务所曾对全球 59 个国家和地区的 2700 多家大型企业 2012 年和 2013 年的企业诈骗和腐败等进行过调查，调查对象包括企业的首席执行官、首席财务官、法务顾问等，2014 年 6 月 16 日在德国发布了调查报告，结果显示，腐败仍是全球企业的一个重大问题。全球 38% 的经理人认为，贿赂成为企业日常工作的一部分，其中，尼日利亚、肯尼亚、南非、希腊、巴西、意大利、印度位列前 10 名，中国和美国分别列第 37 名和第 38 名。这一调查结果不一定能够完全反映各国企业的腐败程度，但可以相信，这 2700 多家企业绝大多数是非国有企业，也不是中国企业。

五是非国有企业也存在不少腐败问题。法制日报社所属《法人》杂志联合中国青年报舆情监测室对 2013 年我国大众网络媒体上公开报道的企业家犯罪信息进行了汇总和分析，在此基础上起草和发布了《2013 中国企业家犯罪（媒体样本）研究报告》。据这份报告提供的数据，2013 年大众网络媒体上公开报道的企业家犯罪信息总共 357 起。在明确企业所有制类型的 357 例案件（其中 1 例案件的企业为跨国公司，归入民营企业范畴）中，国有企业负责人犯罪或涉嫌犯罪的案件为 87件，占 24.4%；民营企业家犯罪或涉嫌犯罪的案件为 270 件，占 75.6%。在罪名方面，受贿、贪污、挪用公款是国有企业负责人的主要罪名，在 58 例有明确罪名的国有企业负责人犯罪中，共涉及 28 个罪名，主要包括：受贿罪 26 例、贪污罪 13例、挪用公款罪 11 例、诈骗罪 7 例、私分国有资产罪 3 例、重大责任事故罪 3 例、滥用职权罪 3 例。在民营企业涉案企业家中，引发民营企业家犯罪的主要是融资、财务管理两大领域，非法吸收公众存款、集资诈骗、涉税犯罪是民营企业犯罪的重点罪名。在 260 例有明确罪名的民营企业家犯罪案件中，共涉及 45 个（类）罪名，具体为：非法吸收公众存款罪 28例、集资诈骗罪 27 例、非法经营、合同诈骗罪各 20 例、组织领导传销活动罪 19 例、生产销售有毒有害食品罪 17 例、职务侵占罪 13 例、行贿罪 12 例。这份报告清楚地显示，无论是国有企业负责人还是民营企业家都存在犯罪的问题，并且民营企业家犯罪的数量还远高于国有企业负责人，从这个意义上讲，将国有企业等同于腐败多发，不是不了解情况，就是存有偏见。当然，一方面，民营企业家数量要远远多于国有企业负责人，因此，犯罪的数量也会高出很多；另一方面，国有企业负责人犯罪类型与民营企业家犯罪类型不尽相同，国有企业负责人犯罪大多与损害国有企业的产权有关，民营企业家犯罪大多与损害国家和社会利益有关，这表明，企业家犯罪的动因确实与企业的产权性质和产权结构是有关联的。据此可以说明，无论是国有企业还是民营企业都有一个依法经营的问题，对国有企业和民营企业都有一个加强监管的问题，防止企业家犯罪需要根据企业的不同所有制性质有针对性地进行制度安排。

六是要看到防止和遏制国有企业腐败取得的成绩和决心。这些年，无论是国有企业的制度反腐还是惩治国有企业的腐败分子，应该说，都取得了不小成绩，不能因为少数大型国有企业负责人出现违法违纪行为而否定国有企业监管部门和各级国资委所做的大量工作和取得的积极进展。党的十八大以来，国有企业特别是中央企业高管人员腐败案件暴露不少，从这些已经披露的案件看，涉案人员大多是国有企业的中高级管理人员，有些大型国有企业涉案人员达数十人，涉案金额十分巨大，有些腐败案件涉及党政机关高级干部，一方面，这反映了国有企业防腐反腐的形势十分严峻，反映了国有企业防腐反腐的复杂性和艰巨性，国有企业防腐反腐工作只能加强，不能放松，并且要根据形势变化不断改进，不断完善；另一方面，也反映了中央预防和惩治腐败的决心，对于国有企业出现的腐败案件，不管其人员职位有多高，权力有多大，能力有多强，不管涉及什么党政机关什么人员，只要触犯了法律，都将追查到底，都将受到法律的严惩。

总之，对国有企业与腐败的关系问题，对我国国有企业腐败多发的问题，需要用更加全面、更加客观的眼光来分析和看待。既要看到，加强国有资产监管，遏制国有企业腐败，是一项持续、长期的斗争，非一朝一夕之功，需要提供综合性的方案来加以解决，做到标本兼治，远近结合。也要看到，随着我国市场经济体制的不断完善，随着依法治国水平的不断提高，随着国有企业制度建设的不断推进，随着国有资产管理体制的不断健全，随着各方面的监管不断加强，国有企业腐败多发的势头一定能够得到有效遏制，国有资产流失的问题一定能够得到较好解决。

六论国有资本

核心论点：改革国有资本授权经营体制。国有资本投资运营要服务于国家战略目标，更多投向关系国家安全、国民经济命脉的重要行业和关键领域，重点提供公共服务、发展重要前瞻性战略性产业、保护生态环境、支持科技进步、保障国家安全。

提示：第六论的重点是回答，为什么要从以管国有企业为主转向以管国有资本为主？为什么要组建若干国有资本运营公司？为什么要选择具备条件的国有企业改组为国有资本投资公司？国有资本投向与国有资产保值增值是什么关系？如何看待提高国有资本收益上缴公共财政的比例？

一　新认识、新阶段

二　新思路、新举措

三　国有资本投资的方向和重点

四　国有资本投资运营与国有经济布局结构调整

五　健全国有资本经营预算制度

《决定》从积极发展混合所有制经济的要求出发，强调要

"以管资本为主加强国有资产监管，改革国有资本授权经营体制。组建若干国有资本运营公司，支持有条件的国有企业改组为国有资本投资公司"，并强调，"国有资本投资运营要服务于国家战略目标，更多投向关系国家安全、国民经济命脉的重要行业和关键领域，重点提供公共服务、发展重要前瞻性战略性产业、保护生态环境、支持科技进步、保障国家安全。"《决定》还提出，"要划转部分国有资本充实社会保障基金。完善国有资本经营预算制度，提高国有资本收益上缴公共财政比例，2020 年提高到百分之三十，更多用于保障和改善民生"。这些重要论述，提出了深化国有企业改革和完善国有资产管理体制的新思路和新举措，也为改革国有资本授权经营体制指明了方向和重点。

一　新认识、新阶段

如果把资本界定为能够产生经济价值的资源，则国有资本可以理解为能够带来新的经济价值、属于国家所有的各种生产要素。如果从资本追求投资回报来界定，国有资本也可以理解为属于国家所有的能够产生投资回报的一种经营性国有资产或财产权利，是能够给国家带来价值的价值。《决定》强调要"以管资本为主加强国有资产监管"，这一新的论断表明，我党对新形势下监管国有企业的模式有了新的认识，也标志着我国将逐步进入由以管国有企业为主转向以管国有资本为主的新阶段。

一是增强国有经济的控制力要求逐步实现以管国有企业为

主向以管国有资本为主转变。增强国有经济的控制力，要求积极发展混合所有制经济特别是发展股份制经济，吸引和组织更多的社会资本，扩大国有资本的支配范围，放大国有资本的控制功能，更好地体现国有经济的控制力，这就需要提高国有资产的资本化水平和程度，有条件的应实现国有资产的证券化。无论是通过国有绝对控股还是国有相对控股来实现运用部分国有资本控制更多社会资本的意图，都要求由以管理国有资产为主转向以管理国有资本运营为主，从而更多地通过市场来体现和实现国家的战略意图和政策取向。

二是积极发展混合所有制经济要求逐步实现从以管国有企业为主向以管国有资本为主转变。一方面，实现《决定》提出的"国有资本、集体资本、非公有资本等交叉持股、相互融合的混合所有制经济"，必须加快推进国有资产向国有资本的转换；另一方面，随着混合所有制经济的快速发展，原有国有企业的产权制度和产权结构都发生了重大变化，由不同所有制资本融合形成的法人财产权要求国有资本出资人机构自身的运作模式也应当向市场化和商业化方向转变。并且，其工作人员要有较高的专业化水平，相应地，原有管理国有企业的一整套制度和方式已经与此不相适应，必须进行转变。

三是形成国有资本有进有退和合理流动机制要求逐步实现从以管国有企业为主向以管国有资本为主转变。着眼于国有经济布局和结构的调整，中央多次强调要形成国有资本有进有退和合理流动机制。促进国有资本在不同所有制、不同地区、不同行业、不同企业之间流动重组，提高资源的配置和利用效率，也要求转向以管资本为主加强国有资产监管。

四是提高国有资产保值增值水平也要求逐步实现从以管国有企业为主向以管国有资本为主转变。资本的本质属性是追逐利润，而资本只有在经营和流转中才可能实现保值增值。国有资本可以通过股权转让退出市场前景黯淡、资本回报率低的行业和经营管理不善的企业，避免国有资产闲置和损失，也可以通过在资本市场上购买股票或通过兼并、联合、资产重组等方式进入市场前景好、资本回报率高的行业和经营管理较好的企业，从而实现保值增值。要适应这一发展趋势，原有的国有资产监管模式必须逐步转变。

总之，无论是增强国有经济的控制力还是发展混合所有制经济，无论是形成国有资本有进有退和合理流动机制还是提高国有资产保值增值水平，都要求加快实现从以国有企业为主的监管转向以国有资本为主的监管。《决定》做出的"以管资本为主加强国有资产监管"这一新的论断，既符合国有企业改革的现状，又适应积极发展混合所有制经济的趋势，是坚持和完善基本经济制度必须牢牢把握的一个重要思想。

二 新思路、新举措

国有资本授权经营体制是指国家将国有资本的出资人权利授予国有资本经营机构，由国有资本经营机构代表国家行使国有资本所有者权利而形成的权利和义务的法律规范的总称。国有资本授权经营体制包括授权主体的确认、被授权主体的选择、授权的范围和内容、授权经营的形式、对被授权主体的考核与监管等内容。由以管国有企业为主向以管国有资本为主转变，有必要对现有的国有资本授权经营体制进行改革。

（一）改革国有资本授权经营体制的必要性

深化国有企业改革，推动国有企业适应市场化、国际化新形势，真正成为市场经济的竞争主体和独立法人，必须进一步解决政企不分、政资不分、所有权与经营权不分的问题。政府作为国有资产最终所有人与国有企业之间必须建立起有效隔离层，这样才能做到政企分开、政资分开。成立国资委的一个重要目的就是要在政府与国有企业之间建立隔离层，以期真正实现政企分开、政资分开。但这也带来一个问题，即国有资产管理机构与国有企业的关系问题。因此，对国资委的组建，从一开始国内就有不少人表示担心，最大的担心就是国资委成为"婆婆加老板"，造成新的所有权与经营权不分，把国有企业管死。20世纪80年代前期的政府机构改革，一批政府机关改为公司，有人称为"行政型公司"或官办公司，那时讲的"婆婆加老板"指的就是这些公司既行使部分行政权力，又行使出资人权力。国资委是政府的特设机构，但不是行政部门，没有行政权力，从这个意义上讲，想当"婆婆"也当不上，但如果所有权与经营权不分，却有可能把所监管的企业管死。社会上担心组建国资委会出现"婆婆加老板"，因为国资委是管资产与管人、管事相结合，与过去政府部门管企业相比，更容易把国有企业管死。再加上国资委毕竟是政府的一个机构，在这种情况下，社会上有这样那样的担心是可以理解的。为此，温家宝总理在作党的十六届三中全会报告说明时专门强调，改革国有资产管理体制"要处理好国有资产管理机构和国有企业的关系，实行政企分开，所有者职能和经营者职能分开，国有资产管理机构不能直接干预企业生产经营活动"。《企业国有资产监督管理暂行条例》专门规定，各级国资委代表政府行使国有资产出资人的权力，不干预企业依法享有的生产经营权力；企业作为独立法人和市场竞争主体，依法开展生产经营活动。

党的十六大以来，新的国有资产管理体制基本建立，特别是各级国资委的相继组建，在各级政府与国有企业之间建立了一个隔离层，相当程度上解决了长期存在的政企不分即国有资产最终出资人与国有资产经营实体不分的问题，也较好地解决了长期存在的国有资产多个部门管理和无人真正负责的现象，促进了国有企业较快发展。国资委在履行职责时也努力当好国有资产出资人代表，尽力做到"不越位、不缺位、不错位"，全力推进国有资产保值增值的责任得到层层落实。但由于体制设计上的不足和国有资产监管极具探索性、极具挑战性，使得国资委在履行职责时难免出现一些引发社会热议和批评的问题。

一是"婆婆＋老板"的问题。这是专家学者议论较多的一个问题。国资委组建 10 多年来，认为国资委管得过多过细的声音不时出现，其背后反映的是所有权与经营权分离的问题未能得到很好解决，其实质反映的就是国有资本授权经营体制设计不够合理，即各级国资委的组建明确了国有资产出资人机构，但在这一新的体制下，国有资产出资人机构与国有企业之间如何授权的问题凸显出来，在一定程度上影响了国有企业的活力和竞争力。

二是国资委双重身份双重职能的问题。各级国资委既是代表国家履行国有资产出资人职责的特设机构，又是负责国有企业监管的政府机构，这种"一身两任"即既当出资人又当监管者使得两者职能很难兼顾，并带来一些负面影响。一方面，容易在一定程度上出现干预企业正常生产经营的现象，另一方面，国有资产统一监管主体经常缺失，谁来监管各级国资委也经常成为人们议论的问题。

三是各级国资委的监管重点问题。各级国资委作为国有资产出资人代表，虽然以特设机构的身份出现在人们面前，但无法像淡马锡控股公司那样在市场上以独立法人出现，按照私人企业运作。无论是政府部门还是社会各界普遍视国资委为权力极大的政府机构，属于"公法人"。一方面，各级国资委无法真正成为以追求盈利和股东利益最大化为目标的承担民事责任的经济组织，政企不分的痕迹很难真正去除，另一方面，国资委只能以监管国有企业为工作重点来实现国有资产保值增值的目的，政资不分的痕迹也很难真正抹去。

四是"国进民退"、"与民争利"的争论问题。这也是专家学者议论较多的一个问题。其背后反映的是国有资本的投向问题，国有资本投向的背后反映的是党的十六大以后建立的新的国有资产管理体制无法体现中央多次强调的国有资本更多投向关系国家安全和国民经济命脉的重要行业和关键领域的要求，泛泛提倡的国有资产保值增值迫使国有企业尽可能追逐利润，国有经济的定位和国有经济的布局结构调整则无暇多顾，在这种情况下，"国进民退""与民争利"等议论持续不断，也就成为必然。

建立符合社会主义市场经济要求的国有资产管理和营运体制，是一项全新的探索。《企业国有资产监督管理暂行条例》规定，"探索有效的企业国有资产经营体制和方式，加强企业国有资产监督管理工作，促进企业国有资产保值增值，防止企业国有资产流失"。在探索有效的企业国有资产经营体制和方式的过程中，有许多矛盾和问题需要在探索中加深认识并加以解决，出现一些这样那样的议论和批评是很正常的。但这些持续不断的议论和批评也告诉我们：现行以管企业为主的国有资产监管模式已不再适应新的形势，需要转向以管资本为主加强国有资产监管；现行的国有资本授权经营体制也已不能适应新的形势，需要构建新的国有资产运营和投资主体，使国有资本更加人格化，投资运营更加市场化，经营权责更加明晰化。从这个意义上讲，改革国有资本授权经营体制已经成为完善国有资产管理体制的中心环节。

（二）组建若干国有资本运营公司

所谓国有资本运营公司，就是经国家授权专门经营国有资本的公司制企业。国有资本运营公司以资本运营为主，不投资实业，营运的对象是持有的国有资本或国有股本，包括国有企业的产权和公司制企业中的国有股权，运作主要是在资本市场从事股权运营，既可以在资本市场融资，包括在证券市场发行股票，又可以通过股权产权买卖来改善国有资本的分布结构和质量。公司运营强调资金的周转循环，追求资本在流动中增值，运作的形式多种多样，通过资本运营实现国有资本保值增值。

国有资本运营公司是在国资委与国有企业之间组建的国有独资的、专门从事国有资本经营的法人实体，是国有资本市场化、公司化运作的平台。国有资本运营公司一方面根据国资委的授权承担国有资产保值增值的职责，另一方面在控股或参股企业中作为产权代表行使股东权利。国有资本运营公司原则上保持国有独资形态，与股权多元化的实体企业相区别。国有资本运营公司是纯粹控股企业，专门以股东身份从事国有资本的经营管理和运作，负责国有股权的管理及再配置，不直接从事具体的生产经营活动，同持股企业的关系，不同于目前的国有企业集团公司与旗下法人企业的关系，主要是参与持股企业的治理，重在建设好国有出资企业的董事会，通过董事会发挥自己的作用。新加坡的淡马锡控股公司、中国的汇金公司都是具有国有资本运营职能的公司。

组建若干国有资本运营公司是改革国有资本授权经营体制的一个重要内容，对实现以管资本为主加强国有资产监管具有重要意义：一是有利于进一步实现政企分开和政资分开，使国有企业更好地适应市场化和国际化新形势的需要；二是有利于实现所有者职能与经营者职能的分离，解决饱受学者诟病和企业担心的"婆婆＋老板"问题；三是有利于适应国有资产已经和继续大量证券化、资本化的需要，改进国有资本经营管理体制；四是有利于推动国有资本更多投向关系国家安全和国民经济命脉的重要行业和关键领域，实现国有经济布局和结构的优化；五是有利于加快国有资本的流动和流转，在流动和流转中实现国有资本保值增值。

作为改革国有资本授权经营体制的一个重要内容，组建若干国有资本运营公司有不少新的问题需要研究解决，包括国有资本运营公司与国资委的关系，国有资本运营公司与国有企业的关系，还包括国有资本运营公司如何组建等。国有资本运营公司的组建可以有两种方式，一种是新设，另一种是在改造现有集团公司的基础上进行授权。综合多方面考虑，后一种方式可能更加可行。

一是经过多年的改革和发展，国有企业特别是中央企业相当一部分已经进入世界 500 强甚至进入世界 500 强的前 10 名，还有没有必要在国资委与这些特大型企业之间再另外组建国有资本运营公司？这个问题值得认真研究。但很难设想，在中国石油、中国石化、国家电网等特大型国有企业与国资委之间再新建一个国有资本运营公司。

二是世界大型企业的管理模式值得借鉴。分析世界 500 强企业，可以看出，绝大多数是整体上市的公众公司，这些大型企业既具有产业经营的职能，也具有资本运营的职能，不同的无非是股权结构不同或所处行业不同。

三是对部分大型国有企业集团进行授权经营具有法律和政策依据。党的十五届四中全会通过的《中共中央关于国有企业改革和发展若干重大问题的决定》就提出，"授权大型企业、企业集团和控股公司经营国有资产"。2003 年 5 月国务院颁布的《企业国有资产监督管理暂行条例》规定，国有独资企业、国有独资公司经国务院批准，可以作为国务院规定的投资公司、控股公司，可以作为国家授权投资的机构。同时规定，"国有资产监督管理机构可以对所出资企业中具备条件的国有独资企业、国有独资公司进行国有资产授权经营。被授权的国有独资企业、国有独资公司对其全资、控股、参股企业中国家投资形成的国有资产依法进行经营、管理和监督"。我国《公司法》规定，"经营管理制度健全、经营状况较好的大型的国有独资公司，可以由国务院授权行使资产所有者的权利"。

四是授权部分大型国有企业经营国有资本的权力有现实根据。二十世纪九十年代中期，国家曾经发文授权中国石油、中国石化等大型企业集团经营国有资产的权力。此外，目前国务院国资委监管的中国国新控股公司、中国诚通控股集团有限公司等，都是具有国有资本运营职能的公司。

总之，在改革现有企业集团基础上授权其经营国有资本，既符合国际大型企业的普遍模式，又有法律和政策依据，同时还有利于国有企业直面市场参与竞争，且有利于减少国有资产管理层级。当然，国有资本运营公司的组建也可以新设，具体用什么方式组建，需要进行研究和试点，在取得经验的基础上再进行推广。

（三）支持有条件的国有企业改组为国有资本投资公司

国有资本投资公司也是国家授权经营国有资本的公司制企业。公司的运营模式以投资融资和项目建设为主，以产业资本投资为主，着力培育产业竞争力和战略性新型产业，通过投资实业拥有股权，通过资产经营和管理实现国有资本保值增值，履行出资人监管职责。

国有资本投资公司与国有资本运营公司都是国家授权经营国有资本的公司制企业，二者有很多相同之处：都是国有资产的直接出资人代表；都持有国有企业的股权；都是国有资本战略和国有资本经营预算的实施主体；与所出资企业都是以资本为纽带的投资与被投资关系；都将采用国有独资的资本组织形式；都更加突出市场化的经营方式和管理手段。但国有资本投资公司与国有资本运营公司也有明显不同，区别主要在于：①运作对象不同，国有资本运营公司以资本运营为主，运营的对象是持有的国有资本（股本），包括国有企业的产权和公司制企业中的国有股权；国有资本投资公司以产业资本投资为主，主要投资实业，以投资融资和项目建设为主。②追求目标不同，国有资本运营公司侧重改善国有资本的分布结构和质量效益，强调资金的周转循环，追求资本在运作中增值；国有资本投资公司着力培育产业竞争力，重点是要解决国民经济的布局和结构调整。③运作方式不同，国有资本运营公司是控股型企业，主要开展股权运营，行使股权管理权利，不从事具体的产品经营；国有资本投资公司通过投资实业拥有股权，对持有资产进行经营和管理。④功能作用不同，国有资本运营公司的功能和作用是推动国有资本合理流动，避免国有资本相互之间重复建设、恶性竞争，切实提高资源配置效率；国有资本投资公司的功能和作用是促进企业技术创新、管理创新、商业模式创新等，提高国有资本流动性，更好地发挥国有资本的引领和带动作用。

支持有条件的国有企业改组为国有资本投资公司也是改革国有资本授权经营体制的一项重要内容。国资委组建10多年来社会议论较多的"国进民退""与民争利"等，其背后反映的是国有经济定位和国有资本投向问题。如何做到既不干预国有企业的投资决策权，又实现国有资本合理投向，这不仅是一个理论问题，也是一个实践问题。国务院国资委自组建以来，针对部分国有企业盲目追求多元主业和盲目投资决策给企业带来严重损失的问题，对中央企业的主业进行了界定和审批，属于主业范围的投资只要符合国家产业政策的由企业自主决策，不属于主业范围的投资则要报国资委审批。这一规定对规范中央企业投资方向和重点起到了一定作用，但企业着眼于完成保值增值任务或做大做强的需要，以延长产业链、强化价值链等名义实施的多元投资时常发生，主业投资出现重大失误的现象也不时出现，以至于国资委着手考虑中央企业的主业投资是否要纳入审批的范围。虽然这一考虑最终没有付诸实施，但也反映出国资委通过直接管理国有企业来实现保值增值，面临着管可能越权、不管可能失控的两难境地。解决这一两难问题的根本途径就是建立国有资本投资公司，国资委作为国有资本的最终出资人，通过国有资本投资公司体现国家的投资意图。

对国有资本投资公司的建立，《决定》明确提出，支持有条件的国有企业改组为国有资本投资公司，即国有资本投资公司是在对现有国有企业进行改组的基础上建立的。目前，国资委管理的公司有些本身就具有国有资本投资的职能，如国家开发投资公司以及华润集团、中粮集团、中国通用技术集团等。省市国资委管理的国有企业有些也具有国有资本投资的职能，如能源投资公司等。此外，没有纳入国资委管理的一些企业，如不少地方政府部门管理的公路投资公司等，都是具有投资实体经济职能的公司。落实《决定》的要求也有不少问题需要研究：一是要研究具备什么条件的国有企业可以改组为国有资本投资公司；二是要研究目前各种类型的投资公司如何整合；三是国有资本投资公司如何体现国家的战略目标要求；四是一家公司能否兼有国有资本投资功能和国有资本运营功能，国内经常提到的新加坡淡马锡控股公司实际上就是兼有投资和运营双重功能。要抓紧研究这些问题，结合中国实际提出建立国有资本投资公司的方案。

总之，国有资本运营公司和投资公司的建立，既要有利于推进政企分开和政资分开又要有利于实现所有权与经营权分开，既要有利于加强国有资本监管又要有利于国有企业有效经营，既要有利于国有资本合理投放又要有利于国有企业自主决策。

（四）国资委职能和机构的再定位

改革国有资本授权经营体制，必然涉及已经建立并运行10多年的国资委与要建立的国有资本运营公司和投资公司的关系，还涉及要建立的国有资本运营公司和投资公司与已经存在的国有企业的关系等，这些都需要进行研究探索。

从以管国有企业为主转向以管国有资本为主，有必要对各级国资委的职责定位和目前承担的工作事项及现有的国有资产监管法规进行全面梳理和修改。同时，国资委要积极探索如何组建若干国有资本运营公司和投资公司，并研究如何合理调整国资委与国有资本运营公司和投资公司的权限，相应地，国资委现行的机构设置、职责界定、管理权限、运行方式等需要做必要调整。国资委的组建较好地解决了长期存在的国有资产"九龙治水"即多头管理、无人负责的现象，因而，国有资本运营公司和投资公司组建后，也将根据国资委的授权履行直接出资人的职责。同时，享有国有资本运营权力的大型国有企业与所属二级公司之间仍存在如何合理划分经营管理权限的问题，需要进行相应的调整。

改革国有资本授权经营体制还涉及国有资产管理体制的架构问题。国有资产管理体制到底是两层架构还是三层架构，即是国资委—国有企业架构，还是国资委—国有资本运营公司—国有企业架构，这是国有资产管理体制改革和国有企业改革过程中一个长期存在争议的问题。《决定》强调组建若干国有资本运营公司和支持有条件的国有企业改组为国有资本投资公司，不少专家学者理解为是给这个争论画上了一个句号，即明确采用三层架构。从管理学来说，显然，两层架构有利于减少管理层次，提高经营效率，但组建若干国有资本运营公司有利于进一步实现所有权与经营权的分离，有利于国有资本的流转。因此，需要探索的是如何找到一种既有利于减少管理层级又有利于实现所有者职能与经营者职能分开的国有资本运营模式。显然，如果在国有企业与国资委之间普遍设立国有资本运营公司，实际上是多了一个管理层次。国资委组建 10 多年来，积极推进整体上市，即企业母公司通过股份制改革并在资本市场上市，相应地，国资委准备进行直接持有整体上市企业股份的试点。因而从国有资本管理架构来看，实际上走的仍然是两层架构的路子。但带来的"婆婆＋老板"的问题在体制设计上依然没能很好解决。应认真总结国有企业股份制改革包括整体上市的经验，探索既有利于搞活国有企业又有利于加强国有资产监管的国有资产授权经营体制，不宜"一刀切"，更不要叠床加屋。

三　国有资本投资的方向和重点

国有资本投资的方向和重点，事关国有资本的功能定位，事关国有经济的活力、控制力、影响力，事关市场配置资源决定性作用的发挥。因此，我党一直十分重视国有资本投资的方向和重点。

党的十五大强调，"要从战略上调整国有经济布局。对关系国民经济命脉的重要行业和关键领域，国有经济必须占支配地位。在其他领域，可以通过资产重组和结构调整，以加强重点，提高国有资产的整体质量"。党的十五届四中全会提出，"国有经济在关系国民经济命脉的重要行业和关键领域占支配地位，支撑、引导和带动整个社会经济的发展，在实现国家宏观调控目标中发挥重要作用"。党的十六大提出，"发展壮大国有经济，国有经济控制国民经济命脉，对于发挥社会主义制度的优越性，增强我国的经济实力、国防实力和民族凝聚力，具有关键性作用"。党的十六届三中全会强调，"完善国有资本有进有退、合理流动的机制，进一步推动国有资本更多地投向关系国家安全和国民经济命脉的重要行业和关键领域，增强国有经济的控制力。在其他行业和领域的国有企业，通过资产重组和结构调整，在市场公平竞争中优胜劣汰"。党的十七大再次强调，"优化国有经济布局和结构，增强国有经济活力、控制力、影响力"。党的十八大强调，"推动国有资本更多投向关系国家安全和国民经济命脉的重要行业和关键领域，不断增强国有经济活力、控制力、影响力"。党的十八届三中全会进一步强调，"国有资本投资运营要服务于国家战略目标，更多投向关系国家安全、国民经济命脉的重要行业和关键领域，重点提供公共服务、发展重要前瞻性战略性产业、保护生态环境、支持科技进步、保障国家安全"。

从上述中央一系列论述可以看出，第一，调整国有资本投向是增强国有经济活力、控制力、影响力的一个重要措施；第二，党的十五大以来中央多次强调国有资本要投向关系国家安全和国民经济命脉的重要行业和关键领域；第三，从党的十五大到党的十八大并没有明确哪些行业和领域是关系国家安全和国民经济命脉的重要行业和关键领域；第四，党的十八届三中全会强调提出国有资本投资运营要服务于国家战略目标，并明确了国有资本投向的重点，使关系国家安全和国民经济命脉的重要行业和关键领域进一步具体化，也为国有资本的投向进一步指明了方向。

公共服务可以理解为政府或公共部门为满足国家、社会或公众共同需要提供的产品和服务，也可以理解为具有公用性和公益性的产品和服务，公共服务主要包括公共财政、基础教育、公共卫生、社会保障、公用事业等，属于公共产品和服务的有国防、安全、外交等，城镇居民的供水、供气、供电、污物处理、公共交通、道路绿化、道路照明等都具有明显的公共产品和服务的特征，基础教育、基本医疗卫生等也属于公共产品和服务的范畴。提供公共服务是各级政府和公共部门必须履行的一项基础职责，也是社会和公众对国家和政府及公共部门的一个基本要求。但公共产品和服务并非都要由政府包下来，也就是说，政府并不是公共产品和服务的唯一提供者，私营企业也可以参与提供，但由于公共产品和服务具有非排他性的特征，存在着"免费搭车"的问题，即某些人付费提供公共产品和服务，他人则可以免费享受该产品和服务，因此，现实中私营企业很少投资于公共产品和服务领域。为弥补市场机制的"失效"，满足公共的需要，公共产品和服务大都由国家投资的国有企业来提供。

前瞻性产业可以理解为基于对未来发展趋势的预测和判断确定的对经济社会全局和未来发展具有重要影响的产业。战略性新兴产业是以重大技术突破和重大发展需求为基础，对经济社会全局和长远发展具有重大引领带动作用、知识技术密集、物质资源消耗少、成长潜力大、综合效益好的产业。从我国国情和科技、产业基础出发，国务院决定将节能环保、新一代信息技术、生物医药、高端装备制造、新能源、新材料和新能源汽车七个产业作为我国现阶段的战略性新兴产业，并决定集中力量加快推进这些重点领域的发展。前瞻性战略性产业通常具有投资大、风险高的特点，具有较多的不确定性，但同时，又是国家战略安全和综合国力提升必须发展的产业。因此，发展前瞻性战略性产业就成为国有资本投资的方向和重点。

生态环境问题事关一个国家和民族的生存发展，事关人民群众的生活质量和福祉，也事关人类的共同命运和前途。不合理地开发利用自然资源造成生态环境的破坏，工业化、城镇化带来的生态环境恶化，已经引起各国的高度重视。生态环境也具有公共产品和公共服务的特征，因此，保护生态环境应成为国有资本投资的方向和重点之一。

科技是国家强盛之基，创新是民族进步之魂。从某种意义上说，科技实力决定着世界政治经济力量对比的变化，也决定着各国各民族的前途命运。科技创新是我国在未来的全球竞争中取得优势地位的核心因素和关键所在。实现中华民族伟大复兴的目标，必须坚定不移地贯彻科教兴国战略和创新驱动发展战略，坚定不移地走科技强国之路。科技创新也是企业核心竞争力的关键之一，是企业提升综合竞争力的一个法宝。企业是技术创新的主体。支持科技进步既是国家的战略需要，也是国有企业自身的迫切需要，是国有资本需要更多投向的一个重点领域。

国家安全是任何国家首先要考虑和必须要确保的一个重大问题。保障国家安全是国有资本投向必须考虑的一个重点领域。习近平总书记在 2014 年 4 月召开的中央国家安全委员会第一次会议上首次提出了"总体国家安全观"，强调要走出一条中国特色国家安全道路，并明确了 11 种安全，包括政治安全、国土安全、军事安全、经济安全、文化安全、社会安全、科技安全、信息安全、生态安全、资源安全和核安全。国有资本应在保障这些安全方面做出自己的积极贡献。

国有资本要更多投向关系国家安全和国民经济命脉的重要行业和关键领域，这是由国有经济的功能定位决定的，是由国有资本的产权属性决定的。国有资本具有不同于私人资本的投资运营功能，是代表全体人民行使资本的投资经营权，要体现公有制主体地位和国有经济的主导作用，所以国有资本投资运营除同其他资本一样追求资本增值收益外，还必须服务和服从于国家的战略目标。《决定》明确指出的国有资本投向的重点领域都是实现国家战略目标的具体要求，由于这些重点更多地着眼于国家和社会的战略需要，不可能都将利润最大化作为首选目标，因此，将这些领域确定为国有资本的投向和重点领域必然会对国有资本的投资回报率、对国有资产的保值增值带来影响。引导国有资本投向必须处理好国有资本投向与国有资产保值增值的关系。一方面，要准确界定国有资产保值增值的内涵，不能将保值增值简单地理解为追求利润最大化，引导国有资本都投向那些投资回报率高的领域和产业；另一方面，要准确界定不同国有企业的功能，在此基础上进行科学考核，对主要承担这些重点任务的国有资本不能以资本增值作为主要考核指标，而要着重对其在严格控制成本、提高服务质量等方面提出要求。同时，应正确引导社会舆论，既要国有资本投资运营服务于国家战略目标，又要按私人资本衡量国有企业的投资回报，是不符合市场经济要求的，也是不切合实际的。

四　国有资本投资运营与国有经济布局结构调整

国有经济布局和结构是一个涉及多方面内容的概念，包括国有经济在不同所有制组织中的分布，在不同行业、不同区域、不同规模国有企业中的分布，还包括国有经济在企业内部的不同分布等。调整国有经济布局和结构就是根据国有经济在社会主义市场经济中的功能定位，立足于坚持和完善基本经济制度的需要，服务于国家战略目标，对国有经济布局和结构进行调整和优化。国有经济布局和结构调整与国有资本的投资运营之间紧密相关，调整国有经济布局和结构是国有资本投资运营的一个重要目的，国有资本投资运营是调整国有经济布局和结构的一个重要手段，调整国有经济布局和结构需要通过国有资本投资运营来实施和实现，不解决国有资本投资运营问题，国有经济布局和结构调整就不可能很好地完成。

我们党十分重视国有经济布局和结构的调整。党的十五大就提出，"从战略上调整国有经济布局"。党的十五届四中全会进一步指出，"从战略上调整国有经济布局，要同产业结构的优化升级和所有制结构的调整完善结合起来，坚持有进有退，有所为有所不为，提高国有经济的控制力"。党的十六大把国有经济布局和结构调整摆到更加重要的位置，强调，"继续调整国有经济的布局和结构，改革国有资产管理体制，是经济体制改革的重大任务"。党的十六届三中全会强调，"加快调整国有经济布局和结构"。党的十七大再次强调，"优化国有经济布局和结构"。党的十八大强调，"推动国有资本更多投向关系国家安全和国民经济命脉的重要行业和关键领域"。党的十八届三中全会第一次明确提出，"国有资本投资运营要服务于国家战略目标"，并重申，国有资本要更多投向关系国家安全、国民经济命脉的重要行业和关键领域。从这些重要论述可以看出，第一，调整国有经济布局和结构是中央一贯的思想和要求；第二，调整国有经济布局和结构的重点是将国有资本更多投向关系国家安全和国民经济命脉的重要行业和关键领域；第三，调整国有经济布局和结构的一个重要原则是国有资本的有进有退；第四，调整国有经济布局和结构要通过国有资本的投向来完成。

党的十五大强调从战略上调整国有经济布局以来，国有经济布局和结构战略性调整虽然也取得一些进展，但总体上不能适应建立和完善社会主义市场经济体制的要求，突出表现为国有经济的分布在行业方面仍然过宽，在产权结构方面仍然偏于单一，在企业内部仍然不够合理等。分析其原因，重要的一点就在于国有资产管理体制改革滞后，调整国有经济布局和结构的行为主体和责任主体不明确、不到位，没有专门机构对国有经济布局和结构调整进行统筹考虑，具体负责。党的十六大把继续调整国有经济的布局和结构与改革国有资产管理体制确立为经济体制改革的两项重大任务，一个重要原因就在于，继续调整国有经济布局和结构要通过改革国有资产管理体制来推进、来完成，要通过改革国有资产管理体制来明确调整国有经济布局和结构的行为主体和责任主体。

建立专门履行国有资产出资人职责的国有资产管理机构是党的十六大关于改革国有资产管理体制的一项重要内容，也是一个重大举措。各级国资委的组建，使国有资产保值增值有了明确的行为主体和责任主体。根据国务院批复的机构设置方案，承担监督所监管企业国有资产保值增值的责任是国资委的一项重要职责，同时，推动国有经济布局和结构的战略性调整也是国资委的一项重要职责。由于国有资产保值增值完成情况受到各方面的高度关注，压力更大，因此，逐渐成为更为硬性的要求和任务，促使国资委不得不将国有资产保值增值的任务摆在更加突出和更加重要的位置。

从党的十六大以来的实践情况看，被赋予国有资产出资人职责的各级国资委在推进国有经济布局和结构调整方面做了不少工作，取得不小成就，国有经济的行业分布继续收窄，组织结构继续优化：一是国有资本逐步从一般生产加工行业退出，在 39 个工业行业中有 18 个行业的国有企业总产值占比低于 10%，国有资本更多向关系国家安全和国民经济命脉的重要行业和关键领域集中；二是国有企业的改组重组取得了积极进展，进入世界 500 强的国有企业由 2003 年度的 6 家增加到 2014 年度的 82 家，国资委监管的中央企业从 2003 年的 196 家减少到 2013 年的 113 家，国有企业内部的组织结构也得到优化；三是通过实施政策性破产，用了十几年的时间，使 5000 多户长期亏损、资不抵债、扭亏无望的国有大中型困难企业和资源枯竭的矿山平稳有序地退出市场，并妥善安置了职工。

在看到国有经济布局和结构调整取得积极进展的同时，也要看到，这些年围绕"国进民退"的争论持续不断，"与民争利"的批评也经常出现。一方面，对这些观点要客观全面正确地看待，不排除其中的一些是出于自身利益而以此为借口；另一方面，也反映出现有的国有经济布局和结构未能很好地体现国有经济的功能定位，反映出国有资本的投资运营未能很好地体现国家的战略意图。正因为如此，《决定》强调，"国有资本投资运营要服务于国家战略目标，更多投向关系国家安全、国民经济命脉的重要行业和关键领域"。出现这一矛盾现象的原因或许在于，国有资产保值增值与国有经济布局结构调整两者的目标可能不尽相同，追求国有资产保值增值，会导致国有资本更多投向经营效益好、投资回报高、安全性强的行业和领域，进一步偏离国有经济布局和结构调整的重点和目标；调整国有经济布局和结构，则要求国有资本更多地投向关系国家安全和国民经济命脉的重要行业和关键领域，这些行业和领域的经营效益和投资回报不一定高，有些行业和领域还存在相当的风险。如何从制度安排上兼顾和处理好这两个方面的要求，是完善国有资本授权经营体制需要解决的一个问题。

建立履行国有资产出资人职责的国资委，从制度设计上的一个考虑就是要通过明确国有资产保值增值的行为主体和责任主体，推动国有企业改组重组，加快国有经济布局和结构的调整。总结党的十六大以来的国有资产管理体制改革，各级国资委在实现国有资产保值增值方面取得的成就更大一些，在推动国有企业改组重组方面取得的进展也更加明显，相比之下，在调整国有经济的行业分布方面则争议较多，要求国有企业做大做强也招致不少批评，投向前瞻性战略性产业不够也时常引起非议。同时，国有企业之间同业竞争、恶性竞争、重复建设的现象经常为社会诟病，资不抵债又没有发展前景的国有企业迟迟不能退出市场也时常成为专家学者议论的话题。实践说明，各级国资委的角色定位和承担职责难以兼顾国有资产保值增值和国有经济布局结构调整的双重职责，需要在组织机构上有新的安排。《决定》提出，组建若干国有资本运营公司，支持有条件的国有企业改组为国有资本投资公司，应该说，这是解决这一问题的一个重要举措。当然，国有资本投资运营公司如何既实现国有资产保值增值，又推动国有经济布局结构调整，需要在制度设计时统筹考虑，也需要在实践中不断完善。

国有资本的投向和国有经济布局结构的调整都要充分发挥

市场在资源配置中的决定性作用，遵循市场经济规律，尊重企业的市场主体地位。国资委主要是从国有经济布局和结构调整的全局出发，加以必要的组织、协调，以加快调整重组的进度。国有资本投资运营公司作为公司制企业，是国有资本投向和国有经济布局结构调整的实施主体，主要通过市场化的方式运作资本，服务国家的战略目标。国有企业作为市场竞争主体和独立法人，依法享有经营管理权，根据市场和企业发展需要自主决定重大投资决策。

五　健全国有资本经营预算制度

国有资本经营预算是政府以国有资本所有者的身份依法取得经营收入、安排支出的一种专门预算，是对政府在一个财政年度内国有资本收支活动进行价值管理和分配的工具，反映了国有资本所有者与经营者之间的收益分配关系，其实质是探索对国有资本的有效管理。国有资本预算是政府预算的重要组成部分，根据《预算法实施条例》的规定，各级政府预算按照复式预算编制，分为政府公共预算、国有资本经营预算、社会保障预算和其他预算。国有资本经营预算收入的项目包括国有资本经营收入、国有资产出售收入、公共财政预算转入收入、政府性基金收入和其他收入。国有资本经营预算支出的项目包括投资性支出、各项补贴支出和其他支出。国有资本经营预算的编制应遵循收支平衡、量入为出、分级编制、保值增值的原则。国有资本经营预算是建立国有资本经营预算制度的基础。

（一）完善国有资本经营预算制度的意义

国有资本经营预算制度是国家对取得的国有资本收入及其支出实行预算管理的一项制度。完善国有资本经营预算制度，对坚持和完善基本经济制度、健全和完善公共财政体系、深化国有资产管理体制改革、推进国有经济布局和结构调整、调节社会收入分配、完善社会保障制度等都具有积极意义。

一是有利于基本经济制度的坚持和完善。促进政府职能转变，实现政企分开和政资分开，这些都关系到基本经济制度的坚持和完善。建立国有资本经营预算制度，集中管理国有资本运营和国有资本收益，有助于从预算制度方面，将国家作为国有资本所有者所拥有的资本权力与作为社会管理者所拥有的行政权力相分离，促进政府职能转换与政企分开。党的十四届三中全会在论述推进政府职能转变和政企分开时就提出，"建立政府公共预算和国有资产经营预算，并可以根据需要建立社会保障预算和其他预算。"党的十七大在论述完善基本经济制度时强调，"加快建设国有资本经营预算制度。"党的十八届三中全会在论述积极发展混合所有制经济时强调，"完善国有资本经营预算制度"。由此可见，中央在论述建立国有资本经营预算制度时往往着眼于基本经济制度的坚持和完善。

二是有利于国有资产管理体制改革的深化。如果将国有资本看作国有资产的资本化，那么，国有资产经营预算制度也可以看作国有资产管理体制的一个组成部分。正因为如此，党的十六届三中全会在论述建立健全国有资产管理和监督体制时强调，"建立国有资本经营预算制度和企业经营业绩考核体系"。

同时，建立和完善国有资本经营预算制度，也有利于建立和完善国有资本出资人制度，有利于维护国有资本所有者的权益。

三是有利于公共财政体系的健全和完善。国有资本经营预算制度是国家财政体制的一个重要组成部分。长期以来，我国对国有资本经营收支没有单独编列预算和管理，而是与经常性预算收支混在一起，推进以建立公共财政体系为目标的财政体制改革，必须建立起独立于公共预算之外的国有资本预算，全面掌握经营性国有资本的收入和支出。全面正确履行政府职能，加强政府对各类公共服务的提供，要求完善国有资本经营预算制度，使国有资本经营预算更好地纳入国家预算管理。

四是有利于国有经济布局和结构的调整和优化。国有经济布局和结构的调整，单靠国有企业的投资难以完成，作为国有资本最终所有者的国家可以借助于国有资本经营预算收入和支出的安排来推动国有经济布局和结构的调整，使国有资本更好地服务于国家战略目标。同时，通过国有资本经营预算，国家可以获得部分国有资本再投资的资金来源，以确保国有资本再投资有计划地进行，为国有经济布局和结构的调整提供更多资金保障。

五是有利于社会收入的调节和再分配。国有企业员工特别是高管人员的收入水平长期以来是我国社会的一个热点问题，其中，社会议论较多的一点就是部分国有企业凭借国家赋予的优势地位获取高额利润，享受高额报酬。在这种情况下，将一部分国有资本上缴公共财政，用于保障和改善民生，实际上起到了收入再分配的调节作用，有利于社会收入更趋合理。

六是有利于社会保障制度的建立和完善。社会保障制度是国家的一项基本经济和社会制度，建立和完善社会保障制度对解除人民群众的后顾之忧，维持社会稳定，具有重要意义。在我国人口老龄化和城镇化进程加快的新形势下，在解决社会保障制度公平性的同时，必须更加注重解决社会保障的可持续问题。增加财政对社会保障的投入是提高社会保障可持续性的重要措施。国有资本收益的一部分可以上缴公共财政，充实社会保障基金，有利于更好地发挥公共财政在民生保障中的作用。

（二）国有资本预算制度建设的进展和完善方向

2003 年 10 月党的十六届三中全会提出"建立国有资本经营预算制度"后，国务院有关部委对建立国有资本经营预算制度相关问题开始进行研究，由于在国有资本收益上缴的比例、国有资本收入支出管理的权限划分等问题上没有取得统一认识，国有资本经营预算制度迟迟没有正式建立起来。2007年 10 月党的十七大强调"加快建设国有资本经营预算制度"后，建立国有资本经营预算制度的步伐开始提速，并取得了积极进展。

一是制定和下发了关于国有资本经营预算制度的一系列法规和文件。2007 年 9 月国务院发布《关于试行国有资本经营预算的意见》，明确了国有资本收益的范围和上缴比例；2007年 12 月财政部和国资委联合印发了《中央企业国有资本收益收取管理暂行办法》，同时明确地方国有企业由地方国资委决定上缴制度；2009 年 9 月国资委下发《中央企业国有资本经营预算管理暂行办法》和《中央企业国有资本经营预算执行监督检查暂行规定》，明确了国有资本经营预算制度的若干实施细则；2010 年 5 月，财政部下发《关于推动地方开展试编国有资本经营预算工作的意见》，此后，绝大多数地方政府出台了实施国有资本经营预算的意见或办法。这一系列法规和文件的制定和出台，为我国国有资本经营预算制度的建立提供了规范和准则。

二是国有资本经营预算制度已经建立并逐步完善。2007 年 9 月国务院《关于试行国有资本经营预算的意见》的发布，标志着国有资本经营预算制度正式建立，在试行一段时间后又进行了调整。目前，中央政府层面的国有资本预算已运行数年，并且覆盖范围不断扩大，多数省（区、市）每年都编制国有资本经营预算，部分地市级政府也开始编制国有资本经营预算。2014 年中央国有资本经营预算编制范围包括国资委监管的企业以及教育部、工业和信息化部、农业部、卫生和计划生育委员会、新闻出版广电总局、体育总局、中国国际贸易促进委员会、民航局、中央文化企业国有资产监督管理领导小组办公室履行出资人职责的中央文化企业等，涉及一级企业共计 799 户。

三是国有资本收益上缴比例逐步提高。2007 年财政部和国资委发文，明确规定国有企业根据所处的不同行业分三类上缴国有资本收益。其中，第一类为烟草、石油石化、电力、电信、煤炭等具有资源型特征的企业，上缴比例为 10%；第二类为钢铁、运输、电子、贸易、施工等一般竞争性企业，上缴比例为 5%；第三类为军工企业和转制科研院所企业，暂缓三年上缴。经过 3 年试运行，2010 年国务院决定，适当提高中央企业国有资本收益收取比例。其中，烟草类中央企业上缴比例最高为20%，资源类中央企业收取比例从10%提高到15%，一般竞争类中央企业收取比例由5%提高到10%，军工科研类中央企业收取比例为5%。2014年4月，国务院决定再次提高国有资本收益上缴比例5个百分点。其中，烟草类中央企业上缴比例从20%提高到25%，资源类中央企业从15%提高到20%，一般竞争类中央企业从10%提高到15%，军工科研类中央企业从5%提高到10%。

四是为深化国有企业改革及国有经济布局和结构调整提供了资金支持。据财政部的数据，从2009年到2013年国有资本收入共上缴3352.82亿元，这些上缴资金的一部分用于处理国有企业的历史遗留问题，包括资本金不足的问题，一部分用于补偿国有企业因政策性原因严重亏损的问题，还有一部分用于支持国有企业的改革重组。同时，还用于支持战略性新兴产业和重大技术创新，如中国商用飞机有限责任公司的部分资本金就来自国有资本上缴的收益。

五是为改善民生提供了部分资金。这些年，国有资本收益上缴公共财政的数额逐年增加，2010年调入公共财政的国有资本收益是10亿元，2011年提高到40亿元，2012年提高到50亿元，2013年又提高到84.29亿元，2014年预算进一步提高到194.42亿元。这些资金虽然数额不算很多，但为改善民生也发挥了积极作用。

总的来看，中央和地方在探索建立国有资本经营预算制度过程中，取得了一些经验和进展，但也存在一些有待研究解决的问题，主要表现在预算编报主体、收益收缴范围、收缴比例、收益的分配及使用和监督等方面。一是国有资本经营预算管理相关主体之间的关系。国有资本经营预算管理涉及相关部门的职责权限，这些部门之间的分工和协调关系需要进一步理顺。二是国有资本经营预算的范围。虽然国有资本经营预算收支范围不断扩大，但金融企业和一些部门所属国有企业未全部纳入国有资本经营预算收支范围。三是国有资本收益上缴的比例。虽然国有资本收益上缴比例分为四类，但总的来看仍属于"分类一刀切"的方式，各地对本地国有企业的国有资本上缴方式和比例则各不相同。四是国有资本收益的分配。《企业国有资产法》规定国有资本经营预算支出包括资本性支出、费用性支出和其他支出，必要时可部分用于社会保障等支出。也就是说，该法律支持将国有资本经营预算收入主要用于国有资本经营范围内使用，只有在必要时才对社会保障预算缺口进行调剂，而对是否能用于公共预算缺口的调剂并未做出规定。五是国有资本收益的使用重点。目前，国有资本收益的使用重点主要集中在国有企业内部，被一些专家学者称为国有资本收益使用的"体内循环"。六是预算的执行和监管。如何对国有资本经营预算的执行情况进行有效监管，也是相关部门必须面对的一个问题。全面深化改革，需要进一步解决这些问题。

针对国有资本经营预算制度实践中存在的这些问题，下一步完善国有资本预算制度的努力方向和重点应是，第一，进一步确立国有资本经营预算编制的主体，明确编制的层次和审批程序；第二，扩大国有资本经营预算收支的覆盖范围，合理确定国有资本收益上缴的对象；第三，提高国有资本收益上缴公共财政的比例，在准确界定不同国有企业功能的基础上细化各类国有企业的上缴比例；第四，推动地方政府加快推进国有资本经营预算工作，做好汇总编制全国国有资本经营预算准备工作；第五，调整国有资本经营预算的支出结构，国有资本收益的使用更多地向社会保障、医疗卫生、教育就业等民生领域倾斜；第六，构建完整的国有资本预算体系，除了经营性国有资本外，在条件成熟时，还可以考虑将行政事业性国有资产和资源性国有资产纳入国有资本预算范围。

（三）逐步提高国有资本收益上缴比例

国有企业属于全民所有，被称作"国企红利"的国有资本收益应当由全民共享，这体现了国有资本"取之于民、用之于民"的本质要求，是国有企业应当承担的义务和责任，也是世界许多经济体普遍采用的办法，可以说是国际惯例。逐步提高国有资本收益上缴公共财政比例，是深化国有企业改革的要求，也是国有企业经营状况明显好转的结果。《决定》提出，"划转部分国有资本充实社会保障基金。完善国有资本经营预算制度，提高国有资本收益上缴公共财政比例。2020年提到百分之三十，更多用于保障和改善民生"。《决定》的这一要求，既明确了国有资本上缴公共财政的比例，也指明了完善国有资本收益上缴使用办法的方向，进一步体现了中央关于改革成果更多让社会分享的决心。

为落实《决定》的要求，财政部发文，决定提高中央企业国有资本收益收取比例，国有资本上缴比例在现有基础上提高5个百分点。目前，中央企业国有资本收益共分五类，第一类是烟草总公司，为25%；第二类是资源型企业，包括石油、石化、电力、电信、煤炭等企业，为20%；第三类是一般竞争性企业，包括钢铁、运输、电子、贸易、施工等企业，为 15%；第四类是军工企业和转制的科研院所，为 10%；第五类是承担国家保障任务的中储粮、中储棉以及符合小型微型企业规范标准、应交利润不足 10 万元的国有独资企业，暂时不上缴国有资本收益。据财政部编制的 2014 年中央国有资本经营预算，2014 年中央国有资本经营收入预算数为 1426 亿元，比 2013 年实际征收的 1058.43 增加 34.7%。其中，调入公共财政预算用于社会保障等民生支出 184 亿元，国有股减持收入补充社保基金支出 10.42 亿元，比 2013 年的 84.29 亿元增加 110.13 亿元。应该说，这样的增幅是不算小的。

对国有资本收益上缴公共财政的比例，国内的认识长期不一致，虽然《决定》明确提出到 2020 年提高到 30%，但一些专家学者则认为，将国有资本收益上缴比例提高到 30% 仍然偏低，主张更大幅度地提高国有资本收益上缴比例。不少国有企业负责人和企业专家则担心国有资本收益上缴比例过高，会影响国有企业的市场竞争力和持续发展能力。对此，应历史和全面地看待。

一是国家作为国有资本的最终出资人要求国有资本收益部分上缴，这是其应该享有的权利。20 世纪 90 年代，国有企业半数亏损，当时国家规定国有企业利润不上缴。进入 21 世纪以来，随着国有企业经营状况明显改善，国有企业实现利润总额大幅度增加，2006 年突破 1 万亿元，2013 年达 2.41 万亿元，其中中央企业利润总额 1.3 万亿元。在这种情况下，正式启动并逐年提高国有资本收益上缴比例，应该说已经考虑了国有企业的发展状况。

二是社会各界对国有资本上缴比例普遍存在意见。2007年国有资本收益上缴比例确定以来，虽然进行过调整，但社会各方面仍然不满意，普遍要求提高国有资本收益的上缴比例，《决定》规定提高到30%，应该说，也反映了多方面的意见和要求。

三是提高的比例研究借鉴了国际上的一些做法和经验。据财政部有关专家介绍，《决定》做出到2020年将国有资本收益上缴比例提高到30%，是根据我国国有企业的经营状况、参考了2000年到2008年16个发达经济体中49家有分红数据的国有企业数据的平均上缴比例测算出来的，应该说，是符合实际要求的。

四是提高国有资本收益上缴比例是一个逐步增加的过程。《决定》提出到2020年国有资本收益上缴比例提高到30%，已经考虑到国有企业改革和发展的需要，留出了一定的时间，国有企业应该抓住这段时间进一步提高自身的竞争能力和盈利能力。

五是国有资本收益应由全民共享这条原则需要得到更好贯彻。从近几年国有资本经营预算的支出情况看，自2008年中央企业国有资本收益正式上缴公共财政以来，收益上缴的部分主要返还给中央企业。据国资委的数据，2011～2013年，国资委管理的113家企业，国有资本收益累计上缴财政2060亿元，三年间扣除划转公共预算和充实社保基金后，累计向中央企业转移支出1889亿元，占上缴国有资本收益总额的91.7%。据财政部向十二届全国人大常委会报告的数据，2013年纳入中央国有资本经营预算范围的813户中央管理企业合计上缴国有资本经营收益 1058.43 亿元，加上 2012 年结转收入 71.95 亿元，2013 年国有资本收益总量为 1130.38 亿元，当年中央国有资本经营预算支出 978.19 亿元，除国有股减持收入补充社保基金支出 19.29 亿元外，其余全部用于对中央企业的转移支出，占当年经营预算支出的 98.02%。为了使国有资本收益上缴的资金能够真正让全民共享，《决定》提出，提高国有资本收益上缴公共财政比例，更多用于保障和改善民生，这体现了各级政府加强各类公共服务提供的要求。

六是国有资本收益上缴比例和使用方向要综合考虑国有企业的持续竞争能力和未来发展需要。2013 年中央企业国有资本经营预算的决算数据公布后，有媒体以"去年国企收入超千亿，65 亿用于民生"为题进行报道，并评论说这证明"国企取自广大人民，用于少数人民"。还有媒体以"国企利润惠及全民何时不再象征性"为题进行报道，并评论国企上缴红利绝大部分还是"取之于国企，用之于国企"。如果单从国有资本收益的支出比例来看，大部分确实转移给了中央企业，但要看到，一方面，近年来，国有资本收益支出用于民生的比例增加较快，2012 年增幅为 25%，2013 年为 30%，2014 年预算数为 130.7%；另一方面，国有资本收益作为净利润的分配和使用，对国有企业的竞争能力和持续发展能力会产生一定影响。目前，国有企业的历史遗留问题仍然不少，国有经济布局和结构调整的任务仍然繁重，转型升级的压力十分沉重。同时，近年来，国有企业总体投资回报呈下降走势，盈利能力逐步走低，开拓国际面临不少挑战，所有这些，都需要国有企业掌握大量的自有资金，过多依赖企业外部融资，将会大幅增加企业的财务费用和加大企业的财务负担，制约企业的竞争能力和持续发展能力。

　　总之，完善国有资本经营预算制度，既需要处理好国有资本经营预算与公共财政预算的关系，又需要处理好国有资本收益上缴与国有企业持续发展的关系，既要保障深化国有企业改革的需要，又要使国有资本收益更多地为全体人民享用。

七论深化国有企业改革

核心论点：实现公有制与市场经济的有效结合，主要是探索公有制的有效实现形式；探索公有制的有效实现形式，主要是探索国有制的有效实现形式，使国有企业的体制机制适应市场竞争的要求。国有企业总体上已经同市场经济相融合，但还不能很好地适应市场化、国际化的新形势，必须进一步深化改革。

提示：第七论的重点是回答，深化国有企业改革与坚持和完善基本经济制度之间存在什么关系？为什么要按照市场取向推进国有企业改革？国有企业改革是不是要搞私有化？国有企业能否通过深化改革和制度创新形成活力和竞争力？

一　坚持和完善基本经济制度的重大任务

二　国有企业总体上已经同市场经济相融合

三　按市场化、国际化要求深化国有企业改革

四　深化国有企业改革的重点

五　深化国有企业改革的主要任务

改革开放以来相当长一段时间，国有企业改革一直都处于

整个经济体制改革的中心环节，受到国内外的广泛关注。全面深化改革之时，国有企业改革仍然是整个经济体制改革的重要内容，被普遍视为改革重点，也被普遍寄予改革期待。《决定》围绕推动国有企业完善现代企业制度强调，"国有企业总体上已经同市场经济相融合，必须适应市场化、国际化新形势，以规范经营决策、资产保值增值、公平参与竞争、提高企业效率、增强企业活力、承担社会责任为重点，进一步深化国有企业改革"。我们要认真领会和贯彻落实《决定》的精神和要求，按照社会主义市场经济的方向深化国有企业改革。

一　坚持和完善基本经济制度的重大任务

企业是市场经济的微观基础和竞争主体，是创造社会财富和提升综合实力的主要力量。国有企业是指资本全部或主要由国家投入、依法设立、从事生产经营活动的经济组织。国有企业属于全民所有，是推进国家现代化、保障人民共同利益的重要力量。

（一）我国经济体制改革的中心环节

新中国成立以后，通过收购和公私合营等方式将民族资本基本收归国有。同时，为了尽快建立门类比较齐全、产业比较完整的国民经济体系，国家投资建立了大批国有企业，为社会主义制度在我国的建立奠定了经济基础。改革开放以来，为了加快工业化进程，国家又投资建立了一批国有企业。适应建立和完善社会主义市场经济体制的需要，国有企业数量在减少，但在关系国家安全和国民经济命脉的重要行业和关键领域仍处于支配地位。国有企业是全面建成小康社会的重要力量，是中国特色社会主义的重要支柱，是中国共产党执政的重要基础。

改革开放以来，随着我国经济体制全面改革不断推进，在计划经济体制下形成的国有企业体制机制与逐步形成的市场经济体制和市场竞争的要求日益不相适应。建立社会主义市场经济体制必须改革原有与计划经济体制相适应的国有企业，使国有企业的管理体制和经营机制与社会主义市场经济体制相适应，重新构建社会主义市场经济体制的微观基础。国有企业改革对我国经济体制改革、对中国特色社会主义建设具有极为重要的意义和影响。

正因为国有企业在我国经济和社会中具有极为重要的地位和作用，国有企业能不能持续健康发展直接关系到国计民生和国家战略安全，国有企业体制机制能否适应改革开放的进程关系到社会主义市场经济微观基础的构建。所以，国有企业改革就成为我们党重要而艰巨的任务。我国改革开放序幕拉开不久，中央就提出了改革国有企业的思想和要求，1982 年 9 月召开的党的十二大在充分肯定农村建立多种形式的生产责任制并取得明显成效的同时强调，"对一部分国营企业实行盈亏责任制"，并提出"应当采取积极的态度，认真总结经验，寻找和创造出一套适合工商企业特点的、既能保证国家统一领导又能发挥企业和职工积极性的具体制度和办法"。

我国的改革由农村开始起步，但与我国新民主主义革命不同，我国的改革由农村改革起步后数年即转入以城市为重点的全面经济体制改革，国有企业作为我国工业化的基础和国民经济的支柱，通过改革全面搞活也就作为一项重要使命提上了议事日程，并成为整个经济体制改革的中心环节。1984 年 10 月召开的党的十二届三中全会通过的《中共中央关于经济体制改革的决定》强调，"增强国有大中型企业的活力是经济体制改革的中心环节"。党的十三大进一步强调，"当前深化改革的任务主要是：围绕转变企业经营机制这个中心环节，分阶段地进行计划、投资、物资、财政、金融、外贸等方面的配套改革"。党的十四大再次强调："转换国有企业特别是大中型企业的经营机制，把企业推向市场，增强它们的活力，提高它们的素质。这是建立社会主义市场经济体制的中心环节，是巩固社会主义制度和发挥社会主义优越性的关键所在。"此后在相当长一段时间内，国有企业改革都是我国整个经济体制改革的中心环节。党的十三大后中央做出了《关于搞活国营大中型企业的决定》。党的十五届四中全会专门研究国有企业问题，做出了《关于国有企业改革和发展若干问题的决定》。所有这些，既反映了国有企业改革具有长期性和复杂性的明显特征，也表明了国有企业改革的重大意义和历史地位。

（二）坚持和完善基本经济制度的微观经济基础

国有企业与基本经济制度紧密相连。坚持和完善基本经济制度，要求深化国有企业改革。因为国有企业能否形成与市场经济体制相适应的体制和机制，能否通过改革创新增强活力和竞争力，不仅关系到自身的生存和发展，而且关系到基本经济制度的坚持和完善。

一是坚持和完善基本经济制度要求增强国有经济的控制力和影响力，这就要求在推进国有企业成为独立法人和市场竞争主体方面更进一步，做到这一点就必须进一步深化国有企业改革，真正做到政企分开、政资分开。

二是坚持和完善基本经济制度要求国有经济增强活力和竞争力，这就要求国有企业在转换经营机制方面更进一步，做到这一点就必须深化国有企业内部管理人员能上能下、员工能进能出、收入能增能减的制度改革。

三是坚持和完善基本经济制度要求国有企业规范经营决策，这就要求国有企业在完善现代企业制度方面更进一步，做到这一点就必须推动国有企业继续健全协调运转、有效制衡的公司法人治理结构。

四是坚持和完善基本经济制度要求国有企业公平参与竞争，这就要求在深化垄断行业改革方面更进一步，同时，必须在减轻国有企业负担方面取得新的进展，使国有企业能够轻装上阵，平等参与市场竞争。

五是坚持和完善基本经济制度要求国有资产保值增值，这就要求国有企业在提高效率方面更进一步，做到这一点必须建立长效激励约束机制，强化国有企业经营投资责任等。

六是坚持和完善基本经济制度要求国有企业有效遏制腐败，这就要求在廉洁从业的机制建设上更进一步，着力打造"阳光国企"，提高信息透明度，探索推进国有企业财务预算等重大信息公开等。

总之，坚持和完善基本经济制度，必须深化国有企业改革，使国有企业能够更好地适应发展社会主义市场经济体制的要求，使国有企业能够更好地为全体人民创造更多财富，提供更多服务。

（三）着眼于基本经济制度的国有企业改革

虽然我们党从改革开放起步阶段就提出了改革国有企业的思想和要求，但到党的十五大召开之前，国有企业改革更多地着眼于适应经济体制改革的需要。党的十五大将公有制为主体、多种所有制经济共同发展确立为我国的基本经济制度，从此，国有企业改革更多地着眼于坚持和完善基本经济制度的需要。

党的十五大在论述基本经济制度必要性、重要性时提出，"加快推进国有企业改革。国有企业是我国国民经济的支柱。搞好国有企业改革，对建立社会主义市场经济体制和巩固社会主义制度，具有极为重要的意义"，并强调"加快推进国有企业改革"。党的十六大在强调坚持和完善基本经济制度时提出，"国有企业是我国国民经济的支柱。要深化国有企业改革，进一步探索公有制特别是国有制的多种有效实现形式，大力推进企业的体制、技术和管理创新。除极少数必须由国家独资经营的企业外，积极推行股份制，发展混合所有制经济。实行投资主体多元化，重要的企业由国家控股。按照现代企业制度的要求，国有大中型企业继续实行规范的公司制改革，完善法人治理结构"。党的十六届三中全会提出，"要坚持公有制的主体地位，发挥国有经济的主导作用，积极推行公有制的多种有效实现形式，加快调整国有经济布局和结构。要适应经济市场化不断发展的趋势，进一步增强公有制经济的活力，大力发展国有资本、集体资本和非公有资本等参股的混合所有制经济，实现投资主体多元化，使股份制成为公有制的主要实现形式。"党的十七大提出，"坚持和完善公有制为主体、多种所有制经济共同发展的基本经济制度，毫不动摇地巩固和发展公有制经济，毫不动摇地鼓励、支持、引导非公有制经济发展，坚持平等保护物权，形成各种所有制经济平等竞争、相互促进新格局。深化国有企业公司制股份制改革，健全现代企业制度，优化国有经济布局和结构，增强国有经济活力、控制力、影响力。"党的十八大强调，"要毫不动摇地巩固和发展公有制经济，推行公有制多种实现形式，深化国有企业改革，完善各类国有资产管理体制，推动国有资本更多投向关系国家安全和国民经济命脉的重要行业和关键领域，不断增强国有经济活力、控制力、影响力。"党的十八届三中全会从坚持和完善基本经济制度的要求出发，再次强调推动国有企业完善现代企业制度。

从上述重要论述可以看出，第一，党的十五大以来，中央历次代表大会及党的十六届三中全会和党的十八届三中全会在论述国有企业改革时，都是着眼于坚持和完善基本经济制度；第二，中央将坚持和完善基本经济制度定位为深化国有企业改革的立足点和落脚点，这一思想是一以贯之的，并在实践中不断丰富和发展；第三，着眼于坚持和完善基本经济制度深化国有企业改革，主要是探索公有制特别是国有制的有效实现形式，实现各种所有制经济的共同发展。中央的这些思想需要我们在深化国有企业改革时认真领会和更好把握。

二 国有企业总体上已经同市场经济相融合

改革开放以来，特别是党的十二届三中全会将国有企业改革确立为整个经济体制改革的中心环节以来，国有企业改革不断推进，进行了一系列探索，走过了漫长艰难的历程，大体经历了四个阶段。

第一阶段，从 1978 年改革开放起步到 1993 年 11 月党的十四届三中全会召开，大约 15 年的时间。这一阶段国有企业改革采取的措施主要是"放权""扩权""减税""让利"等，试图通过扩大企业自主权和改变分配方式调动国有企业经营者和职工的积极性；之后，采取了"承包经营责任制"等措施，试图通过改变企业经营方式把国有企业引入市场，搞活国有企业。

第二阶段，从党的十四届三中全会以后到 2002 年 11 月党的十六大召开，大约 10 年的时间。党的十四届三中全会将建立现代企业制度确立为我国国有企业改革的方向，标志着国有企业改革进入注重制度创新的新阶段。在此期间，通过改革政府机构、转变政府职能、推进政企分开、实施"抓大放小"、分离企业办社会职能、进行建立现代企业制度试点、转换企业经营机制、加快困难企业退出市场等一系列措施，着力解决国有企业走向市场后暴露出来的结构不合理、机制不适应、社会负担重、历史包袱多、企业冗员严重等问题。

第三阶段，从党的十六大召开到 2013 年 11 月党的十八届三中全会召开之前，大约也是 10 的时间。党的十六大以后，代表国家履行出资人职责的各级国资委相继设立，标志着国有企业改革进入一个新的阶段，即国有资产出资人指导推进国有企业改革的阶段。这一阶段国有经济布局和结构继续优化，股份制改革特别是整体上市步伐加快，现代企业制度建设继续推进，国有企业发展活力不断增强，国有企业改革和发展取得新的成效。

第四阶段，党的十八届三中全会以后。《决定》围绕坚持和完善基本经济制度强调，要积极发展混合所有制经济，改革国有资本授权经营体制，推动国有企业完善现代企业制度，准确界定不同国有企业功能等。这一系列论述和部署推动了新一轮国有企业改革的开始，也标志着国有企业改革进入一个新的阶段。

经过多年的努力，我国国有企业的管理体制和经营机制发生了深刻变化，在衡量国有企业改革的成效，即政府与国有企业的关系、企业资本组织形式、公司法人治理结构和内部三项制度改革四个方面，都取得了重大进展和显著成效。

一是政企分开迈出了实质性步伐，政府公共管理职能与出资人职能初步分离。国家财政预算不再安排用于补充国有企业资本金性质的支出，不再安排资金弥补企业的经营性亏损，银行也不再为困难国有企业输血。国有企业以全部法人财产对外承担责任，成为市场竞争中的独立法人实体。各级国资委的组建，在政府机构设置上实现了公共管理职能和出资人职能的分离。对国有企业监管方式不断完善，建立和完善业绩考核、重大责任追究等机制，根据经营管理绩效、风险和责任确定企业负责人薪酬，使国有资产经营责任得到层层落实。

二是公司制股份制改革加快推进，投资主体多元化已成为普遍形态。目前，全国 90% 以上的国有企业完成了公司制股份制改革，中央企业的改制面已由 2003 年的 30.4% 提高到 2011 年的 72%。一大批大型国有企业先后在境内外资本市场上市，截至 2012 年底，国有企业及其子公司控股的上市公司达 1059 家。其中，中央企业及其子企业控股的上市公司 378 家，地方国有企业控股的上市公司 681 户。中央企业 80% 的资产已进入上市公司，已有 39 家中央企业实现了整体上市或主营业务资产整体上市，还有一批中央企业的母公司将成为上市公司，越来越多的中央企业正在加速成为多元投资的公众公司。

三是现代企业制度建设迈出重大步伐，公司治理发生深刻变化。与公司制股份制改革相适应，多数国有企业建立了股东会、董事会、经理层和监事会等机构，各负其责、协调运转、相互制衡的机制正在形成，国有企业的治理逐步完善。在部分地方国有企业和 60 家中央企业进行建立规范董事会的试点，试点企业引入了独立董事制度，外部董事占董事会成员半数以上，有四家试行了由外部董事担任董事长，董事会下普遍设立战略、审计、提名和薪酬等专门委员会，专门委员会的主任委员普遍由外部董事担任。从试点情况看，这种制度安排避免了董事与经理人员的高度重合，实现决策权与执行权的分权制衡。试点企业决策的科学性进一步提高，风险防范能力进一步增强，也促进了经营管理水平的提高。

四是劳动、人事、分配三项制度改革继续深化，企业经营机制发生深刻变化。近些年来，国有企业普遍实行全员劳动合同制、员工竞争上岗和以岗位工资为主的基本工资制度，初步建立起管理者能上能下、职工能进能出、工资收入能高能低的新机制，积极探索党管干部与市场化选聘企业高层管理者相结合的有效方式。中央企业有 141 个高管职位在全球公开招聘，累计选聘各级经营管理人员 60 万人。中央企业市场化方式选用的各级经营管理人才约占 30%，一批中央企业建立了比较完善有效的面向社会公开招聘和全体员工竞争上岗、量化考核、收入分配与业绩挂钩的机制，调动了员工的积极性和创造性。

国有企业改革的不断深化，现代企业制度的逐步建立，为国有企业的持续发展提供了动力，注入了活力，国有企业的市场竞争能力和综合竞争实力明显增强，初步走出一条中国特色的国有企业改革和发展道路。2002~2014 年，进入世界 500 强的国务院国资委监管的中央企业从 6 家增加到 47 家，增加了 41 家。2003~2012 年全国国有企业净资产收益率（不含少数股东权益）从 3.2% 提高到 5.4%，增加了 2.2 个百分点；中央企业净资产收益率从 5% 提高到 7.6%，增加了 2.6 个百分点。国有企业特别是中央企业市场竞争能力和抗御风险能力的明显增强，为抵御国际金融危机和参与国际市场竞争提供了雄厚实力和坚实基础，也为我国经济和社会的持续较快发展做出了重要贡献。

可以说，经过多年的改革，国有企业已经发生了质的变化，今天的国有企业已不再是传统意义上的政企不分、政资不分、国有国营依附于政府的经济单位，而已成为中国特色社会主义市场经济中的独立法人和竞争主体。《决定》指出，国有企业总体上已经同市场经济相融合。应该说，这是符合实际的正确判断和结论。

对我国国有企业进行的改革探索和对我国国有企业发生的变化，以及对我国国有企业发展取得的成就，国际上比较关注，也比较认可。这几年，不少国际政界、商界重要人士到中国访问，在了解我国国有企业改革的进展后都认为，国有企业改革是一个世界性难题，中国找到了解决这一难题的较好办法。这几年中国国有企业发生了翻天覆地的变化，中央企业所取得的成就给他们留下了深刻印象，通过改革重组及规范公司治理结构，国有企业的运行效率得以大幅提高。2008年著名的国际管理咨询公司麦肯锡在《麦肯锡季刊》上连续发布针对中国国有企业的最新评估报告和文章，在"对中国国企重新评估"的报告中，麦肯锡认为，与中国的私营企业相比，中国的国有企业特别是中央企业能够成为全球跨国企业更好的合作伙伴。麦肯锡上海公司资深董事认为，中国的国有企业与私营企业的界限已经变得相当模糊，中国的国有企业比私营企业更加开放，这是评判中国国有企业与私营企业的一种更好的方法。

对国有企业改革和发展取得的成就，对国有企业市场竞争能力的提升，国内外也存在不同声音。有观点认为党的十六大以来的十多年间国有企业改革进展不大，更有观点认为总体上处于停滞状态，还有观点把国有企业发展取得的成就归结为国有企业不公平竞争，而国外一些观点则把我国国有企业竞争力的提高归结为"国家资本主义"，即国家对国有企业的支持，以至美国和欧盟正在考虑制定"竞争中立政策"。这些观点反映出，如何评价我国国有企业的改革成就，不仅国内关注，而且国外也在关注；不仅关系到国有企业是否公平竞争的问题，而且涉及国有企业改革的方向和路径选择等重大问题，这已经远远超出了单纯评价国有企业改革成就的范围。《决定》强调，"国有企业总体上已经同市场经济相融合"，这既是对国有企业改革成就的充分肯定，又是对这些观点和不同声音的结论性回答。

当然，在充分肯定国有企业改革取得的成就的同时也要看到，不少国有企业包括中央企业还没有建立现代企业制度，公司治理结构还不完善，经营机制还不适应社会主义市场经济发展的要求，深化国有企业改革仍然是完善社会主义市场经济体制的一项重大任务。正因为如此，《决定》强调，适应市场化、国际化新形势，必须进一步深化国有企业改革。

综上所述，我们既要看到国有企业改革取得的重要进展，看到国有企业管理体制和经营体制发生的深刻变化，不能用老眼光看待今天的国有企业，不能抱着老观念看待国有企业竞争力的提高，对无中生有、编造事实等恶意"抹黑"或"妖魔化"国有企业的观点则要保持警惕；同时又要看到继续深化国有企业改革的重要性和必要性，看到深化国有企业改革的任务还很繁重，不能使改革停滞不前，更不能倒退回潮，必须坚定不移地按照完善社会主义市场经济体制的要求，继续深化国有企业改革。

三 按市场化、国际化要求深化国有企业改革

《决定》在肯定国有企业总体上已经与市场经济相融合的

同时明确提出，要适应市场化、国际化新形势，进一步深化国有企业改革。《决定》的这一要求为深化国有企业改革指明了方向。

（一）推进国有企业的市场化改革

计划经济体制与市场经济体制是两种完全不同的资源配置方式。在计划经济体制下，生产什么、如何生产、为谁生产等问题主要由政府决定；在市场经济体制下，生产什么、如何生产、为谁生产等问题主要是由市场机制来调节。因此，计划经济体制与市场经济体制作为两种完全不同的资源配置方式，对其微观经济基础的要求也有着本质不同。从体制和机制来看，计划经济体制与市场经济体制对国有企业的不同要求，至少体现在七个方面。

一是政府与国有企业的关系不同。计划经济体制下，政企不分，所有权与经营权不分，政府直接干预企业的生产经营活动，国有企业实际上成了各级政府的行政附属机构；市场经济体制下，竞争性领域的国有企业与民营企业、外资企业一样是独立的市场竞争主体和法人实体，是以利益最大化为目标的经济组织。

二是职责权限划分不同。计划经济体制下，国有企业的主要任务是完成政府下达的指令性计划，政府对国有企业管得过多过死，盈余统统上交，支出需经主管部门批准，企业缺乏经营自主权；市场经济体制下，企业作为市场竞争主体和独立法人，依法享有经营管理自主权，自主决策，自负盈亏，主要根据市场需求和自身利益进行自主决策、自主经营。

三是承担责任不同。计划经济体制下，政府对国有企业的债务必须承担无限责任，企业经营不下去，政府承担全部债务责任，国有企业职工的生老病死都由国家包下来，企业吃国家的大锅饭；市场经济体制下，政府作为国有资本的出资人，以投入的资本为限，对企业的债务承担有限责任。

四是人事制度不同。计划经济体制下，国有企业的干部是能上不能下，人们将此称为"铁交椅"，并且企业干部都享有行政级别；市场经济体制下，国有企业的管理人员应该能上能下，不再保留行政级别。

五是用工制度不同。计划经济体制下，国有企业职工能进不能出，被称为"铁饭碗"，"进了工厂门，就是国家人"，造成国有企业普遍存在人浮于事的现象，背着沉重的人员包袱；市场经济体制下，国有企业职工应该能进也能出，大多成为"社会人"。

六是收入分配制度不同。计划经济体制下，国有企业干部和职工收入能高不能低，普遍吃企业的大锅饭，严重平均主义，缺少有效的激励，经营者、劳动者动力不足，企业缺乏活力；市场经济体制下，国有企业管理人员和职工的收入应该随经营状况和经济效益的变化能高也能低，形成有利于激发管理人员和职工活力与积极性的激励机制。

七是淘汰机制不同。计划经济体制下，国有企业只生不死，企业经营不善严重亏损甚至资不抵债也不能破产，造成国有企业普遍债务负担沉重；市场经济体制下，国有企业应该做到优胜劣汰，资不抵债将要退出市场。

对比计划经济体制与市场经济体制对国有企业的不同要

求，可以看出，一方面，经过多年的不断改革，国有企业在解决政企不分、政资不分方面已经取得明显进展，在自主经营、自负盈亏方面已经与市场经济相融合，在体制机制方面也发生了重大变化；另一方面，国有企业的体制机制还不能很好地适应市场化的要求，特别是在员工能进不能出、企业能生不能死方面还存在相当的差距，严重制约国有经济的竞争能力和经营效率。同时，随着我国市场化程度不断加深，不同所有制经济之间的相互融合越来越紧密，企业之间的市场竞争越来越激烈，国有企业如果不能在改革体制机制方面取得新的实质性进展，在市场竞争中将会处于十分不利的地位，国有经济的控制力、影响力将难以维系。适应市场化新形势，必须坚定不移地按照市场取向深化国有企业改革，通过改革激发国有企业的活力和竞争力，增强国有经济的控制力、影响力。

（二）市场化不等于私有化

对竞争性领域的国有企业能否通过改革形成与市场经济体制相适应的体制机制，提高市场竞争能力和经营业绩，从而能在市场竞争中不断发展壮大，国内外都存有不同观点。持肯定态度的人认为，只要解决市场经济体制下公有制特别是国有制的有效实现形式，竞争性领域的国有企业也可以具备市场竞争能力，也可以搞好，不能把国有企业的市场化改革理解为搞私有化；持怀疑态度的人则认为，竞争性领域的国有企业不可能具有效率和效益，不可能具有市场竞争能力，甚至有人认为国有企业根本搞不好，应该消失，只有私有化才有出路。应该承认，世界上数量众多的国有企业在竞争性领域确实没有搞好，但无论中国还是外国，在竞争性领域都有搞得好的国有企业。

公认搞得好的国有企业是成立于 1974 年的淡马锡控股公司。这是新加坡财政部全资拥有的国有大型投资公司，其主要任务是负责新加坡政府对企业的投资，管理新加坡所有的政府关联公司。淡马锡控股公司直接控制的公司有 20 多家，这些公司通过产权关系直接或间接控制的大大小小的企业达 2000 多家。淡马锡控股公司主要控股或参股的企业有新加坡航空公司、新加坡电信集团、新加坡科技集团、新加坡能源公司、新加坡地铁公司、新加坡发展银行、海皇东方轮船公司、港务局集团、胜宝旺企业集团等。淡马锡控股公司投资的企业无一亏损，普遍经营良好。淡马锡控股公司成立时的资产约 3.54 亿新元，截至 2014 年 3 月 31 日管理的资产总额达 1800 亿新元，折合 1070 亿美元，净利润 74 亿新元。淡马锡控股公司成立约 40 年来，创造了年均股东复合回报率达到 18%、年均股东现金收益率超过 7% 的显著业绩，被誉为"淡马锡模式"。

在我国，竞争性领域也有不少搞得好的国有企业，其中一些在市场竞争中成长为行业的龙头企业。水泥行业是公认的充分竞争行业，在我国也是一个被普遍认为属于产能过剩并且竞争十分激烈的行业。以水泥生产和销售为主业的中国建筑材料集团十多年来通过发展混合所有制经济、兼并收购、建立职业经理人制度等一系列市场化运作，迅速成长壮大，已经成为以水泥业务为主业的综合性建筑材料产业集团，水泥产能达 4.5 亿吨，成为毫无争议的世界水泥大王。2013 年面对世界经济缓慢复苏、中国经济下行加剧的困难局面，中国建筑材料集团实现了2570亿元的营业收入和123亿元的利润，同比分别增长18%和10%，在世界500强的排名由2012年度的365名上升到319名，提升了46位。

新加坡淡马锡控股公司、中国建筑材料集团等一批国有企业的成功发展说明，只要坚持按市场取向推进国有企业改革，只要按企业发展的客观规律办事，竞争性领域的国有企业也可以具备市场竞争能力，也可以搞好，怀疑甚至否定国有企业可以搞好的观点是站不住脚的。

需要指出的是，我国的改革是社会主义制度的自我调整和完善，与此相适应，按市场取向深化国有企业改革不是要削弱国有企业，更不是要搞全盘私有化，而是要通过深化改革实现国有企业的自我完善，在凤凰涅槃中浴火重生。深化国有企业改革，既不能偏离社会主义市场经济的正确方向，又不能抱残守缺，不思进取，不思改革，要在推动改革措施上加大力度，毫不动摇地把国有企业改革继续推向前进。

（三）提升国有企业国际化经营水平

适应国际化新形势也是进一步深化国有企业改革的一个重要动因。实施"走出去"战略，是党中央、国务院审时度势做出的一项重大战略决策，也是我国国有企业应当承担的责任，是国有企业在经济全球化背景下参与国际竞争、实现持续发展的必然选择。

一方面，国有企业要做大做强，实施"走出去"战略、提升企业国际化经营水平是一条必由之路。国有企业要做大强，要持续发展，必须不断拓展市场空间，必须不断寻求各种资源，必须不断提高经营效率，所有这些，要求企业必须融入国际分工，走向国际市场，不断拓展国际化经营的深度和广度。

另一方面，国有企业要增强跨国经营能力，成为世界一流跨国公司，也必须更好地适应国际化的需要。从企业发展的规律看，只有推进国际化战略，在全球竞争中取得成功，才能成为世界一流企业。跨国公司的历史经验证明，全球化背景下大企业必须立足全球市场，开展国际化经营。很多跨国企业通过在世界范围内优化配置资源，组织研发、制造和销售；通过在全球范围内兼并重组，实现了产业升级和结构调整；通过有效利用智力资源，在全世界范围内传播利用创新成果，最终成为世界一流企业。

进入 21 世纪以来，国有企业积极实施"走出去"战略，更加注重两个市场、两种资源的开发和利用，加快建立全球营销网络，积极拓展国内外市场，加快开发资源和承揽工程项目，对外投资份额不断扩大，积极在境外设立研发机构，缩小与国际先进水平的差距，国际化经营水平有了长足进步。据国资委的数据，截至 2012 年底，中央企业境外单位已有 7028户，其中，子企业 4539 户，机构 2489 个；资产 3.7 万亿元，负债 2.6 万亿元，所有者权益 1.1 万亿元；实现营业收入 4 万亿元，实现利润总额 1359.1 亿元。

但总体上看，我国国有企业的国际化水平明显偏低。国际上通常用跨国指数衡量一个国家或一个企业国际化经营水平和程度。所谓跨国指数，是反映跨国公司海外经营活动的经济强度和衡量海外业务在公司整体业务中的分量的重要指标。联合国贸易与发展会议每年对全球 100 家最大跨国公司进行国际化程度的综合评价，其使用的跨国指数（Transnationality Index，TNI）计算方法为：跨国指数 =（国外资产/总资产 + 国外销售总额/总销售额 + 国外雇员数/总雇员数）/3 × 100%。跨国指数越高，表明企业的国际化程度越高。

世界 500 强企业绝大多数是国际化经营水平很高的跨国公司，如被称为"蓝色巨人"的美国国际商用机器公司（IBM）就是典型代表。据 2008 年的数据，IBM 公司员工的 65%、收入的 60% 来自海外，下属 8 个研发中心，3 个在美国，还有 5 个分别在中国、日本、印度、欧洲和以色列。再如被称为 CEO 摇篮的美国通用电器公司（GE），据 2008 年的数据，GE 公司营业收入、公司员工和实现利润的一半以上来自海外。按照有关标准，IBM 公司和 GE 公司不仅是著名跨国公司，而且属于全球公司。

根据联合国贸发会议的数据，2011 年世界最大非金融类 100 家跨国公司的跨国指数平均达 62.13%，中国企业包括积极进行国际化经营的国有企业的跨国指数则远远低于这一平均水平。中国石化和中国石油的跨国指数与国际同行壳牌、埃克森美孚、英国石油集团（BP）三大公司相比要低很多。根据联合国贸发会议公布的世界最大 100 家跨国公司的跨国指数，2008 年壳牌、埃克森美孚、BP 三大石油公司分别为 71.3%、68% 和 80%，中国石化、中国石油则没有进入世界 100 家最大跨国公司的行列，2013 年中国石化和中国石油的跨国指数分别为 26.75% 和 24.37%，仍然远低于同类跨国公司。

表 1 中国石化、中国石油与国外同类公司跨国指数对比

	壳牌	埃克森美孚	中国石化	中国石油	BP
2014 年世界 500 强排名	2	5	3	4	6
世界 500 强炼油类公司排名	1	4	2	3	5
员工人数排名	3	4	2	1	5
跨国指数*（%）	71.3	68	26.75	24.37	80

　＊ 中国石化、中国石油跨国指数取自中国企业联合会发布的"2013 年中国 100 大跨国公司及跨国指数，"其他数字为 2008 年联合国贸易合作和发展组织公布的数据。
　资料来源：根据 2014 年《财富》世界 500 强数据绘制。

　　在看到我国国有企业在国际化经营方面取得明显进步的同时，也要看到，我国国有企业还不能很好地适应国际化新形势的需要。一方面，我国国有企业在国际化经营包括"走出去"进行海外投资方面与发达国家的大型跨国公司相比还有相当大的差距，绝大多数"走出去"的国有企业远未成为真正意义上的跨国公司，真正在海外拥有大量资产和大量雇员的企业并不多，与中国的经济总量和在世界经济中的地位不适应、不匹配。同时，中国国有企业与世界著名跨国公司在适应国际化竞争的体制机制等方面也存在相当大的差距，不少国有企业的业务已经实现国际化，子公司分布也已国际化，但管理方面仍然带有明显的国内国有企业的痕迹，与国际惯例也存在不小差距。另一方面，随着经济全球化的不断推进和国家间竞争的日益加剧，特别是国际金融危机爆发以来，全球经济结构深刻调整的步伐明显加快，全球制造业竞争格局出现重大变化，国际能源革命正在兴起，科技创新步伐越来越快并深化为创新体系的竞争，世界主要国家都在寻找科技创新和产业振兴的突破口，全球将进入创新密集和产业振兴时代，以至于不少专家学者认为第三次工业革命即将到来。与此同时，我国原有的"人口红利""汇率红利"等不少国际竞争优势正在丧失。面对国际化的这些新形势、新变化，国有企业特别是中央企业作为我国参与国际竞争的主力军，能否通过改革提升国际竞争力，提高国际化经营水平，不仅关系到自身的国际竞争能力，而且关系到我国在世界竞争格局中的能力和地位，这些都要求进一步深化国有企业改革。

四　深化国有企业改革的重点

《决定》从国有企业适应市场化、国际化新形势的要求出发，确定了进一步深化国有企业改革的六个重点，即规范经营决策、资产保值增值、公平参与竞争、提高企业效率、增强企业活力、承担社会责任。《决定》确定的这六个重点，既指明了市场化、国际化新形势对国有企业的要求，体现了国有企业的性质和功能定位，同时还反映了国有企业在这些方面存在的差距和不足，为进一步深化国有企业改革指明了方向。

一是规范经营决策。企业经营决策是指企业对未来经营发展的目标及实现目标的战略和手段进行的决断和做出的选择。企业经营决策可以分为战略决策和战术决策两个层面，战略决策是解决全局性、长远性、战略性重大问题的决策；战术决策是为了实现战略、解决某一问题做出的决策，是保证战略决策得到有效落实的决策。在企业的全部经营管理活动中，决策正确与否直接关系到企业的兴衰成败和生存发展。决策正确可以使企业沿着正确的方向前进，提高竞争力和适应环境的能力，取得良好的经济效益；反之，决策失误则会给企业带来巨大损失，甚至导致企业破产。规范国有企业的经营决策，就是要通过一整套制度安排，使国有企业的重大决策做到决策程序规范、决策行为规范，力争做到国有企业的重大决策科学合理，防止重大失误。

规范国有企业经营决策，最重要的是要完善现代企业制度，建立一套责权分明、有效运转的决策机制和问责机制，以保证企业的重大决策能够及时反映和有效应对市场竞争的需要。公司法人治理结构是规范经营决策的制度基础和关键因素。要坚持所有权与经营权分离的原则，理顺出资人、决策人和经营者的关系，形成股东会、董事会、监事会、经理层各负其责、协调运转的公司法人治理结构。董事会在企业重大决策中处于关键位置，规范国有企业经营决策主要是规范董事会的决策程序和决策行为。各级国资委组建以来，积极推行建立规范董事会的试点，引进了外部董事和建立了以外部董事为主的战略决策委员会，建立了一整套规范决策的制度和程序，较好地解决了长期以来国有企业普遍存在的"一把手"说了算的现象，提高了国有企业决策科学化和规范化的水平。但国有企业在规范经营决策方面还有大量工作要做，国家审计署抽查了中国烟草总公司、中国核工业建设集团、中国石油、中国华润等 11 户中央企业的 791 项重大决策事项，其中 230 项存在违反"三重一大"决策程序、缺乏可行性研究论证以及决策内容不符合规定等问题，占抽查总数的 29%，造成的损失或潜在损失达 134.68 亿元。规范经营决策仍然是深化国有企业改革需要着力解决的一个问题。

二是资产保值增值。国有资产保值增值是指考核期内扣除客观因素后的期末国家所有者权益大于或等于期初国家所有者权益。所谓所有者权益，可以理解为企业所有者对企业净资产的要求权。从这个意义上也可以讲，国有资产保值增值是指企业的净资产在考核期末要大于或等于考核期初的净资产。考核国有资产保值增值通常使用的指标是保值增值率，国有资产保值增值率是指企业考核期末的所有者权益与考核期初所有者权益的比率，其公式为：国有资产保值增值率 = 期末净资产总额/期初净资产总额。国有资产属于全民所有，实现国有资产保值增值、提高国有资产保值增值率，是全民对国有企业的要求，是国有企业应尽的职责。

实现国有资产保值增值，一项基础性工作就是要完善国有企业资产经营业绩考核评价体系，形成企业国有资产保值增值的长效机制。不同国有企业由于承担的功能不同，考核国有企业保值增值应有所区别，如果不加区别地要求国有企业保值增值，可能导致国有企业都去追逐利润，偏离国有经济的功能界定和市场定位。

三是公平参与竞争。市场经济能够有效持续运转和优化资源配置的一个基本要求就是市场竞争主体公平参与竞争，对竞争性领域的国有企业来说，也必须遵循这一市场经济的要求。坚持和完善基本经济制度，一个重要方面就是要通过不断改革，创造各种所有制企业公平竞争的环境和条件。一方面，要破除各种形式的行政垄断，防止国有企业出现滥用市场支配地位的情况，放宽民营企业进入一些市场的标准；另一方面，要切实减轻国有企业的历史负担，合理确定国有企业应承担的社会责任，形成各种所有制企业公平竞争的环境。

有观点认为，强调公有制的主体地位，国有企业就不可能公平参与竞争。如何看待公有制主体地位与国有企业公平参与竞争的关系，是坚持和完善基本经济制度需要回答的一个问题。一方面，要正确理解公有制主体地位的内涵；另一方面，应尽可能创造公平竞争的环境和条件，激发各种所有制企业的创造力。

四是提高企业效率。一般而言，效率是指单位时间内完成的工作量。企业效率可以理解为一定时间内经营管理产出与经营管理投入的比率。国有企业的经营效率是国有企业活力的一个重要体现，也是国有企业综合竞争力的重要组成部分。国有企业的经营效率与国有资产保值增值密切相关。提高国有企业竞争力，实现国有资产保值增值，必须不断提高国有企业的经营效率。提高国有企业效率是一项长期性、综合性的艰巨任务，需要从多方面入手，持之以恒地抓下去。

国有企业效率不高是国内外许多专家学者批评国有企业的一个重要理由和依据，一些专家学者更是以国有企业效率不高为理由主张私有化，他们认为，只有私有化才能提高企业效率。而专家学者认为国有企业效率不高的依据之一就是国有企业的经营效益指标低于其他类型企业。从经济效益指标来看，这种观点不无道理，但这种观点缺乏对国有企业效率的全面客观评价。一方面，国有企业确实存在效率不高的问题，需要不断提高国有企业的经营管理效率；另一方面，国有企业承担了更多的社会责任，这势必会影响其经营效益。要根据《决定》的要求进一步深化改革，通过改革激发活力，提高效率，同时，应该在功能分类的基础上，将竞争性国有企业承担的过多社会责任剥离，使竞争性国有企业平等参与市场竞争，再在这个基础上进行效率评估。

五是增强企业活力。国有企业活力体现为国有企业全体员工的进取心和责任心，体现为全体员工积极性和主动性的发挥。企业活力对企业效率具有极为重要的影响。企业兴衰，关键在人。企业活力取决于企业全体员工的活力，全体员工的活力主要取决于激励约束机制，取决于企业文化建设。增强国有企业活力，要着力解决制约国有企业员工活力的体制机制问题。一方面，要进一步处理好政府与企业的关系，加快政府机构改革和职能转变，减少对涉及企业的行政审批事项，让国有企业真正成为市场经济的独立法人和竞争主体；另一方面，要进一步处理好政资关系，国有资产出资人机构要依法对企业的国有资产进行监管，不得干预企业依法享有的经营管理自主权。同时，要注重企业的文化建设，努力打造高素质的员工团队。

六是承担社会责任。企业社会责任是指企业在追求经济效益和实现持续发展的同时，全面关注利益相关方和生态环境，通过实施社会责任管理，实现企业发展、社会发展和环境保护的协调统一，最终促进人类社会的可持续发展。企业社会责任关系到每一位公民的利益，关系到人类社会的可持续发展。因为企业作为社会组织体系中的重要成员，在为社会创造财富和提供服务的同时，也会带来劳工权益受损、自然资源破坏、生态环境恶化等社会问题，影响和阻碍人类社会的可持续发展。因此，企业在享有社会权利的同时需要履行相应的社会义务，承担相应的社会责任，成为人类社会一位负责任的"企业公民"。企业在承担提供产品和服务责任的同时承担着不可推卸的社会责任，包括维护员工合法权益、坚守产品服务质量、依法经营诚实守信、保护生态改善环境、支持社会公益事业等。企业要在全球范围内获得成功，要成为具有竞争力的国际化公司或跨国公司，仅仅重视技术研发、降低成本、加强管理等是远远不够的，还必须成为履行国际社会责任、受到普遍尊敬、享有崇高声誉的"国际公民"。

国有企业的性质和定位决定了国有企业兼具公益性和营利性双重性质，也决定了国有企业必然要承担更多的社会责任。这些年来，中央企业无论是在发布企业社会责任报告方面，还是在社会公益和慈善事业方面，都是走在前列的。根据中国社会科学院经济学部企业社会责任研究中心的《中国企业社会责任发展指数报告（2013）》，中国企业社会责任发展指数平均为 26.4 分，整体处于起步阶段，但国有企业社会责任指数领先于外资企业和民营企业。落实《决定》的要求，国有企业要进一步承担社会责任，树立良好社会形象，在依法经营、诚实守信、保护环境、改善生态、提升产品质量和服务水平、维护消费者合法权益等社会责任的各个方面，继续做出表率。同时，国有企业要把履行社会责任与促进改革发展有机结合起来，努力实现企业、社会、环境的共同发展。

《决定》确定的这六个重点之间存在着紧密联系，相互关联，如实现国有资产保值增值要求国有企业必须做到规范经营决策、提高企业效率、增强企业活力等。因此，深化国有企业改革，既要紧紧围绕这些重点，又要全面配套推进。

五 深化国有企业改革的主要任务

围绕深化国有企业改革的重点，《决定》确定了深化国有企业改革的七项主要任务，即准确界定不同国有企业功能，健全协调运转、有效制衡的公司法人治理结构，建立职业经理人制度、更好地发挥企业家作用，深化企业内部管理人员能上能下、员工能进能出、收入能增能减的制度改革，建立长效激励约束机制、强化国有企业经营投资责任追究制度，探索推进财务预算等重大信息公开，合理增加市场化选聘比例和合理确定并严格规范国有企业管理人员薪酬水平、职务待遇、职务消费、业务消费。我们要按照《决定》确定的主要任务抓紧推进国有企业改革。

一是准确界定不同国有企业功能。国有企业与非国有企业的区别主要体现在两个方面：一方面是国有企业的资本全部或主要由国家投入，另一方面是国有企业不一定以盈利为主要目的。国有企业虽然也是从事生产经营活动的经济组织，但不一定将利润最大化作为首要目标。国资委监管的中央企业中，中国储备粮管理总公司和中国储备棉管理总公司，虽然也要努力实现国有资产保值增值，但主要职责是参与粮食和棉花的市场调节，而不是追求利润最大化。党中央、国务院要求中央企业履行的是三个责任，即经济责任、政治责任和社会责任。正因为国有企业不一定将利润最大化作为首要目标，也正因为国有企业承担着不同功能，所以，不可能用一个模式进行改革，也不可能用一种方式进行管理，必须进行分类改革、分类监管。

准确界定不同国有企业功能，就是明确不同国有企业在国民经济中承担的使命，进而厘清不同国有企业的市场角色和战略定位，确定不同国有企业的发展目标和改革方向，这对全面深化国有企业改革、调整优化国有经济布局，实施国有企业分类监管等，都具有重要意义，是深化国有企业改革、强化国有资本管理的一项必须做好的基础性工作。要根据国有企业所处不同行业或领域、不同业务属性、不同目标责任、不同市场定位进行分类，在此基础上，针对不同类型国有企业实施分类考核、选聘、培训、薪酬制度，增强国有企业监管的导向性和针对性。

界定不同国有企业功能是一项富有探索性的工作。《决定》在论述准确界定不同国有企业功能时对公益型国有企业、国有资本继续控股经营自然垄断行业和行政垄断行业的改革提出了不同要求，上海、天津等地发布的《深化国有企业改革指导意见》将国有企业分为公益型、垄断型、竞争型等几种类型，这些界定和分类有一定的指导意义，但目前国内有关方面对如何进行界定和分类的认识并不统一。一些发达市场经济国家通常将国有企业分为公益类和盈利类两类，公益类国有企业主要功能是执行政府的职能，不以利润最大化为主要目标，盈利类国有企业在经营管理上与市场经济中的其他企业并无不同，以实现利润最大化为主要目标。我国国有企业具体如何界定，需要在认真研究和征求意见的基础上抓紧提出切实可行的指导意见。

二是健全协调运转、有效制衡的公司法人治理结构。习惯上将公司法人治理结构简称为公司治理。现在普遍认为，公司治理是指通过一整套包括正式或非正式的、内部的或外部的制度安排，来协调投资者与经理人之间的利益冲突以及协调公司与所有利益相关者之间的利益关系，以保证公司决策的科学性、有效性，从而最终维护公司各方面的利益。近二三十年来，公司治理问题日益引起世界各国的广泛关注。世界银行和经济合作与发展组织（OECD）联合主办了多个公司治理论坛，经济合作与发展组织还于 1999 年制定了《OECD 公司治理原则》并多次进行修改，许多国际性大公司的年报都要披露公司治理状况。公司治理之所以引起广泛和持续关注，一个原因是公司治理缺陷是大公司倒闭的一个重要原因，另一个原因是公司治理对企业绩效具有明显影响，还有一个原因是投资机构对公司治理良好的企业更愿意进行投资。

公司治理是现代企业制度的核心和关键，健全协调运转、有效制衡的公司治理是深化国有企业改革最重要的任务。健全国有企业公司治理就是要通过更合理、更有效的制度安排和机制设计，使股东会、董事会、监事会、经营层各司其职、协调运转、有效制衡。一个国家的公司治理总是受到本国历史、文化、政治甚至地缘政治环境的影响，各国应从本国国情出发选择公司治理模式。在看到不同公司治理模式存在的合理性的同时，也要看到，公司治理的发展和完善有着基本的趋势。深化国有企业改革，应该在认真学习借鉴外国公司治理成功经验的同时，深入研究分析我国的国情，在此基础上进一步形成有中国特色的国有企业公司治理。

三是建立职业经理人制度，更好地发挥企业家作用。职业经理人是指在一个所有权、法人财产权和经营权分离的企业中承担法人财产的保值增值责任，全面负责企业经营管理，对法人财产拥有绝对经营权和管理权，由企业在职业经理人市场中聘任，而其自身以受薪、股票期权等为获得报酬主要方式的职业化企业经营管理专家。根据全国职业经理人考试测评标准化技术委员会颁布的职业经理人国家标准，所谓职业经理人可以理解为受聘于企业、担任不同层级的领导和管理职务、承担相应的义务和责任、从事企业经营管理活动、以此为职业的专门人才。企业家的原意是指"冒险事业的经营者或组织者"。在现代企业中企业家大体可以分为两类，一类是企业的所有者，但同时从事企业的经营管理工作；另一类是受雇于所有者的职业经理人，即以企业经营管理为专门职业的人。由此可见，职业经理人也属于企业家，但企业家比职业经理人的范围更为宽泛。

职业经理人制度是指围绕职业经理人的选聘、任用、激励、交流等一系列制度的总和，包括聘任制度、培养制度、薪酬福利制度、绩效考核制度、激励约束制度等。建立职业经理人制度是建立现代企业制度的必然结果，是深化国有企业改革的必然选择，对国有企业改革和发展具有重要意义。被称为现代企业制度的公司制和股份制企业，绝大多数采用的是多元产权结构，所有权与经营权是分离的，由此带来所有者的经营管理能力不能适应企业发展和规模扩张带来的治理问题，由专业化、高水平的职业经理人来负责企业的经营管理也就应运而生，职业经理人制度也就由此形成。我国国有企业改革的目标是建立健全现代企业制度，所有权与经营权的分离使企业高管人员的专业化、市场化提上了议事日程，建立职业经理人制度也就成为深化国有企业改革的重要任务。积极发展混合所有制经济使建立职业经理人制度显得更为紧迫，也更为重要。

国内外企业发展的历史都说明，要成为优秀企业，要做到基业长青，企业家是一个关键因素。因为，再好的企业发展战略，再好的企业制度设计，都要靠企业家带领和推动全体员工来执行和实施。经济学家熊彼特认为"企业家是经济增长王国里的国王"。企业家是现代企业的灵魂，他们在创造财富和促进增长方面所起的作用是不可替代的。但优秀企业家是一种稀缺的宝贵资源，能否获得优秀企业家，能否发挥企业家的作用，就成为企业兴衰成败的一个关键因素，也成为深化国有企业改革的一个重要因素。

有观点认为，中国的国有企业出不了真正的企业家，理由是在产权国有的情况下，中国的国有企业无法真正成为市场竞争主体和独立法人，党管干部原则使得国有企业难以成为培养企业家的土壤，"官本位"和"行政化"以及国有企业与政府官员不断交流任职的"旋转门"等也使得中国国有企业负责人无法成为真正的企业家等。这些观点的出现，一方面，源于企业理论和企业家理论的不同，源于对企业家的不同界定和对中国国有企业改革的不同认识；另一方面，源于现行的国有企业管理体制和经营机制远远不能适应企业家成长和发挥作用的要求。深化国有企业改革必须认真解决制约企业家成长和发挥作用的体制机制障碍。

还有观点认为，在现行的国有企业负责人管理制度下，国有企业高层管理者同时担当"企业家"和"党政官员"两种角色，享受相应行政级别公务人员的政治待遇和企业经理人员的薪酬福利两种待遇，还可以规避两种角色的风险，即企业经营遇到困难时可以调到党政部门任职，在党政部门升职空间受到挤压时可以调任企业高层岗位寻求经济报酬。这种既可以"挣钱"又可以"当官"的角色混淆是极大的不公平，产生的社会负效应十分突出，不仅引起了一般公众的非议，也引起许多党政干部对国有企业经理人员市场化高收入的很大抱怨。应该说，这种观点不尽全面，但社会和公众对此反应强烈确是事实，当前社会上对国有企业的很多不满和情绪化的攻击，很大程度上就来自这种不公平的制度安排，需要高度重视并下决心尽快改变这种状况。加快建立职业经理人制度是改变这种状况的一个重要途径。

建立职业经理人制度，更好地发挥企业家作用，涉及一系列体制、制度和机制改革，必须积极推进，大胆探索。第一，大力推进产权多元化，积极发展混合所有制经济，为委托—代理关系的形成提供产权基础；第二，改革政府机构和转变政府职能，进一步推动政企分开、政资分开、所有权与经营权分开；第三，深化干部人事制度改革，使国有资本出资人代表与国有企业高层管理者相分离，使国有企业经理层由组织任免尽可能转变为市场聘任；第四，完善公司治理结构，明确股东会、董事会、经理层的各自职责，使董事会享有选聘经理人的权力；第五，改革收入分配制度，在科学考核的基础上，建立健全与职业经理人相配套的薪酬制度和激励办法；第六，建立市场化的淘汰和退出机制，使国有企业的高层管理者能够充分发挥潜能和积极性；第七，持续规范开展职业经理人的培养工作，提高现有经理人员的职业化、专业化意识，提高职业经理人的领导力。总之，要通过制度创新使国有企业可以通过市场来配置职业经理人这个特殊的资源，使企业家能够更好地发挥作用。

四是深化企业内部管理人员能上能下、员工能进能出、收入能增能减的制度改革。国内一般将《决定》强调的国有企业内部这三个方面的制度改革称为人事、劳动、分配三项制度改革，也称为转换企业经营机制。

转换经营机制是深化国有企业改革的一项重要任务。因为体制影响机制，机制决定效率，机制决定人的行为，有什么样的机制就会有什么样的行为。但机制也有反作用，反过来也会影响体制和制度设置的有效性。不解决国有企业机制问题，国有企业长期存在的人浮于事、冗员过多等问题就不可能从根本上得到解决，国有企业还或多或少存在的"铁饭碗"和"平均主义"也难以从根本上得到解决。在这种情况下，即使在完善公司治理方面取得积极进展，由于缺乏机制保障，国有企业也难以充满活力和竞争力，难以提高经营效率。

转换经营机制是深化国有企业改革的一项艰巨任务。因为人事制度改革直接涉及管理人员的职务升降，劳动制度改革直接涉及一线员工的工作岗位，分配制度改革直接涉及所有人员的薪酬高低，这些改革由于直接关系到企业广大员工的切身利益，关系到企业和社会的稳定，因而十分敏感，也十分困难，成了深化国有企业改革的一个难点，一块难啃的"硬骨头"。

转换经营机制也是深化国有企业改革的一项长期任务。转换国有企业经营机制涉及国有经济的定位问题，涉及国有企业的社会责任问题，涉及社会保障体系的建立问题，同时，还涉及国有企业不少员工的就业观念等。2014 年 5 月中国石油所属大庆油田出台新招工政策，规定老职工的子女如毕业于"二本"非石油专业或"三本"将无法直接"接班"，而要通过考试。这一改革措施引起大庆油田部分职工及其子女到大庆油田总部集体上访，表示反对。这一事件虽然不具普遍性，但从中也可以感受到部分国有企业员工的就业观念离市场经济要求还有相当长的距离。而国有企业转换经营机制涉及的这些问题，并非短期内能够较好解决的。因此，转换国有企业经营机制，既要积极推进，力争到 2020 年取得明显进展，也要做好长期准备，积极创造转换经营机制的各种条件，在保持社会基本稳定的前提下不断向前推进。

五是建立长效激励约束机制，强化国有企业经营投资责任追究。激励和约束机制属于制度的范畴，是引导人的行为方向即引导人应当干什么和不应当干什么的措施和制度。激励机制和约束机制是企业所有制度安排中最基本最重要的一种。在现代企业中明确了委托—代理关系并且建立了监督机制和约束机制后，企业经营效率的高低，资产保值增值的幅度，主要取决于对企业经营管理层的激励机制。建立有效的激励机制是企业制度安排和设计要解决的主要问题之一。实行激励机制和约束机制的关键在于两种机制的对称，就我国目前的实际情况而言，两种机制都存在不足，既有激励不足的问题，也有约束不够的问题。推进激励和约束两种机制的建设是完善国有企业公司治理的重要任务。

企业激励机制有多种工具，通常认为，股票期权、资金红利等工具属于企业的长效激励机制，这些被称为"金手铐"

的激励工具是公司管理机构以预期收入为手段，以经济利益为
诱饵，留住企业高层管理者等人才的手段，一般都有行权时间
等限制条件，企业高管人员在规定期间辞职离开则无法兑现。
"金手铐"作为一种主要面向企业高管人员的激励工具，目的
在于通过向高管人员提供激励，激发其动力，并与公司其他利
益相关者共同分享公司发展的成果。

企业约束机制也有多种工具，强化国有企业经营投资责任
追究可以视为属于企业的长效约束机制。企业经营投资正确与
否，效果如何，对企业的效率和效益具有直接重大影响。一些
国有企业之所以陷于困境，有些甚至陷于破产的边缘，很重要
的一个原因就在于重大投资决策失误，给企业造成了难以挽回
的损失。各级国资委组建以来，强化了董事会在经营投资决策
中的作用，加强了经营投资的风险防范，但真正出了重大经营
投资失误，其责任难以量化到经营管理者。提高国有企业经营
效率，实现国有资产保值增值，必须强化国有企业经营投资责
任追究。

六是探索推进国有企业财务预算等重大信息公开。财务预
算是一系列专门反映企业未来一定预算期内预计财务状况和经
营成果以及现金收支等价值指标的各种预算的总称，具体包括
现金预算、预计利润表、预计资产负债表和预计现金流量表等
内容。财务预算也是反映某一方面财务活动的预算，如反映现
金收支活动的现金预算，反映销售收入的销售预算，反映成
本、费用支出的生产费用预算和期间费用预算，反映资本支出
活动的资本预算等。

根据国际惯例，上市公司作为公众公司必须公开披露信

息。从国有资产属于全体人民所有的意义上讲，国有企业不论是上市公司还是非上市公司，都属于一种特殊的公众公司，理应自觉接受公众的监督，建立信息披露公开制度。为防止由于信息不对称可能导致的国有企业内部人控制的问题，不少国家通过法律规定国有企业的财务信息必须公开披露。芬兰、瑞典两国的国有企业都要在自己的网站上公布财务会计报表和重大变动事项，审计报告还要在媒体上公布，以提高企业信息的透明度。1999 年瑞典政府规定，国有企业特别是大企业要向上市公司那样，除公布年报外，还要公布季报。工业部每年 5 月将国有企业的财务会计报表汇总分析后向议会报告。工业部每年还要搞一次国有企业有关情况的新闻发布会，部长亲自出席发布会。此外，如果公众需要了解国有企业的有关数据，可以专门向公司索取。新加坡国有企业每年也要公布相关信息并接受公众的查询。为了便于社会和公众更好地监督国有企业，芬兰、瑞典规定国有企业股东大会要对公众开放，股东大会年会（AGM）公众都可以参加。瑞典还规定，国家持股 50% 以上、员工超过 50 人的国有企业，议会议员有权参加企业年度股东会，董事会有义务在股东大会召开前 4~6 周通知议会。董事会成员代表所有者参加股东大会，媒体记者可以列席会议，所有列席会议的人员有发言权，但无表决权。

深化国有企业改革，应借鉴芬兰、瑞典、新加坡等国的做法，加快建立健全国有企业信息公开披露制度，提高国有企业的公开性。可以规定国有企业每年定期公布有关信息，并且允许公众查询，以保证公众对国有企业的知情权、参与权和监督权。财务预算是企业信息中十分重要的一部分，国有企业特别是中央企业不少又处于关系国家安全和国民经济命脉的行业和领域，公开国有企业财务预算等重大信息肯定会涉及国家安全和企业的商业秘密，必须探索推进，掌握公开尺度。在不涉及国家安全和企业商业秘密的情况下，国有企业无论上市与否，其经营活动的有关信息包括财务预算应尽可能全面、准确、及时地向社会公开。

北京师范大学的一个课题组用财权配置、财务控制、财务监督和财务激励四个指标测算中国上市公司的财务治理指数，据此评价上市公司的财务治理质量。其中，财务监督指标又包括公司网站是否披露当年财务报告、公司网站是否披露过去连续三年财务报告、公司会计政策发生变化时是否做出解释等指标。因此，财务监督指标在一定程度上可以反映企业财务预算信息披露情况。据该课题组发布的《中国上市公司财务治理指数报告（2013）》，全部上市公司财务治理水平普遍不高，但总体上国有控股上市公司要好于非国有控股上市公司，其中，财务监督指数平均分数为76.6260，国有控股上市公司为78.2025，高于平均指数，非国有控股上市公司，为75.4922，低于平均指数。这一研究成果显示，一方面，国有控股上市公司财务预算信息披露质量要好于全部上市公司；另一方面，国有控股上市公司财务预算信息披露质量还有待提高，同时，大量没有上市的国有企业普遍还没有建立财务预算信息披露制度。深化国有企业改革，加强国有资产监管，需要进一步推进国有企业财务预算等重大信息公开。

七是合理增加市场化选聘比例，合理确定并严格规范国有企业管理人员薪酬水平、职务待遇、职务消费、业务消费。通过市场选聘国有企业高管人员，是深化国有企业人事制度改革的重要组成部分。2003 年 3 月国资委组建以来就开始探索党管干部与市场化选聘企业高层管理者相结合的有效途径和方式，并选择了部分中央企业进行了市场化选聘集团公司总经理的试点，受到社会和专家学者的普遍好评。省市国资委也先后开始推行市场化选聘国有企业高层管理者的工作，国有企业自身也普遍开展了市场化选聘管理人员的工作。适应深化国有企业改革的需要，特别是适应积极发展混合所有制经济的需要，市场化选聘国有企业高管人员的范围要扩大，比例要加大。

我国的国情决定了必须坚持党管干部、党管人才的原则，现行国有企业高层管理者大多是行政任命的，市场化选聘国有企业高层管理者涉及现行干部人事制度改革，涉及高管队伍的稳定，涉及"去行政化"问题。所谓"去行政化"就是取消国有企业的行政级别。这是党的十八届三中全会前后，专家和社会议论较多的一个话题，实际上反映了社会各界对深化国有企业改革的普遍要求。长期以来，我国国有企业都具有类似于党政机关的行政级别，这与市场经济要求的企业是竞争主体和独立法人是不相符的。为适应建立社会主义市场经济和建立现代企业制度的要求，1994 年原国家人事部根据中央的指示，组织有关力量对取消国有企业行政级别问题进行了专题调研，在此基础上起草了汇报材料，中央政治局常委会专门听取了汇报，通过并同意在适当时机出台相关规定。目前，国有企业基本都没有行政级别，但在我国现行的政治治理架构下，国有企业高管人员近 10 项待遇仍然需要参照党政机关的行政级别，包括到党校和行政学院学习、参加有关会议、阅读有关文件、与党政机关干部进行交流或任职、退休年龄、公务用车等。事实上，国有企业高管人员除薪酬和待遇没有参照执行党政机关的行政级别，其他方面大多是参照党政机关的行政级别执行的。彻底的"去行政化"涉及现行政治治理体系的重大调整，这不是短期能够完成的改革。正是基于这些考虑，《决定》强调，"合理增加市场化选聘比例"。

市场化选聘国有企业高管人员还涉及收入分配制度的改革，涉及社会各界能够接受的国有企业高管人员的薪酬水平问题，涉及高管人员相互之间的薪酬水平比较等。例如，类似于中国石油、中国石化这样的特大型跨国石油公司，CEO 的年薪能达到数百万美元甚至上千万美元，很难设想，如果市场化选聘的我国国有企业高层管理者年薪达数百万美元甚至上千万美元，社会各界是否能够接受？也很难设想，如果行政任命与市场选聘的国有企业高管人员薪酬水平悬殊，同一国有企业同一层级的管理人员之间的收入水平如何实现平衡？正是基于这些因素，《决定》强调，"合理增加市场化选聘比例"。

收入分配历来是社会关注的一个热点问题，国有企业高管人员的收入分配更是受到社会各界的关注，国有企业管理人员高薪经常招致公众的不满和批评，成为一些人指责国有企业的理由；国有企业经营管理者则担心薪酬太低没有吸引力，留不住人才，而国有企业高管人员抱怨薪酬比不过同类其他所有制企业的高管人员。应该说，这两种观点都有一定道理，但都不够全面。

关于国有企业管理人员的收入分配，应从两方面来认识。一方面，要承认目前国有企业管理人员的收入分配确实存在不合理的地方：第一，经理人员的产生和使用大多没有真正通过市场来选聘；第二，薪酬水平、职务待遇、职务消费、业务消费等不够规范；第三，管理人员的收入分配没有充分反映各种补贴、福利等收入；第四，管理人员的收入高低没有真实反映企业的经营业绩；第五，期权、股权等长期激励手段既不透明也不公平；第六，一些凭借政策优势获利的国有企业子公司的高管人员薪酬过高等。另一方面，要承认真正优秀的企业经营者是一种稀缺资源，国有企业处在激烈的市场竞争之中，面临各类所有制企业对人才的争夺，经营者的薪酬要体现他们的价值和贡献，有利于吸引和留住优秀人才，有利于调动国有企业管理人员提高企业效率和实现保值增值的积极性，有利于最大限度地发挥国有企业高管人员的潜能。

各级国资委组建以来，在规范国有企业高管人员薪酬、实行薪酬与业绩挂钩等方面做了大量工作，取得了积极进展。但离社会的期望和要求，离合理的报酬和待遇，离规范的收入分配还有不小的距离。据国家审计署对中国烟草总公司、中国核工业建设集团、中国石油、中国华润等 11 户中央企业的审计，其中 7 户企业 2012 年违规或超发工资、住房公积金和福利费达 11.61 亿元。深化国有企业改革，必须全面贯彻《决定》的精神和要求，在积极发展混合所有制经济、完善公司法人治理结构、准确界定不同国有企业功能的同时，抓紧制定不同类型国有企业高管人员的收入分配办法，使有企业高管人员的收入分配既合理规范，又有激励效果，促进企业国有资产和员工收入水平的共同增长。

除上述任务外，剥离国有企业办社会职能也是深化国有企业改革的一项重要任务。企业办社会是计划经济体制的一个历史产物，也是我国国有企业的一个明显特征，这些为国有企业职工提供"从摇篮到坟墓"一揽子福利的制度设计，曾经发挥过积极作用，但在市场经济体制下已经成为国有企业参与市场竞争的沉重包袱。2004年3月国务院办公厅正式下发了《关于中央企业分离办社会职能试点工作有关问题的通知》，提出力争用三年到五年时间完成中央企业分离社会职能的工作，并选择部分中央企业进行分离附属医院和社区等办社会职能的试点。但截至2012年底，中央企业还有医院、学校和管理的社区等办社会职能机构8000多个，对这些机构的费用补贴每年多达几百亿元。2013年以来，国资委分别与黑龙江、重庆、河南等省市政府签订协议，启动分离移交"三供一业"即供水、供气、供电和物业管理的工作，这标志着剥离中央企业办社会职能的工作取得了新的进展。全面深化改革，应该将剥离办社会职能的工作正式纳入深化国有企业改革的总体规划之中，并加快这项工作的进程。

国有企业改革是一场广泛、深刻的社会变革，我国的国有企业改革是一项前无古人的伟大创举，其复杂性和艰巨性前所未有，必然会遇到许多意料不到的困难和矛盾。经过不懈努力和探索，我国国有企业改革已经取得了重大进展和了不起的成就，但深化国有企业改革的任务仍然十分繁重和迫在眉睫。我们要按照《决定》的精神和要求，坚持社会主义市场经济改革方向，积极进取，大胆改革，加快推进，力争突破，做好深化国有企业改革这篇大文章，以更好地发挥国有企业在建设中国特色社会主义中的作用。

八论完善现代企业制度

核心论点：建立现代企业制度是国有企业改革的方向，是国有企业发展壮大的必由之路。鼓励有条件的私营企业建立现代企业制度。

提示：第八论的重点是回答，完善现代企业制度对坚持和完善基本经济制度有什么重要意义？国有企业能否建立现代企业制度？如何完善现代企业制度？

一　企业和现代企业制度

二　国有企业改革的方向

三　健全公司法人治理结构

四　从中国实际出发完善国有企业公司治理

建立现代企业制度是我国国有企业改革的方向，完善现代企业制度是深化国有企业改革的主要任务，对坚持和完善基本经济制度具有重要意义。《决定》强调，"推动国有企业完善现代企业制度"。围绕完善现代企业制度，《决定》还从健全协调运转有效制衡的公司法人治理结构、建立职业经理人制度、深化企业内部制度改革、建立长效激励约束机制、探索推进国有企业财务预算等重大信息公开等方面提出了一系列要求。坚持和完善基本经济制度，必须推动国有企业完善现代企业制度，为增强国有经济活力和竞争力提供企业制度保障。

一　企业和现代企业制度

企业一般是指以盈利为目的，运用土地、劳动、资本、技术等各种生产要素向市场提供商品或服务，实行自主经营、自负盈亏、独立核算的具有法人资格的社会经济组织。构成企业的要素主要有五个，一是属于经济组织，二是主要从事生产经营活动，三是以盈利为主要目的，四是向市场提供商品或服务，五是具有独立法人资格。

按照企业的所有制形式，我国通常将企业分为国有企业、集体企业、私营企业和混合所有制企业。从企业资产所有者的形式来看，人类历史上主要出现过三种比较常见的企业形式，依次为个人业主制企业、合伙制企业和公司制企业。

个人业主制企业是指由个人出资兴办并由个人控制的企业。早期的手工工场多数属于个人业主制企业，它是最早产生也是最简单的企业形态。个人业主制企业的规模较小，开办所需的资金少，开设较为容易，经营较为灵活，但这类企业的业主对债务承担无限责任，因而经营风险较大。由于经营风险大且规模有限，再加上经营能力弱小，因此，个人业主制企业很难发展壮大。但由于它的优点较为明显，因而，即使在今天，个人业主制作为一种企业形态仍然普遍存在。

合伙制企业是指由两个以上业主共同出资兴办的企业，企业为出资人共同所有，共同经营，共享利润。其优点是扩大了资金来源和信用能力，由多名业主共同管理，提高了经营管理能力，增加了企业扩大和发展的可能性。但是，合伙制企业仍然是自然人，这类企业对债务承担无限责任，并且合伙人承担连带责任。由于经营风险大且规模也较小，因此，企业的规模容易受到限制。当然，合伙制企业也可能发展到一定规模，不少具有相当规模的会计师事务所、律师事务所、咨询公司等都采用合伙制形式，著名的投资管理咨询公司——麦肯锡公司就属于合伙制企业。

公司制企业一般是指由两个以上股东依法出资组成，有独立的注册资产，自主经营、自负盈亏的法人企业。根据资本形式和承担责任的不同，公司制企业又分为有限责任公司和股份有限公司两种，股份有限公司又分为上市公司和非上市公司两种。根据我国《公司法》的规定，在我国，有限责任公司包括一人有限责任公司和国有独资公司。

企业制度可以理解为维系企业作为独立经济组织存在和运营的各种社会关系的总和。对企业制度内涵的具体解读，大体上有广义和狭义之分。

广义的企业制度是指有关企业组建、管理、运营的一系列制度体系，包括企业产权制度、企业组织制度和企业管理制度。企业产权制度是以产权为依托，对企业财产关系进行合理有效的组合、调节的制度安排。它以法律制度的形式对企业财产在占有、使用、收益、处分过程中所形成的各类产权主体的地位、权责及相互关系加以规范。对企业而言，合理的产权制度能够清晰地界定各个产权主体及其权能，从而建立有效的激励和约束机制，保障企业资产合理流动。企业组织制度是企业组织形式的制度安排，规定着企业内部的分工协调和权责分配关系，如企业的治理结构、领导体制等。企业组织制度是企业组织的基本规范，它既是企业各种组织工作的基础和依据，也是企业制度的一项基本内容。实践证明，组织制度合理与否，会对企业的生存发展产生至关重要的影响。企业管理制度是对企业管理活动的制度安排，由一整套企业管理活动的方式、标准和原则、理念等组成，如企业的劳动人事制度、薪酬分配制度、财务会计制度等。管理制度是企业管理工作的基础。这三方面制度相互作用，共同构成了企业制度。产权制度是企业制度的基础和核心，对企业制度的其他方面具有决定性的作用，而组织制度和管理制度在一定程度上又反映着企业财产权利的安排，最终会影响企业产权制度的变动。

狭义的企业制度通常指企业的组织制度，主要是指企业的公司法人治理结构。在理论研究和现实经济生活中，"企业制度"通常在这两种意义上使用，当企业的产权制度及其他一系列的关系已作为前提或基础存在的时候，企业制度就仅指企业的组织制度；当一般意义的提到企业制度创新，比如在论述完善现代企业制度的时候，就是从广泛的含义上使用企业制度这一概念。

我国通常将企业制度分为两大类，即传统企业制度和现代企业制度，将个人业主制企业和合伙制企业归入传统企业制度的范畴，将公司制企业包括有限责任公司和股份有限公司归入现代企业制度的范畴，并将"产权清晰、权责明确、政企分开、管理科学"界定为现代企业制度的主要特征。

产权清晰是指以法律的形式明确企业的出资者及企业的基本财产关系。产权清晰包含丰富的内容：首先，应当明确企业资产的归属权，即谁对企业的资产拥有要求权和主张权；其次，要落实资产经营管理的代理权利和责任，即谁来管理，怎样管理企业；再次，要明确有关方面对企业剩余收益即盈余的分享权，即谁能分享、怎样分享企业的盈余；最后，构造一个新的、具有一定效率的产权制度。对国有企业来说，做到产权清晰，一方面，要明确能够代表国家对国有资本行使占有、使用、收益和处置等权利的具体部门和机构；另一方面，要明确国家出资企业即国有独资企业、国有绝对控股企业、国有相对控股企业和国有参股企业的法人财产权。

权责明确是指在理顺产权关系、建立公司制度、完善企业法人制度的基础上，通过法律、法规确立出资人、经营者和企业法人对企业财产应当拥有的权利、承担的责任和履行的义务。出资人按出资额在所出资企业中享有重大决策、选择经营者和资本收益等权利，对企业债务承担相应的责任。经营者受出资人委托，享有经营管理企业的权利，获得相应收益，并对经营管理不善造成的损失承担相应的责任。不同出资人出资形成的企业是独立法人实体，企业在其存续期间，对由各个投资者投资形成的企业法人财产拥有占有、使用、收益和处置的权利，并以企业全部法人财产对其债务承担责任。公司制度、法人制度和有限责任制度是权责明确的基础。

政企分开是指在理顺产权关系的基础上，实行政府行政职能与企业经营职能的分离。政府和企业是两类具有不同性质、任务、职能但又紧密联系的组织系统。政府是国家政权机构的具体形式，主要职能是治理国家，企业是经济组织，主要任务是开展生产经营活动，追求自身效益最大化，并拥有必要的经营管理自主权。政府不得随意干预企业的经营管理活动，企业要执行国家的法律、法规和政策，但不具备管理国家的职能。对国有企业来讲，实行政企分开的目的是要防止政府对国有企业合法权益的随意干预，使国有企业真正成为自主经营、自负盈亏的市场竞争主体和独立法人。对我国国有企业而言，将国有企业承担的教育、医疗、社区管理等职能移交政府，也应属于政企分开的内容。因为，这些职能本来就应由政府承担，而不应由国有企业负担。

管理科学是指在产权清晰、权责明确的基础上，明确政府管理企业的权限和职责。政府按照企业发展规律科学管理企业；企业要遵循现代生产力发展的客观规律，按照市场经济发展的需要，树立现代的经营理念和思想，建立科学完善的领导体制和组织制度，形成一整套科学的管理制度，采用现代化的管理方式和手段，不断提高管理效率，以创造最佳的经济效益。对国有企业而言，要结合自身实际学习和吸收世界各国先进企业的科学管理方式和管理手段，不断提高企业管理的科学化和现代化水平，不断增强市场竞争力。

现代企业制度是社会化大生产和市场经济发展的产物，是市场经济发展到一定阶段的结果。在资本主义发展初期，企业的所有权与经营权是统一的，所有者的个人财产与企业财产是不分的，谁投资、谁所有、谁经营、谁受益、谁承担民事责任。随着生产规模的不断扩大和市场竞争的日趋激烈，企业资金需求不断增加，投资风险逐渐增大，对决策和经营能力的要求日益提高，所有者与经营者合一和承担无限责任的传统企业制度难以满足这些要求和变化。因此，企业制度必须进行变革，以现代产权制度为基础、以企业法人制度为核心、以所有权与经营权分离为特征、以有限责任制度为保证、以公司制股份制为组织形式的现代企业制度也就应运而生。现代企业制度由其多元产权结构衍生出一套有效的公司治理结构，这套治理结构可以为选择优秀的经营管理者并对其行为进行有效激励和约束进而提高企业竞争力、为改善企业绩效和提高企业效率提供制度保证。因为企业的经济效益取决于其在不同市场结构中的竞争力和市场行为，而企业经营管理者的能力、态度、战略以及管理和技术水平在很大程度上决定了企业的竞争力和市场行为。企业经营管理者的选择、积极性的调动和经营战略的制定是企业治理结构运行的结果，而企业的产权制度最终决定了企业的治理结构。因此，世界上很多企业特别是大企业普遍选择了现代企业制度作为资本组织形式。

二 国有企业改革的方向

现代企业制度是提升国家竞争力的重要制度保证，也是推动人类社会发展的一种有效制度。世界大国的崛起都离不开公司的重要作用。2011年中央电视台播出了10集大型纪录片《公司的力量》，主要讲述公司如何改变世界，并将近代以来人类社会生产力极大提高的根本原因归结为公司，同时还预言公司将是未来世界变化的决定性力量。这一结论不一定正确，也不一定符合历史，但从中可以看到作为现代企业制度主要组织形式的公司在人类社会发展历程中的分量和作用。

现代企业制度是企业赢得市场竞争优势的一种有效组织形式和运营方式，是被许多国家的实践证明的有利于促进生产力发展的先进的生产组织形式。国有企业要适应市场经济和市场竞争的要求，真正成为法人实体和市场竞争主体，就必须遵循企业发展规律，学习借鉴世界大型企业普遍采用的治理模式，按照"产权清晰、权责明确、政企分开、管理科学"的要求进行公司制股份制改革，建立健全现代企业制度。

建立现代企业制度对坚持和完善基本经济制度也具有重要意义。国有企业改革是坚持和完善基本经济制度的重要内容和重大举措，现代企业制度是国有企业改革的方向，能否建成比较完善的现代企业制度，对国有企业改革目标的顺利实现，对国有企业活力和竞争力的提升，进而对坚持和完善基本经济制度都会产生重要影响。

我国国有企业要适应社会化大生产和市场经济发展的需要，要形成与市场经济体制相适应的体制和机制，要在激烈的市场竞争中具有活力和竞争力，建立现代企业制度也就成为其改革的方向选择和制度模式。建设中国特色社会主义，坚持和完善基本经济制度，提升我国的综合国力和竞争力，实现中华民族伟大复兴的中国梦，就必须将建立现代企业制度确立为我国国有企业改革的方向，推动国有企业不断完善现代企业制度。

总结以往国有企业的改革经验，借鉴发达市场经济国家企业的组织制度，1993 年 10 月召开的党的十四届三中全会明确提出，国有企业改革的方向是建立"产权清晰、权责明确、政企分开、管理科学"的现代企业制度。党的十五大和十五届一中全会提出，用三年左右的时间，力争到 2000 年大多数国有大中型企业初步建立现代企业制度。党的十五届四中全会提出，到 2010 年"建立比较完善的现代企业制度"。党的十六大强调，"按照现代企业制度的要求，国有大中型企业继续实行规范的公司制改革，完善法人治理结构"。党的十六届三中全会强调，"完善公司法人治理结构。按照现代企业制度要求，规范公司股东会、董事会、监事会和经营管理者的权责，完善企业领导人员的聘任制度"。党的十七大强调，"深化国有企业公司制股份制改革，健全现代企业制度"。党的十八届三中全会强调，推动国有企业完善现代企业制度。健全协调运转、有效制衡的公司法人治理结构。从这些重要论述可以看出，第一，我们党十分重视国有企业建立现代企业制度；第二，建立现代企业制度是深化国有企业改革的方向和重要内容；第三，完善现代企业制度的重点是健全公司法人治理结构。

改革开放以来，与整个国有企业改革相适应，现代企业制度大体经历了摸索、确立、发展、完善四个阶段。

第一阶段，从 1978 年改革开放起步到 1993 年 11 月党的十四届三中全会召开。这一阶段的改革，着重于"放权让利"等措施以搞好搞活国有企业，虽然没有明确提出国有企业改革的方向是要建立现代企业制度，但为现代企业制度的提出和确立探索了路子，积累了经验。

第二阶段，从党的十四届三中全会以后到 2002 年 11 月党的十六大召开。党的十四大明确提出，我国经济体制改革的目标是建立社会主义市场经济体制，党的十四届三中全会根据建立社会主义市场经济体制这个经济体制改革的总目标和总要求对国有企业改革进行了全面部署，第一次将建立现代企业制度确立为我国国有企业改革的方向。这标志着我国国有企业改革进入一个新的阶段，即着重于企业制度创新的阶段，目的是通过制度创新实现国有企业改革的根本性突破，使国有企业的制度能够适应建立社会主义市场经济体制的需要。为落实中央关于建立现代企业制度的要求，国务院决定选择 100 家企业进行现代企业制度试点，围绕建立现代企业制度确定了一系列相关改革，并于 1993 年 12 月建立了现代企业制度试点工作协调会议制度。地方政府也选择了 2000 家左右的企业进行建立现代企业制度的试点。1998 年开始实施国有企业改革和脱困的"三年攻坚"，明确提出到 2000 年底大多数国有大中型骨干企业初步建立现代企业制度。经过三年的努力，国有大中型骨干企业现代企业制度的基本框架初步建成。据国家统计局企业调查总队对全国 4371 家重点企业进行的建立现代企业制度情况跟踪统计调查，截至 2001 年底，4371 家重点企业中有 3322 家企业实行了公司制改造，改制面达 76%，其中，1987 家企业成立了股东会，3196 家企业成立了董事会，2786 家企业成立了监事会，分别占改制企业总数的 59.8%、96.2% 和 83.9%。这一阶段的改革，虽然国有大型骨干企业初步建立了现代企业制度的框架，但由于产权制度改革和国有资产管理体制改革没有实质性进展，国有企业建立现代企业制度离"产权清晰、权责明确、政企分开、管理科学"的要求还有很大距离，需要继续推进现代企业制度建设。

第三阶段，从党的十六大召开到 2013 年 11 月党的十八届三中全会召开之前。随着各级国资委相继设立，国有企业建立现代企业制度的工作也进入一个新的阶段。国资委的主要职责之一就是推进国有企业的现代企业制度建设，完善公司治理结构。同时，各级国资委的建立，有力地推动了政企分开和政资分开，为国有企业建立现代企业制度提供了制度性前提和保障。各级国资委设立以来，按照建立现代企业制度这一方向，做了大量创新性的工作：一是积极推进国有企业公司制股份制改革，具备条件的整体上市，为建立现代企业制度提供产权基础；二是推进规范董事会建设，在国有独资公司引入外部董事制度，建立以外部董事为主的专门委员会；三是调整外派监事会的组织机构，改进外派监事会的工作方式，努力提高监管的针对性和有效性；四是探索市场化选聘与党管干部相结合的选人用人制度，面向海内外公开招聘国有企业高管人员，选择部分企业进行选聘总经理的试点。在各级国资委的积极推动下，国有企业建立现代企业制度的步伐加快，全国 90% 以上的国有企业完成了公司制股份制改革，中央企业股份制改制面超过 70%，多数国有企业建立了股东会、董事会、经理层和监事会等机构。这一阶段的现代制度企业建设虽然取得了积极进展，但由于国有企业改革整体还处于进行之中，政企不分、政资不分的问题仍然存在，相关的配套改革特别是人事制度改革、分配制度改革和产权制度改革仍然滞后，制约了现代企业制度建设取得新的重大突破，国有企业的公司治理机制离完善的现代企业制度还存在相当差距，需要通过全面深化改革进行完善。

第四阶段，党的十八届三中全会以后。《决定》围绕坚持和完善基本经济制度强调，积极发展混合所有制经济，改革国有资本授权经营体制，推动国有企业完善现代企业制度，准确界定不同国有企业功能等。这一系列论述和部署推动了新一轮国有企业改革的启动，也标志着建立现代企业制度进入了完善阶段。根据中央的要求和部署，这些重大改革在 2020 年之前都必须取得实质性进展。可以相信，随着相关配套制度改革取得新的重大突破，比较成熟的现代企业制度将真正建立起来。

回顾建立现代企业制度的历程可以看出，建立现代企业制度涉及一系列深层次的矛盾和问题，要求突破许多重点和难点问题，需要若干配套制度的改革，因此，建立现代企业制度必将是一个漫长艰难的过程。虽然建立现代企业制度取得了明显进展和成效，但还是一个任重道远的任务，需要我们在已经取得的成就基础上，按照《决定》的精神和要求，积极进取，毫不松懈，大胆革新，力争在 2020 年之前使现代企业制度建设取得实质性重大突破。

三　健全公司法人治理结构

完善现代企业制度，关键是完善公司法人治理结构。因为，公司法人治理结构是现代企业制度的核心，是企业长期持续发展的制度基础和重要保证。伴随着所有权与经营权的分离而产生的委托—代理问题是公司制企业面临的共性问题，无论是中国企业还是外国企业，无论是国有企业还是私营企业，只要采用公司制特别是股份制都会遇到代理成本和内部人控制问题，公司治理问题由此产生，而解决委托—代理问题的出路就在于不断完善公司治理。正因为如此，现代企业理论普遍认为，公司治理是现代企业制度的核心和关键。因为有效、良好的公司治理是公司制度发挥作用的基础，是现代企业制度建设中最为重要的环节。良好的公司治理提供了出资人有效监督的体制框架，能够在所有权与经营权分离时较好地保障出资人的权益，可以使出资人、经营者各司其职，从制度安排上为创造良好业绩奠定基础。

（一）公司法人治理结构的内涵及意义

早在 20 世纪 50 年代之前西方经济学家就提出公司治理问题，近二三十年来，公司治理问题引起国际社会的广泛关注和专家学者的深入研究，但国内外学者对公司治理内涵的理解并不一致。20 世纪 80 年代后期，随着股份制试点企业的出现和外国专家学者的介绍，公司治理的概念在我国出现并被广泛使用，党的十五届四中全会做出的《关于国有企业改革和发展若干重大问题的决定》中第一次使用了公司法人治理结构的提法，并强调公司法人治理结构是公司制的核心，但专家学者对此则有另外多种称谓，有的称之为"公司治理结构"，有的称之为"公司治理机制"，还有的称之为"法人规则"等，现在国内专门研究企业的专家学者使用较多的是"公司治理"。称谓的不同表明大家对公司治理内涵的理解不尽一致。虽然国内外对公司治理的内涵有多种解释和界定，但大致可以分为狭义和广义两类。

狭义的公司治理将公司治理界定为处理投资者与经理人之间的利益冲突以及相应的治理结构和治理机制。通常认为，传统的公司治理建立在委托—代理理论的基础之上，公司治理是出资人通过委托—代理中的激励约束设计来控制代理人和企业的一种机制。

广义的公司治理将公司治理界定为处理出资人与经理人之间的利益冲突以及保护利益相关者的一套制度安排。20 世纪90 年代以来，随着共同所有权理论、托管责任理论和公司社会责任理论为理论基础的利益相关者共同治理理论的发展，企业被视作利益相关者缔结的一组契约，被界定为利益相关者因投资缔结的契约网络。因此，公司治理既要考虑出资人和代理人，还应考虑利益相关者。公司治理的目标不仅是要保护股东利益，实现股东利益最大化，而且要明确利益相关者的权利和责任，实现各利益相关者的利益最大化。

进入 21 世纪以来，伴随工业化和经济全球化引发的南北差距、贫富悬殊、失业、自然资源破坏、生态环境恶化等问题日益严重，人们对企业生存的目的和社会价值的疑虑日益增加，企业社会责任日益成为国际社会共同关注的问题。由此，广义公司治理日益被认可和接受。人们普遍认为，公司治理的重点是要解决所有者与经营者的委托—代理问题，解决股东利益最大化和激励约束经营者的问题，同时，要解决相关利益者的责权利及相互制衡问题。

广义的公司治理包括公司内部治理机制和外部治理机制，内部和外部的各种治理机制通过各种不同的途径和形式对公司治理产生影响和发挥作用，如在企业成为公众公司的情况下，股东可以通过"用脚投票"即抛售所持股票的方式，实现企业"控制权的转移"，即股东通过市场体系对经营者进行控制，以保证股东的收益。公司的内部治理机制和外部治理机制通过相互作用来谋求实现以股东利益为主导的公司价值最大化，保证企业的长期持续发展。

有效的公司治理对企业的长期持续发展具有十分重要的意义和作用。

一是公司治理问题日益引起世界各国的广泛关注。近二三十年来，世界银行和经济合作与发展组织联合主办了定期性的"全球公司治理论坛""亚洲公司治理圆桌会议""拉丁美洲公司治理圆桌会议""俄国公司治理圆桌会议""中东公司治理圆桌会议"和"欧亚公司治理圆桌会议"等一系列专门性的公司治理会议。经济合作与发展组织还于 1999 年制定了"公司治理原则"，美国、英国、法国、日本和加拿大等国都制定了适合自己国情的公司治理报告。美国、欧洲、日本等国或地区还分别设立了专门的公司治理组织或网络。许多国际性大公司的年报都要披露公司的治理状况。这些说明，公司治理已成为一个世界性的、持续性的重大课题。

二是公司治理缺陷是大公司倒闭的一个重要原因。大公司是一个国家综合国力的重要体现和象征，在一个国家的经济发展、科技进步和国际竞争中具有举足轻重的作用。大公司特别是世界级大型公司的破产倒闭，有时会给一个国家经济、社会带来强烈冲击，美国的安然、世通、雷曼兄弟等大公司的倒闭，不仅令美国经济严重受创，而且迫使美国政府支付巨额费用为这些大公司的倒闭"埋单"。经济合作和发展组织即OECD 曾对成员国的公司治理做过一个调查，在此基础上出版的《公司治理：对 OECD 各国的调查》提出，"尽管金融与非金融领域的公司倒闭不能全部归咎于公司治理缺陷，但这种缺陷肯定是导致倒闭的一个因素，至少对倒闭规模的大小有影响"。

三是公司治理对企业绩效具有明显影响。法国里昂证券有限公司在《迅速发展市场中的公司治理》中对比了中国与印度的公司治理。该报告指出，中国以国家为中心的股份结构抑制了公司治理，导致中国上市公司的治理效率低下，而20世纪90年代至今，印度上市公司在股权回报率方面优于中国同类企业。2005年中国公司的平均股权回报率约为17.4%，远低于印度公司的26.4%。

四是投资机构对公司治理良好的企业更愿意进行投资。2002年著名的投资咨询机构麦肯锡曾经对全球的基金经理做过一个调查，调查显示，公司治理问题是机构投资人关注的焦点之一。而且平均来说，西欧和北美的基金经理们愿意为好的公司治理支付12%～14%的溢价，亚洲和拉美地区的溢价水平在20%～25%，而在东欧和非洲国家这一溢价比例可以上升到30%。总之，公司治理溢价是普遍存在的，而且溢价与一个国家公司治理的平均水平成反比，越是公司治理平均水平差的地区，机构投资人越愿意为好的公司治理支付更多的溢价。

（二）主要公司治理模式及特征

公司治理作为一种企业制度安排，总是与所在国家的经济制度、政治制度紧密相连，并深受该国历史、文化等因素的影响，因而，公司治理会有不同模式和特点。经济合作与发展组织将公司治理模式分为三大类，即英美模式、德日模式和家族模式。

英美公司治理模式是指按照英美法系的基本要求制定公司法的国家普遍实行的一种公司治理结构。从目前英美国家大多数公司治理模式看，其主要特征包括以下几个方面。一是股权结构相对分散，最大股东持股比例通常只有3%，最多不超过5%。由于股权高度分散，任何一个投资人都不足以控制或影响公司的经营决策。二是机构投资者在股权构成中占有相当比例，20世纪90年代机构投资者拥有美国公司的股权已超过40%，一般机构投资者的换手率达50%以上。由于股权结构相对分散和机构投资者在股权结构中占有相当比例，使得英美公司治理模式的外部治理机制十分发达，因此，英美公司治理模式也被称为"市场主导型"的公司治理或"外部控制型"的公司治理。三是董事会成员主要由外部董事或独立董事担任，为了防止"内部人控制"问题，英美等国家的法律规定，董事会中必须有半数以上的外部董事或独立董事，美国大型公司普遍在董事会内还设立首席独立董事一职。从美国的公司治理看，虽然外部董事或独立董事在董事会中占绝大多数，但内部董事或非独立董事在董事会中都担任主要职务。四是董事长普遍兼任CEO，美国著名的投资银行摩根士丹利、高盛、美林、嘉信等公司的董事长和CEO都是由一个人担任。五是董事会下设若干专门委员会，主要职责是协助董事会行使决策和监督职能，通常设有审计委员会、提名和薪酬委员会、战略和规划委员会，一些公司还设立了执行委员会，负责公司的日常经营管理。有的企业根据所处行业的特点设立某些专门委员会。六是公司治理中一般不设监事会，公司内部监督职能主要由审计委员会承担，审计委员会主要对董事会负责。我国专家学者习惯于将英美公司治理称为单委员会制，主要就是基于其公司内部不设监事会。七是普遍实行总法律顾问制度，总法律顾问负责管理全公司的法律事务。据世界大企业联合会的调查，美国48%的大公司、英国29%的大公司都设立了总法律顾问。总法律顾问一般为公司的高级副总裁，有的还兼任公司的秘书，直接对公司总裁负责。此外，雇员通过持股计划和集体谈判制度参与公司治理，也是英美公司治理模式的一个特征。

德日公司治理模式是指按照欧洲大陆法系为准则制定公司法的国家普遍实行的一种公司治理结构。德日公司治理以德国公司治理结构为主要代表，一般侧重于公司的内部治理，较少依赖外部治理机制。日本虽然是亚洲国家，但公司治理的特征更多属于大陆法系国家，但又不完全相同于大陆法系国家的公司治理，尽管如此，专家学者通常将日本公司治理也归为德日模式。德日公司治理模式的主要特征包括以下几个方面。一是股权相对集中。据有关研究，德国、法国、奥地利、比利时等13个西欧国家公众持有36.93%股权的公司在西欧公司中占主导地位，这些公司主要是金融公司和大公司。二是法人交叉持股，日本公司控制股权的主要是金融机构和实业公司等法人，1989年日本公司的法人持股比率高达70%以上。三是金融机构的作用较大。德国公司的大股东主要是金融公司、保险公司、银行等，据统计，银行可以行使的表决权股票占德国上市公司股票的一半左右，日本的银行持股份额一般占到20%左

右。因此德日模式又被称为"银行主导型"的公司治理。四
是实行董事会与监事会并存的制度。在欧洲，不少国家的股份
公司同时设立董事会和监事会。董事会专门从事公司的经营决
策工作，监事会则专门从事监督工作。监事会一般与董事会处
于平等地位，以便在两者之间形成制衡机制。在德国公司中监
事会的地位甚至高于董事会。我国专家学者习惯于将德日公司
治理中董事会与监事会并存的制度称为双层委员会制。但实行
大陆法系的欧洲国家的公司治理并非都采用这种双层委员会
制，如法国的《公司法》规定，公司可以采用双层委员会制，
也可以采用单委员会制，芬兰的公司是否设立监事会由股东大
会决定。五是实行内部董事制度。传统上欧洲国家的股份公司
中独立董事较少。日本公司的董事会成员主要来自公司内部，
董事按社长、专务、常务、一般董事分为四级，社长提名董事
候选人，社长一般兼任总经理。由于法人相互持股，一般社长
会、总经理会实质上就代表了股东会议，因此，社长总是从内
部提拔董事。六是普遍实行雇员参与公司治理制度。德国的法
律规定，雇员可以进入公司的监事会，法国等国家则允许雇员
进入公司董事会，并且欧洲国家大多在公司中建立了企业委员
会制度，雇员通过参加企业委员会来参与公司治理。在日本的
股份公司中，雇员主要通过企业内的工会参与公司治理，日本
的公司十分重视中低层雇员参与企业的管理，如企业普遍建立
质量管理小组等，高层职员则参与公司治理。

　　家族企业的公司治理模式在韩国等东亚地区比较普遍。从
股权结构分析，所谓家族企业公司治理模式，就是公司股权集
中于家族手中，其特征是公司的股权结构呈现为"一股独

大"。据调查，家族控制的企业在企业总数中的比例，马来西亚占 67.2%，我国台湾地区占 61.6%，韩国占 48.2%，菲律宾和印度尼西亚最大的家族则控制了上市公司总市值的 1/6。

中国公司治理模式在表现形式上具有英美、德日和家族企业三种公司治理模式的部分特征。我国上市公司和国有大型公司在治理模式方面则表现出采取混合公司治理模式的特征，既采取德日公司治理模式的一些做法，又采取英美公司治理模式的部分做法。在采用德日公司治理模式方面，主要表现为：一是普遍采用双层委员会制，即实行董事会和监事会并存的制度；二是股权结构比较集中；三是董事长与总经理普遍分设。在采用英美公司治理模式方面，主要表现为：一是普遍引入英美公司治理采用的独立董事或外部董事制度，上市公司普遍实行了独立董事制度，实行外部董事制度的国有企业的外部董事人数超过内部执行董事的人数；二是在董事会下设立若干主要由独立董事或外部董事为主的专门委员会，专门委员会的主任委员往往由独立董事或外部董事担任；三是大型国有企业特别是中央企业普遍实行总法律顾问制度，截至 2013 年底，113 家中央企业集团层面全部建立了总法律顾问制度，2560 户重要子企业也建立了总法律顾问制度，基本做到了全覆盖，集团和重要子企业总法律顾问专职率分别达到 64% 和 50%；中央企业全系统法律顾问队伍达到 1.8 万人，持证上岗率接近60%。

中国大型国有企业公司治理呈现出的上述特征，主要是由中国的国情决定的，是由国有企业的本质要求决定的，是由中国所处的发展阶段和现阶段中国的监管水平决定的。总之，中国的基本国情和现阶段的发展状况决定了中国的大型国有企业必然采用这样的公司治理模式而没有采用其他类型的公司治理模式，因而具有明显的中国特色。

（三）公司治理模式的发展趋势

由于各国企业面临的制度背景、产权结构和市场环境不同，由此产生了多样化的公司治理系统、治理主体与治理机制。例如，由于欧洲大陆国家的证券市场不及美国和英国发达，因此，银行在公司治理中扮演着十分重要的角色。由于股权相对集中和银行持股比例较大，使得德日公司治理模式的外部治理作用不及英美公司治理模式，因此，也被理论界和管理界称为"内部控制主导型"的公司治理。反之，由于股权相对集中，当公司业绩不佳时，大股东可直接行使表决权校正公司的决策，而不用在股票市场上"用脚投票"。而这又成为欧洲国家的证券市场大多不如英美发达的一个原因。由此可见，特定国家的公司治理只有在特定的法律条件、制度背景和市场环境下运转才会有效，它反映了特定国家的历史、文化与公众制度的特质，这是不具备这些特质的国家照搬别国公司治理的主要障碍。将发达市场经济国家的公司治理简单地移植到其他国家社会经济环境的框架下，不一定能够产生效率。对于处在经济转型和体制转轨中的国家而言，简单地移植发达国家的公司治理可能会使实际情况变得更差。

理论上和实践中并不存在最优的公司治理模式。即使是在美国，多次出现的大公司丑闻和 2008 年的次贷危机也使不少专家学者质疑英美公司治理模式。采用什么样的公司治理模式要考虑一个国家的历史文化、资本市场、法律保护水平等因素，适合国情的、具有效率的公司治理模式就应视为合理的公司治理模式。因此，世界上不存在一种绝对适用于各国的公司治理模式，也不存在一种绝对完美的公司治理模式。美国哈佛大学法学院教授马克·罗伊专门比较了英美模式和德日模式下公司治理结构差异的形成原因以及可能的社会经济影响。他认为，尽管最近一个世纪以来，美国经济在全球经济中处于绝对主导地位，但并不能由此得出英美模式要优于德日模式的结论，因为每一种治理模式都能在各自特殊的历史传统和政治环境中做出最优反应，都能达到各自的适应性效率。显然，一个国家的公司治理要受到企业所在国的历史、文化、政治、法律甚至地缘政治环境的影响，各国应从本国国情出发选择公司治理模式。

在承认不同公司治理模式存在的合理性的同时，也要看到，公司治理的发展和完善还是有着基本的趋势，总的趋势是公司治理模式趋于相同或相互接近，趋于以国际公司治理准则作为共同遵守的准则，趋于英美公司治理模式的基本架构。

一是公司治理立法趋于相同。各国与公司治理相关的立法普遍加强了对公司的监督和规制，2002 年 7 月美国颁布的《萨班斯法案》，加强了对上市公司的监管。2003 年法国出台了《新经济规制法》，在加强对公司的监督与规制方面做了一系列规定。同时，欧洲国家开始强调股东和资本市场的作用，德国立法已经将决策过程的控制权向股东倾向并提高账目的透明度。日本 1993 年修改后的《商法》首次以立法形式引入美国式的独立董事制度并规定企业可以设置由外部或独立董事为主的审计委员会、提名委员会和薪酬委员会。意大利 1997 年德拉吉（Draghi）法大大增加了股东的权利。而英美等国家则开始重视银行持股的作用，美国《1987 年银行公平竞争法案》使商业银行可以涉足证券投资等非传统银行业务。英国 1986 年立法允许商业银行直接参与证券业务。

二是公司治理结构趋于相同。从芬兰、瑞典、澳大利亚、马来西亚等欧洲和亚洲的一些国家完善公司治理结构的趋势看，越来越多国家的公司开始采用英美公司治理结构模式，主要是引入外部或独立董事制度，建立以外部或独立董事为主的董事会制度和以外部或独立董事为主的专门委员会，董事会在公司治理中发挥越来越重要的作用。日本 2002 年修改的《商法》允许企业放弃传统的"股东会—董事会—监事会"的公司治理模式，转而采用"股东会—独立董事为主的董事会和专业委员会"这一英美公司治理模式。

三是企业会计准则趋于相同。美国证券交易委员会（SEC）已经启动了废除美国会计标准的计划，要求所有美国上市公司在 2014 年放弃沿用了几十年的美国公认会计准则（GAAP），采用国际财务报告准则（IFRS）。同时 SEC 还允许一些大型跨国公司从 2010 年起按照国际准则发布业绩报告。目前，全球有 100 个国家采用国际财务报告准则，美国准备采用国际财务报告准则必然会促进公司治理的趋同，这也是公司治理模式趋同化的一个重要标志。

四是企业审计规则趋于相同。《萨班斯法案》的主要目的是通过对公司首席执行官和首席财务官及审计机构的法律约束确保企业财务报表的真实性和有效性。欧盟为促进企业加强内部控制，防止出现重大财务丑闻，于 2006 年 4 月借鉴《萨班斯法案》的有关规定在卢森堡通过了企业审计的新规则，主要目的也是通过法律加强对审计机构、审计师及相关企业行为的约束，确保审计机构审计时做到公正、独立。欧盟要求各成员国在 2008 年之前必须通过新规则并付诸实施。

公司治理趋于相同或相互接近的背景和动因主要在于，一方面，随着经济全球化的不断扩大，跨国界的投资活动和并购重组不断增加，资本市场一体化加快发展，投资者对制定国际通用的、标准化的财务报表的要求日益强烈，使得各国市场监管当局不得不采用大体相似的指引和规则，要求公司披露对证券定价至关重要的信息，以保护投资者的利益，这也有利于降低公司的会计成本和提高公司运营绩效，因此，通行的国际财务报告准则逐渐为许多国家所接受；另一方面，美国资本市场作为世界上最富流动性和最有效的市场，是世界许多国家的公司重要的融资场所，为进入美国资本市场融资，这些公司必须采取措施满足 SEC 有关信息披露的规则。因此，GAAP 准则也为世界许多国家的公司所接受。近年来，公司治理趋于相同的内容已从财务准则逐步扩大到公司立法、治理结构和审计准则等方面。当然，作为植根于一个国家历史、文化、法律和市场之中的公司治理，所有国家的公司治理模式完全趋同是不可能的。我国要完善社会主义市场经济，国有企业的公司治理就要适应世界公司治理的发展趋势，同时，要从中国实际出发完善中国国有企业的公司治理。

四　从中国实际出发完善国有企业公司治理

在我国，完善公司治理不仅面临着市场经济国家带有共性的治理结构问题，而且面临着国有企业能否形成与社会主义市场经济相适应的治理结构问题。中国共产党在中国特色社会主义事业中的领导核心地位和作用，以公有制为主体、多种所有制经济共同发展的基本经济制度，这些既使我国公司治理与市场经济国家公司治理的制度性条件有根本区别，又使我们必须从中国实际出发建立和完善中国特色国有企业的公司治理。在总结我国国有企业改革经验和借鉴国外企业发展成功模式的基础上，我国在董事会建设、监事会制度、党组织发挥政治核心作用三个方面逐步探索形成了中国特色的国有企业公司法人治理结构。

（一）国有独资公司的规范董事会建设

完善公司治理的关键是加强和改进董事会建设。柯林斯和波拉斯（Jim Collins & Jerry I. Porras）通过对 18 个具有百年历史的优秀企业与其竞争对手公司的对比，提示了企业基业长青的秘诀，其中最为重要的一条就是：伟大的公司一定都有一个独立和有效的董事会。

2003 年 3 月国资委组建时，监管的中央企业为 196 家，除 8 家是股权多元化的企业，其他都是国有独资企业或国有独资公司，普遍没有建立董事会，其中不少还是按照《企业法》运作。对国有独资企业和国有独资公司如何建立健全董事会，是完善国有企业公司治理必须解决的重大课题。借鉴国外经验，结合中国国情，国资委在积极推进国有企业公司制改革的基础上加快推进规范董事会建设的工作，为完善中国特色国有企业的公司治理探索了路子，积累了经验。

建设规范董事会是我国国有企业改革的一个特定术语。所谓建设规范董事会，主要内容就是在国有独资公司中引进外部董事制度，建立以外部董事为主的董事会及相应的专门委员会，并相应地建立一套规范董事会与经营层的运作制度和监管制度。之所以选择和推进建设规范董事会这种制度安排，主要是基于四个方面的考虑：一是董事会在公司治理中处于关键和核心位置；二是探索国有独资企业和国有独资公司完善公司治理的途径和方式；三是解决国资委的定位问题；四是学习和借鉴新加坡淡马锡控股公司在完善公司治理方面的成功做法。

2004年2月中央企业建立和完善国有独资公司董事会工作开始试点，2010年建立和完善董事会的工作正式统一为建设规范董事会工作。截至2014年6月底，建设规范董事会的中央企业已达60家，占全部国资委监管企业的53.6%。其中，外部董事已到任的企业48家，外部董事203人，外部董事占董事会成员的比重全部超过半数，有3家企业的董事长由外部董事担任。董事会下普遍设立战略、审计、提名和薪酬等专门委员会，专门委员会的成员大多由外部董事担任，主任委员也普遍由外部董事担任。

在国有独资公司建设规范董事会，其主要目的，一是实现决策职能与执行职能的分离，形成相互制衡的机制；二是实现决策机构的动态优化，根据企业发展需要和董事履职情况不断调整外部董事结构；三是实现国资委管理方式的逐步转变，解决管得过多过细问题；四是实现重大事项集体决策，防止个别人说了算给企业造成重大损失。实现这些目标，国有企业的治理体系建设和治理水平将有一个明显的提升。

从实践的效果和企业的反映来看，建设规范董事会的工作基本实现了这些目标，取得了积极进展和成效：一是国有企业的决策机制发生了重大变化，由过去企业内部人甚至"一把手"说了算变为内外部董事集体研究决策；二是突出了战略决策和风险管控，国有企业的战略规划和风险管控能力明显提升，突出了战略管控和决策把关作用；三是初步实现了国资委对企业管理方式的转变，提高了董事会对经理层的个性化管理；四是促进了企业内部的各项管理，经营管理水平得到提高。

国有独资公司建设规范董事会，是中央企业管理体制改革和完善公司治理的重大举措和重要探索。作为大型国有独资公司完善公司治理的一项制度创新，建设规范董事会在实践中也存在一些需要研究和解决的问题，包括国有独资公司建设规范董事会与实现整体上市的关系、大型国有独资公司的二级子公司是否需要建立规范董事会、作为国有资产出资人的各级国资委与建设规范董事会的国有企业其职权如何划分和界定、如何形成有效的激励和约束外部董事的一整套制度、国有企业董事会如何既能形成有效的内部制衡机制又能做到精简高效等，所有这些问题都需要在实践中不断研究解决，并在此基础上不断完善中国特色国有企业的公司治理。

（二）国有独资企业和公司的外派监事会制度

企业的监督制度如何安排，也是完善公司治理的一个重要内容。根据我国国有企业的集团公司或母公司大多为独资企业或独资公司的现实，我国探索建立了由政府向国有独资企业和国有独资公司派出监事会的制度，即通常所说的国有企业外派监事会制度。

外派监事会制度是我国国有企业改革的一个特定术语，也是我国国有企业公司治理的一个重要特色。外派监事会制度是相对于内设监事会制度而言的。根据《公司法》规定，国有资本控股公司、国有资本参股公司设立监事会，国内通常将国有资本控股公司和国有资本参股公司依据《公司法》设立的监事会称为内设监事会，与此相对应，通常将政府向国有独资企业或国有独资公司派出的监事会称为外部监事会。

现行的外派监事会制度，其前身是1998年设立的稽察特派员制度，党十五届四中全会之后过渡为监事会制度。建立国有企业外派监事会制度，是党中央、国务院深化国有企业改革和加强国有企业监管的一项重大决策。其背景：一是政府专业经济管理部门经过多年政企分开、转变职能的改革，到1998年大多已不再具有监督企业的职能，而新的国有企业监管体制又没有形成；二是国有企业经过多年的不断改革，伴随"放权让利"而产生的"内部人控制"已成为普遍现象，国有资产流失问题比较突出；三是国有企业大多是国有独资企业或国有独资公司，由于缺乏配套改革，已建立的董事会也难以发挥作用，绝大多数并没有真正建立现代企业制度；四是社会主义市场经济体制正在建立之中，国有企业监管的外部机制包括企业控制权转移、规范的会计师事务所等还没有形成。在这种情况下，建立新的国有资产监管制度，有效防止国有资产流失，确保国有资产保值增值，促进国有企业健康发展，就成为一项紧迫而重大的任务。外派监事会制度也就应运而生。

根据 2000 年 2 月 1 日国务院第 26 次常务会议讨论通过的《国有企业监事会暂行条例》，外派监事会主要职责有四项：一是检查企业贯彻执行有关法律、行政法规和规章制度的情况；二是检查企业财务，查阅企业的财务会计资料及与企业经营管理活动有关的其他资料，验证企业财务会计报告的真实性和合法性；三是检查企业经营效益、利润分配、国有资产保值增值、资产运营等情况；四是检查企业负责人的经营行为，并对其经营管理业绩进行评价，提出奖惩、任免建议。为了适应形势的变化，特别是为了提高监事会监督的时效性和有效性，2006 年 12 月 27 日，国资委颁发了《关于加强和改进监事会工作的若干意见》及三个配套文件，对监事会的职责进行了调整。从目前的具体实践看，外派监事会的主要职责可以归纳为四项：一是检查国有企业及主要负责人的经营行为是否存在重大违法违纪行为；二是对企业领导班子和企业的董事长、总经理、党委书记及总会计师的经营业绩、经营能力等进行评价，提出奖惩和任免建议；三是提示企业改革发展和生产经营中的重大事项和潜在隐患，减少企业的经营风险；四是检查企业财务，验证企业财务会计报告的真实性和合法性。

外派监事会制度实施 16 年来，取得了积极成效：一是查出了一批违法违纪案件的线索，减少了国有资产流失；二是发现了国有企业经营管理中的一些潜在问题和隐患，减少了国有企业经营的风险；三是提示了国有企业改革和发展中的一些值得注意的薄弱环节，促进了国有企业健康发展；四是客观评价国有企业领导班子及主要负责人的履职情况，为选择和用好企业负责人提供了参考。实践证明，外派监事会制度是适合我国国情的行之有效的国有企业监督制度，也是中国特色国有企业公司治理的一个重要内容，具有独特的体制优势和实践效果。

从国外大多数国家国有企业的监管来看，政府主要是通过加强审计、派出董事、强化社会监督等措施实施监管，政府不向国有企业外派监事会，企业内部大多也没有设置监事会。这种监管模式的好处是，减少了公司治理的内部过多制衡，决策和执行的效率较高，避免了监事会和审计委员会的职责交叉，监管的成本相对较低。但这种通常被理论界称为外部控制主导型的公司治理模式和监管模式能够存在并发挥作用至少要具备以下条件：一是法制比较完善，依法经营成为企业的共同准则和行为，诚信成为社会的普遍意识和行动；二是资本市场特别是证券市场比较发达，公司控制权市场能够有效发挥作用，银行等利益相关者对企业能够进行有效监管；三是独立非执行董事能够自觉地维护出资人和企业的利益，职业经理人市场比较健全；四是内部审计委员会能够真正起作用，社会审计机构能够独立发挥作用；五是出资人对董事会能够进行有效监督，董事会成员自律意识较强；六是企业的信息比较透明，社会监督体系比较完善。显然，当前及今后一个时期我国还不完全具备采用这种公司治理和监管模式的条件和环境，在条件和环境不完全具备时简单采用这种模式势必会弱化国有资产监管工作的效果。因此，一方面要积极推进以外部董事为主的董事会制度建设，另一方面要继续坚持和完善向国有企业外派监事会的制度。

当然，随着改革的不断推进和深化，特别是随着国有企业整体上市的推进，外派监事会制度存在和发挥作用的环境和条件都发生了重大变化，外派监事会制度面临着法律依据和实际操作两方面的冲击，必须进行相应改革和调整。《决定》强调积极发展混合所有制经济和改革国有资本授权经营体制，对外派监事会制度提出了新的改革和调整的要求。适应深化国有企业改革和完善国有资产监管体制的要求，外派监事会的职责定位、监管方式、发挥作用的途径等必须进行相应的调整和完善。如何使外派监事会的体制优势与国有企业公司制股份制改革和国有资产监管转向以管资本为主相适应、相衔接，是新形势下完善国有企业公司治理需要解决的一个问题。

（三）国有企业公司治理中的党组织及政治核心作用

中国共产党是中国特色社会主义建设的领导核心，国有企业是党执政兴国的重要力量，是建设中国特色社会主义的重要物质基础。作为中国共产党历史方位和现实作用的反映，党组织在我国国有企业的合法存在和发挥作用，也就成为一种现实必然。

《中国共产党章程》第三十二条规定："国有企业和集体企业中党的基层组织，发挥政治核心作用，围绕企业生产经营开展工作。保证监督党和国家的方针、政策在本企业的贯彻执行；支持股东会、董事会、监事会和经理（厂长）依法行使职权；全心全意依靠职工群众，支持职工代表大会开展工作；参与企业重大问题的决策；加强党组织的自身建设，领导思想政治工作、精神文明建设和工会、共青团等群众组织。"党的十六届四中全会审议通过的《中共中央关于加强党的执政能力建设的决定》指出："国有企业党组织要适应建立现代企业制度的要求，完善工作机制，充分发挥政治核心作用。"《公司法》第十九条规定"在公司中，根据中国共产党党章的规定，设立中国共产党的组织，开展党的活动。公司应当为党组织的活动提供必要条件"。《中央组织部、国务院国资委党委关于加强和改进中央企业党建工作的意见》提出，"适应现代企业制度的要求，将党的工作与经营管理工作相结合"，"以加强企业领导班子思想政治建设为关键，以建立健全企业党组织充分发挥政治核心作用的有效机制为重点，把维护出资人利益、企业利益和职工群众合法权益统一起来，为实现国有资产保值增值，促进国有资产管理体制改革和中央企业改革发展稳定提供有力的政治保证和组织保证"。

从上述表述中可以得出以下结论：第一，党组织是国有企业建立现代企业制度的重要组成部分，要将党组织融入国有企业公司治理中，凡在中国境内注册设立的国有企业，不管是国有独资企业还是国有资本相对控股的企业，都必须设立党的组织、开展党的活动；第二，党组织在国有企业公司治理中发挥政治核心作用，通过参与企业重大问题的决策，保证监督党和国家的方针、政策在本企业的贯彻执行，这是企业党组织发挥政治核心作用的关键所在，也是保证党对国有企业政治领导的根本要求；第三，充分发挥党组织的作用，最终目的是为了维护国家、企业和职工的利益，同时也为国有企业改革发展和中国特色社会主义建设奠定坚实的政治基础。

从我国国有企业党组织在公司治理结构中具体发挥的作用看，党组织的政治核心作用主要体现在三个方面。

一是监督职能。监督党和国家的方针、政策在本企业的贯彻执行，是国有企业党组织的首要职责。国有企业的利益与党和国家的利益，总体上是一致的，但有时也可能发生具体利益不一致或不完全一致的情况。当这种情况发生时，企业党组织就应该加以引导，以确保党和国家的方针、政策在本企业的贯彻执行。与上述监督作用相联系，国有企业党组织还要发挥对党员领导人员、经营管理人员以及其他人员遵守法纪的监督作用。

二是支持职能。保证生产经营顺利开展是国有企业的基本任务也是其生存发展的基础，而生产经营活动能否顺利开展，与股东会、董事会、监事会和经理层能否相互制衡、相互监督、相互协作有着密切的关系。国有企业党组织要围绕企业生产经营开展工作，为生产经营顺利开展提供政治保障。应该说，党组织与股东会、董事会、监事会和经理层的功能不同，但目标是一致的，都是为了国有企业健康发展。充分发挥党组织的作用应该而且可以为股东会、董事会、监事会和经理层更好地履职提供支持和保障。

三是参与决策职能。党组织的政治核心作用表现为对企业重大问题决策的参与，特别是参与关乎企业发展、重要人事安排、人才工作、与职工利益密切相关的薪酬分配等事项的重大决策以及与上述内容相关的改革方面的重大决策。

国有企业的党组织应该按照中国共产党党章和有关法律法规的规定准确定位，主动融入现代企业制度建设中，主动适应公司法人治理结构的要求，更好地发挥党组织的政治核心作用。根据这些年来国有企业的实践经验，党组织政治核心作用能否顺利发挥取决于两点。

一点是要正确处理好党组织与企业内部股东会、董事会、监事会、经理层之间的关系。国有企业党组织与企业内部的股东会、董事会、监事会、经营层的出发点和最终目的是一致的，都是为了保障企业生产经营顺利运行，推动国有企业持续健康发展，更好地保障国家、企业和职工的权益。但也要看到，党组织与股东会、董事会等在决策机制、承担责任等方面还存在一定的差异。因此，要积极探索党组织在企业中如何发挥作用，董事会和党委如何分工，走出中国国有企业公司治理的成功之路。

"双向进入、交叉任职"是国有企业普遍实行的企业领导体制，是实现国有企业公司治理与党组织参与重大问题决策有机结合的有效办法。国有独资公司和国有控股公司的党委成员通过法定程序分别进入董事会、监事会和经理层，董事会、监事会、经理层中的党员可以依照有关规定进入党委会。凡符合条件的，党委书记和董事长可由一人担任，董事长、总经理原则上分设。

坚持党管干部原则是发挥党组织政治核心作用的关键环节。目前，党组织参与国有企业中层以上管理人员的选拔任用和管理监督工作。这就要求把党管干部原则和董事会依法选择经营管理者以及经营管理者依法行使用人权结合起来，把组织考察推荐与市场化选聘经营管理者结合起来。企业重要经营管理人员的任免经组织人事部门考察，党委研究提出意见和建议，董事会和经营管理者依法行使用人权。党组织的主要职责是确定用人标准，研究推荐人选，严格组织考察，完善评价体系，加强监督管理。

另一点是要将党组织的政治作用贯穿于企业决策、执行、监督全过程。党组织政治核心作用的发挥是一个连续的过程，不能仅仅限定在决策环节，决策后的实施过程以及实施效果究竟如何，党组织也应该发挥作用。

第一，积极参与决策。党委会在决策过程中主要是从政治路线角度行使决策建议权和监督权，对事关企业改革发展稳定的重大问题提出意见和建议，而不是取代董事会、监事会基于经济角度的决策权、监督权。要明确党委会参与企业重大问题决策的范围和具体内容，发现企业重大问题决策不符合党和国家方针政策、法律法规或脱离实际时，应及时提出意见，如无法纠正，应当向上级党组织反映。

第二，保障决策执行。融入企业生产经营过程是党组织作用发挥的重要基础，对企业决策机构做出的决策，党组织有责任和义务发挥其政治优势，组织党员干部并领导职工积极实施，努力保障决策目标的实现。作为国有企业公司治理机构的重要组成部分，党组织的各项工作都要有利于促进中心工作，促进改革发展；党员领导干部在企业实现改革发展目标的过程中，必须率先垂范，真正体现党的先进性。

第三，强化监督。国有企业的监督力量非常多，外部有纪检监察、国家审计、外派监事会、事务所审计等，内部也有纪检监察、内部审计等监督力量，但党组织的监督力量不能因此而放松，而应切实加强。对决策的监督，主要是确保党的路线方针政策得到贯彻执行，确保公司重大决策和发展战略得到落实。对违反党和国家路线方针政策的行为要敢于监督。对董事会的决策风险，应及时提醒董事会，必要时向上级党组织反映。对企业的党员领导干部履职情况，党组织也要进行监督，发现违法违纪问题，必须进行严肃查处。

对党组织在企业中的政治核心作用以及对党组织参与国有企业重大问题的决策，国内的认识并不一致。一些人认为国有企业是经济组织，不是政治组织，股东会、董事会、监事会和经理层各司其职、相互制衡、有效运转的公司治理是市场经济国家企业的普遍治理模式，不应强调党组织参与国有企业重大问题的决策。党内一些同志包括少数领导干部在思想上也存在着淡化企业党组织作用的倾向。应该说，这种把企业党组织与公司治理结构对立起来的观点，不符合我国国情。

一方面，党组织在我国国有企业中发挥政治核心作用，既是我国国有企业治理结构的一个特色，也是我国国有企业的一个政治优势。国有企业在激烈的市场竞争中发展壮大，企业中党的组织也发挥了重要作用。国内不少成功发展的民营企业也学习借鉴国有企业中党建工作的一些成功做法和经验，建立起党的组织，有的还建立了党校。据全国工商联的统计，2012年全国民营企业500强中，有463家设立了党委，非公有制经济中的中共党员占全国共产党员总量的6%。近年来，非公有制企业党组织的活动日益丰富，党组织和党员的作用日益凸显，党建管理体制日益健全。

另一方面，问题的关键在于如何使国有企业的党组织与公司治理更好地结合，如何使党组织的政治核心作用得到更好地发挥，如何使党组织的政治优势转化为国有企业的竞争优势，促进国有企业的更好发展。因此，要继续探索党组织参与国有企业重大问题决策的途径和方式，明确党组织参与重大问题决策的途径，规范党组织参与重大问题决策的程序，探索党管干部原则与董事会依法管理经营管理者有机结合的方法途径，完善与公司法人治理相适应的干部工作领导体制和工作机制。

总之，既不能照抄照搬西方的理论，否定党组织在我国国有企业中的政治核心作用，也不能停止改革步伐，要继续探索党组织发挥政治核心作用的有效方式，完善中国特色国有企业的公司治理。

九论深化垄断行业改革

核心论点：垄断是市场经济的天敌。垄断有不同类型。全面深化改革，完善基本经济制度，必须推进垄断行业改革。

提示：第九论的重点是回答，为什么完善基本经济制度必须深化垄断行业改革？为什么不能把反垄断变成反国企？

一　垄断的界定、分类和成因

二　完善基本经济制度的一个重大问题

三　我国垄断形成的体制性原因和特征

四　辩证地看待垄断的利和弊

五　垄断行业改革与国有企业改革

六　深化垄断行业改革的方向和重点

垄断与竞争是市场经济的重大基本问题。《决定》强调，建设统一开放、竞争有序的市场体系，是使市场在资源配置中起决定性作用的基础。垄断与竞争也是坚持和完善基本经济制度过程中无法避免并且经常被提及的一个热门话题。《决定》

在论述推动国有企业完善现代企业制度时明确提出了自然垄断行业改革和行政垄断改革的问题，在论述支持非公有制经济健康发展时也涉及垄断行业改革的内容。贯彻落实《决定》精神和要求，坚持和完善基本经济制度，必须进一步深化垄断行业改革。

一 垄断的界定、分类和成因

坚持和完善基本经济制度，推进垄断行业改革，首先需要对市场经济下垄断与反垄断的问题有一个基本了解。

对于垄断的定义，理论界有不同的界定，经济学上通常可以将垄断理解为一个或几个生产者独占生产或市场。通常来讲，经济行为上的垄断，可以包括所有单一的个人、组织或集团排他性地控制某种经济资源、产品、技术或市场。一般将少数几家企业独占生产和市场的状况称为寡头垄断。

对垄断的划分方法不同，导致其有不同的类型。根据形成的原因，通常可以将垄断划分为三种类型。

一是自然垄断。指某些行业的自然属性以及产品的生产和技术的自然特征决定了在一个行业或领域中，由一个生产者或几个生产者经营比大量生产者经营，其资源配置的效率更高，生产成本相对更低，由此形成了排他性的经营格局。铁路、电力、电信、油气、民航、邮政、城市供水和供气等行业都是具有明显自然垄断特征的行业。这些行业一般具有网络特征，如铁路网、输电网、电信网、输油网、输气网、空域网、供水管道网、供气管道网等，这些网络是个完整的整体，是不可分割的，人为地将其分割，只不过将大的区域垄断分割成小的区域垄断，并不会形成有效的市场竞争，相反却可能带来交易成本的上升、"通过能力"的降低和规模报酬的下降。需要指出的是，在自然垄断行业中，许多业务是可以竞争的，如电力行业，电网通常是垄断的，但发电业务是可以竞争的。同时，自然垄断行业也是一个动态的过程，随着科技进步和替代产品的出现等，一些自然垄断行业也可以放松管制，引入竞争，如高速公路的出现就会迫使铁路放松管制。

二是市场垄断。指企业由于具有技术优势或经营有方等原因，通过市场竞争获得支配性的市场份额，在市场上处于支配或主导地位。如受到反垄断指控的微软公司，就是运用其科技优势在个人电脑操作系统市场上获得了支配性地位。有专家将市场垄断称为经济垄断。如何判断一个企业是否在市场上处于支配性地位，或者说，如何判断一个企业是否处于市场垄断地位，各国并没有统一的标准，教科书上也没有统一的解释。英国反垄断机构曾经将一家企业在相关市场的份额超过25%界定为垄断。我国《反垄断法》第十九条规定，"在相关市场的市场份额中，一个经营者达到二分之一的、两个经营者达到三分之二的、三个经营者达到四分之三的，可以推定经营者具有市场支配地位"。

三是行政垄断。这里的行政垄断不是指政府机关独占某个行业的生产和市场，而是指政府通过特许或授权的方式使一家或几家企业享有排他性生产某种产品或提供某种服务的权利，如城市的供水、供气、供热、垃圾处理、污水处理及公共交通等往往是政府授权少数企业经营的，这类行政垄断往往与特许经营紧密相连。在我国，行政垄断还表现为行业垄断和地区封锁，即一些行业主管部门和地方政府以某一行业或某一地区的利益为出发点，为维护本行业或本地区企业的利益，通过行政手段强制排斥外部企业或产品或服务进入本行业或本地区，将该行业或该地区市场与全国市场隔绝，形成行业垄断和地区封锁，造成"条条分割"和"块块分割"，从而直接阻碍和破坏全国性统一开放市场的形成。

不同类型的垄断，其成因不尽相同，而一个行业的垄断往往是多种原因导致的。发生市场垄断的成因，大体有以下五种。

第一种是由资源的天赋特性带来产品或服务的独特性。比如美国流行歌王迈克尔·杰克逊的歌声，这类产品市场上独一无二，消费者又愿意出价来欣赏，资源所有者就拥有排他性的独占权。

第二种是发明的专利权或版权或商业秘密。比如可口可乐的配方，这些资源没有天赋的独特性，但是在想象力和科学技术的商业应用方面具有独特性，政府如果不通过法律保护专利和商业秘密，发明和创新的供给就会不足，对经济增长就会不利。当然，技术一旦发明出来，由社会共用可以加快新技术的普及，所以对专利的保护，通常设立一个时间区间，过了时限就对社会免费开放。发明专利或版权都属于知识产权，知识产权的基本特点之一就是独占性或垄断性，而知识产权在法治国家属于国家法律保护的合法垄断。

第三种是市场赢家形成的垄断。市场有竞争就会有输赢，市场竞争的胜出者可能凭借实力和策略，最终将所有竞争对手驱出市场。典型的案例如美国的 IBM 公司和微软公司，不是其他厂商不能生产电脑硬件和软件，而是其他厂商无法与其进行竞争，最终被迫退出市场。

第四种是成本特性产生的垄断。一些产业需要巨大的一次性投资，才能形成供给能力。这些投资一旦发生，就成为"沉没成本"，即其他产业几乎别无他用的投资。对于这些产业来说，新的竞争对手面临很高的"进入门槛"，因为他们必须再支付一笔巨大的投资，才可能与已进入的厂商进行竞争。这就是通常所说的"自然垄断"。

第五种是强制形成的垄断。主要是运用非经济的强制力量，清除竞争对手，保持对市场的排他性独占。这种强制的势力，可以是高度非制度化的，如欺行霸市、强买强卖；也可以是高度制度化的，如政府管制牌照数量，或通过立法阻止竞争而产生的行政性垄断。强制形成的垄断，虽然动机不尽相同，但追根溯源，经营者的垄断地位都是由非经济力量强制造成的。

二　完善基本经济制度的一个重大问题

反对垄断首先是完善社会主义市场经济体制的需要。使市场在资源配置中发挥决定性作用，必然要求破除影响市场经济发展的各种垄断，因为垄断是市场经济的天敌。市场经济的本质是竞争，而且要求公平竞争。垄断有悖于市场的公平竞争原则，破坏了市场公平竞争机制，阻碍了企业之间的公平竞争。少数企业之间通过达成垄断协议，或一个企业凭借垄断优势独占市场，形成对市场定价和份额的垄断，不仅损害了其他竞争者的利益，最终也损害了消费者的利益和社会福祉。

竞争是人类经济、科技和社会进步的原动力之一。现代经济学理论认为，在公平竞争情况下，企业迫于激烈的市场竞争和对自身利益的追求，一方面，最大限度地挖掘潜力，不断创新，改善管理，改进工艺，以不断增强核心竞争力，降低成本和费用，努力使自身在市场竞争中取得优势，从而实现企业的快速持续发展；另一方面，努力提供多样化的产品和服务，给消费者以众多物美价廉的选择，从而使消费者和整个社会的福利达到最大化，并由此实现自身利益的最大化。因此，市场竞争是社会经济发展的一个原动力，发展市场经济必须破除各种形式的垄断。

健全现代市场体系是完善社会主义市场经济体制的重要内容和必然要求。市场经济作为配置资源最有效的一种方式，要求各种生产要素能够自由流动，在流动中实现资源的优化配置。垄断则会阻碍和扭曲各种生产要素的合理流动和优化配置。因此，《决定》在论述加快完善现代市场体系时强调，"必须加快形成企业自主经营、公平竞争，消费者自由选择、自主消费，商品和要素自由流动、平等交换的现代市场体系，着力清除市场壁垒，提高资源配置效率和公平性"。《决定》还明确提出，"改革市场监管体系，实行统一的市场监管，清理和废除妨碍全国统一市场和公平竞争的各种规定和做法，严禁和惩处各类违法实行优惠政策行为，反对地方保护，反对垄断和不正当竞争"。

在我国，不仅健全市场体系要求反对垄断，完善基本经济制度也要求反对垄断。随着市场竞争的加剧和我国经济快速发展过程中一些社会矛盾的凸现，垄断问题经常成为人们剑指的对象，并成为一些人批评或指责国有企业的话题。有人把"新地王"的出现归结为国有企业垄断，也有人把所谓"国进民退"的根源归结为国有企业垄断，还有人甚至把社会分配不公和收入分配悬殊的根源也归结为国有企业垄断。这些观点有其片面性和局限性，但也反映出深化国有企业改革与深化垄断行业改革之间有着紧密的相关性。

应该承认，在我国被普遍认为属于垄断的行业中，处于市场支配地位的企业大多是国有企业，如电信行业的中国移动通信集团公司、中国电信集团公司、中国联合网络通信集团公司等，石油行业的中国石油天然气集团公司、中国石油化工集团公司、中国海洋石油总公司等，航空行业中的中国航空集团公司、中国东方航空集团公司、中国南方航空集团公司等。因此，在我国，专家学者和社会舆论经常把深化垄断行业改革与深化国有企业改革联系在一起。也正因为如此，《决定》在论述坚持和完善基本经济制度时强调，"国有资本继续控股经营的自然垄断行业，实行以政企分开、政资分开、特许经营、政府监管为主要内容的改革，根据不同行业特点实行网运分开、放开竞争性业务，推动公共资源配置市场化。进一步破除各种形式的行政垄断"。与国有企业在不少行业中处于垄断地位相比，民营企业在平等参与市场竞争方面就难免会处于不利地位。因此，坚持和完善基本经济制度，在毫不动摇地巩固和发展公有制经济的同时做到毫不动摇地鼓励、支持和引导非公有制经济发展，激发各类所有制经济主体的活力和创造力，就必须尽可能和不断地消除各种形式的垄断。

正因为健全市场经济体系和深化国有企业改革都要求推进垄断行业改革，所以，中央多次强调要深化垄断行业改革。党的十四大在论述加强市场制度和法规建设时强调，"坚决打破条条块块的分割、封锁和垄断，促进和保护公平竞争"。党的十五大在论述充分发挥市场机制作用时强调，"消除市场障碍，打破地区封锁、部门垄断，尽快建成统一开放、竞争有序的市场体系，进一步发挥市场对资源配置的基础性作用"。党的十六大在论述健全现代市场体系时强调，"打破行业垄断和地区封锁，促进商品和生产要素在全国市场自由流动"。党的十六届三中全会在论述深化国有企业改革时强调，"加快推进和完善垄断行业改革。对垄断行业要放宽市场准入，引入竞争机制"，还强调，"对自然垄断业务要进行有效监管"。在论述完善市场体系时强调，"废止妨碍公平竞争、设置行政壁垒、排斥外地产品和服务的各种分割市场的规定，打破行业垄断和地区封锁"。党的十七大在论述完善基本经济制度和健全现代市场体系时强调，"深化垄断行业改革，引入竞争机制，加强政府监管和社会监督"。党的十八届三中全会从深化国有企业改革和健全现代市场体系的要求出发再次强调要深化垄断行业改革。从党的十四大以来中央关于垄断行业改革的一系列论述可以看出，围绕深化国有企业改革和健全现代市场体系推进垄断行业改革，其根本目的都是要引入竞争机制，形成公平竞争的发展环境，增强经济社会发展的活力。这是全面深化改革的着眼点，也是推进垄断行业改革的落脚点。

三　我国垄断形成的体制性原因和特征

垄断作为市场竞争的伴随物，在各国都不同程度、不同领域地存在。我国要建设和发展市场经济，不可避免地会出现各种形式的垄断。同时，我国垄断的形成又具有明显的中国因素，包括历史原因、文化原因、体制转轨原因、发展阶段原因等，而影响最深的是体制性原因。造成我国垄断特征的体制性原因，归纳起来主要有以下几个方面。

一是坚持社会主义基本经济制度的要求。我国宪法规定，以公有制为主体，多种所有制经济共同发展，是我国在社会主义初级阶段的基本经济制度。作为公有制经济重要组成部分的国有经济在我国国民经济中发挥主导作用。国有经济的主导作用主要体现在国有经济在关系国家安全和国民经济命脉的重要行业和关键领域具有控制力。经国务院同意，2007 年国务院国资委下发了《中央企业布局和结构调整的指导意见》，文件明确提出，在涉及国家安全和国民经济命脉的行业、重大基础设施和重要矿产资源领域、提供重要公共产品和服务的行业，国有经济必须占据主导地位，并明确在军工、煤炭、电网电力、民航、航运、电信、石油石化七个行业中，中央企业必须保持绝对控股。这是坚持基本经济制度的具体体现，也是我国垄断行业涉及面宽、国有企业在垄断行业中处于大多数的一个重要原因。

二是社会主义市场经济体制不完善的反映。市场经济体制的不完善对我国垄断特征形成的影响体现在多个方面，包括法制观念普遍缺失，守法执法存在差距，宏观调控措施不力等。市场经济是法制经济，我国虽然已经建立起社会主义法律体系，但在普遍守法和严格执法方面还存在相当多的问题，离法治国家的要求还有不少差距。目前，社会上存在的诚信严重缺失、假冒伪劣横行等现象反映了这方面的问题。在这种情况下，国家为了对一些涉及国计民生的行业进行有效管理，通常会授权国有企业进行排他性的生产和经营，同时，将确保产品安全供应的责任也赋予国有企业。这导致在发达市场经济国家允许竞争的行业在我国却成为垄断行业，这也使得国有企业在我国的垄断行业中往往处于支配地位。

比如，食用盐的生产和销售，世界绝大多数国家是允许自由经营的，日本曾长期实行盐业专卖制度，到 1997 年已废除，2002 年盐业的生产、进口、流通和销售等各环节全面放开。在我国，食用盐长期实行专营制度，主要原因在于，消除碘缺乏病是我国政府向联合国承诺的目标，食用盐加碘是消除碘缺乏病最直接、最有效的办法。由于社会上经常出现不加碘的食用盐即非碘盐，因此，国务院在 1996 年出台了《食盐专营办法》，规定食用盐的生产、批发、运输等环节实行许可证制度，同时授权国有的中国盐业总公司负责食用盐产销计划指标的分配。围绕是否放开食用盐经营的问题，国内一些专家学者曾进行过长时间的讨论和争论，政府有关部门也进行过盐业体制改革的调研和方案起草，但因担心取消专营后一些不法分子用工业盐假冒食用盐以谋取利润，导致非碘盐进入市场，所以，在相当长的一段时间内国家对食用盐一直实行专营制度。作为全面深化改革的一个具体举措，2014 年 4 月国家发改委发布了废止《食盐专营许可证管理办法》的通知，有专家和媒体将此解读为"我国食盐专营"将取消，但中国盐业总公司、中国盐业协会有关人员出面澄清，称这仅仅是许可证管理主体的变更，国家对食盐专营的政策并没有改变，将此解读为食盐专营的废止是一种误解。需要指出的是，我国工业用盐是放开的。据中国盐业总公司统计，截至 2013 年底，全国原盐产量 8421.45 万吨，其中工业盐产量 5927 万吨，占 70.4%；食用盐产量 789 万吨，占 9.4%；其他盐产量 1705.45 万吨，占 20.2%。还要指出的是，目前我国原盐产量中来自海盐的比重不到三分之一，主要原盐产量来自井矿盐。截至 2013 年底，全国海盐产量 2681.13 万吨，占全部原盐产量的 31.85%；井矿盐产量 4596.33 万吨，占全部原盐产量的 54.58%；湖盐产量 1143.99 万吨，占全部原盐产量的 13.57%。日本海啸和福岛核电站事故后，国内一度出现抢购食用盐的风潮，据媒体报道，最多的一个人抢购了 1000 多斤。这一方面说明许多人对我国盐业生产和供应的基本情况不了解、不熟悉，另一方面说明，在我国像食用盐这类基本生活必需品如果没有国家施以一定的控制力，非常时期或遇有重大突发事件时很可能会出现严重的市场混乱。

再如，航空煤油即飞机用油的供给，世界绝大多数国家也是允许自由经营的，但在我国，由于担心航空煤油质量问题引发空难，我国政府对航空煤油供应市场一直没有放开，而是授权国有的中国航空油料集团公司负责经营，并对航空煤油的安全供应负责。据中国航空油料集团公司的数据，截至 2013 年底，全国通航的民用机场 193 个，其中中国航油提供航油加注服务的机场 183 个，占 94.8%。中国航油供应航油亏损的机场 98 个，占其全部供油机场的 53.6%。截至 2013 年底，全国航空煤油共消费 2132 万吨，其中 1775 万吨是由中国航空油料集团公司供应的，占全部航空煤油消费总量的 83.3%。据介绍，中国民航局曾研究过放开航空煤油经营的问题，但后来出现四川双流机场一家民用油料公司给飞机加油导致飞机在跑道上长时间滑行无法拉升的问题。为防止类似事故再次发生，中国民航局决定所有航空煤油一律由中国航空油料集团公司负责供应。

三是经济体制转轨的产物。在计划经济体制下，我国按行业设立了许多专业管理部门，在这些专业管理部门之下往往设立一些全国性的行业公司。为适应计划经济体制向市场经济体制转变的要求，特别是为了实现政企分开，我国对这些专业管理部门进行了改革，大多数被撤销，因而许多中央企业实际上是由过去的政府专业部门改制而来的，或是由过去的政府专业部门所属的全国性公司脱钩而来的，如中国石油、中国石化就是由过去的国家石油部、石化部改制演变而来的。中央企业中主要承担军工研发、生产任务的企业，如中国航天科技集团公司和中国航天科工集团公司，就是在过去的国家航天部的基础上，改制为航天集团，1999 年引入竞争机制，将中国航天集团公司一分为二，从而形成了今天的中国航天科技集团公司和中国航天科工集团公司。除此之外，中央企业中的中国航空工业集团公司、中国兵器工业集团公司、中国兵器装备集团公司、中国船舶工业集团公司、中国船舶装备集团公司以及中国核工业集团公司等基本上都是这样形成的。由于这些大型国有企业原来就是全国性的行业公司，因此，从成立之初就在市场上处于支配性地位。

四是做大做强做优国有企业的结果。由于种种原因包括国有企业改革中实行"抓大放小"的方针，我国许多行业中排在前几位的大多是国有企业。《财富》杂志公布的 2014 年度世界 500 强中，共有 100 家中国企业入围，其中内地企业有 92 家。在内地入围企业中，国有企业 82 家，占全部内地入围企业的 89.1%。其中，中国石化、中国石油、国家电网分别列第 3 位、第 4 位和第 7 位。国有企业规模大，通常也意味着在行业中处于市场支配地位，这也是造成我国垄断行业中的企业大多为国有企业的重要原因。

垄断在我国形成的特殊原因，使我国的垄断具有不同于发达市场经济国家的一些特征。分析和归纳垄断在我国的特征，除国有企业在许多行业处于市场支配地位外，至少还有四个方面特征。

一是垄断涉及的领域和行业更多更宽。根据垄断的定义和类型划分，许多在西方发达国家允许自由竞争的领域和行业，在我国则属于垄断行业。我国的垄断行业分布较宽，既有铁路、电信、电力、民航、城市供水、供气等具有网络特征的行业，又有军工、核电、银行、保险等关系国家安全和国民经济命脉的行业；既有城市交通、城市供水和供气等关系国计民生的行业，又有电视、电台、报纸等关系舆论控制权的新闻出版行业；既有轨道交通、航运等交通运输行业，又有烟草、食盐等日常消费品行业。

二是行政垄断占有很大比重。在我国，烟草专卖、食盐专营、军火生产、核电生产等特许经营的行业都应属于行政垄断的范畴。在我国，石油和天然气的经营也带有明显的行政垄断的性质。国家将原油和天然气的开采和进口、输油管道的铺设和经营、成品油的分配等权利，排他性地授予了中国石油、中国石化、中海油等大型国有企业，将与石油制品相关的航空煤油供应的权利排他性地授予了中国航空油料集团公司。在我国，一度比较严重的行业垄断和地区封锁也属于行政垄断范畴。

三是垄断大多集中在关系国家安全和国计民生的行业和领域。无论是航天、航空、核电等行业，还是石油、电力、电信等行业，或是城市交通、供水、供气等行业，大多是关系国家安全和国计民生的行业。

四是自然垄断与行政垄断往往交织在一起。在我国，具有自然垄断性质的行业，如电信、电力、民航等行业，处于市场支配地位的企业，如中国移动、中国电信、中国联通等，其垄断地位主要来自政府的授权，而不是来自市场竞争中的胜出。由于自然垄断与行政垄断交织在一起，就使得我国的反垄断更为复杂，更为艰巨。

分析垄断在我国形成的主要原因和特征，至少可以得出以下几点结论。

第一，行政垄断是目前我国垄断的主要特征，其形成的原因是复杂的，其存在也有客观和合理的一面，对行政垄断要做具体分析。

第二，由于发展阶段不同，法制环境不同，发达市场经济国家允许充分竞争的行业，在我国可能相当一段时间内仍会实行垄断，不能简单照搬发达市场经济国家的做法和规定。

第三，反垄断应是我国总的趋势和政策取向，但反垄断是一个渐进的过程，应结合体制改革和制度创新不断深化垄断行业的改革。

四 辩证地看待垄断的利和弊

对待垄断，首先要看到，反垄断是市场经济国家的普遍要求和做法。《反垄断法》被称为"自由企业的大宪章"，被称为"经济宪法"。19世纪末期世界经济发展进入垄断资本主义时期，许多国家均采取了严厉的立法对垄断进行规制。20世纪80年代后期以来，随着世界各国经济政策总的导向转向民营化、放松管制和促进竞争，各国反垄断立法的步伐大大加快，据统计，截至2013年，世界上颁布反垄断法的国家已超过84个。

其次要看到，美国在建国200多年的时间内成为世界头号强国，今天美国的霸主地位虽然相对削弱，但仍然是世界头号经济、科技、军事强国。研究美国历史的专家普遍认为，这在很大程度上得益于实行充分竞争的市场经济，而充分竞争的市场经济得以有效运转，与1890年美国国会通过世界第一部反垄断法——《谢尔曼法》是密不可分的。

再次要看到，我国改革开放三十多年来，经济保持了年均近两位数的高速增长，创造了人类经济发展史上的奇迹。改革开放对我国经济发展之所以能够产生如此深刻的影响和巨大的作用，根本原因也在于实行了以市场为取向的改革，更好地发挥了市场在资源配置中的作用,对内对外引入了竞争,从而使劳动、知识、技术、管理和资本等活力竞相迸发,使创造社会财富的源泉充分涌流。从这个意义上可以说,市场竞争为我国经济持续快速发展提供了强大动力。

最后,也要看到,垄断是一个多元、复杂的经济现象和社会现象。垄断有阻碍科技进步和效率提高的一面,但也有客观存在和合理的一面。垄断涉及社会的财富分配和人们的切身利益,再加上我国的行业垄断与国有企业往往交织在一起,因此,围绕垄断和反垄断的问题经常成为我国社会的热门话题,其中难免存在一些认识偏差和极端观点,有必要深入分析和进行辨析。

从垄断的内涵即“排他性控制”来说,垄断可能产生许多影响经济增长和经济效率的负面效果,但“排他性控制”也是经济秩序的支撑点,也有其正面效应。比如,产权包括知识产权的基本特征就是排他性专有,如果两个以上的主体都对同一幢房子拥有同等的产权,那么,就不会有经济秩序和市场经济了,也就不会有持续的经济增长和经济效率了。而行政权在所有文明国家都由一个政府独占,如果两个以上的政府声称对一个管辖区拥有同等的行政权,那么,可能就要发生内乱甚至内战了。

同样,垄断在我国也是利弊并存。总的来说,要充分发挥市场在资源配置中的决定性作用,这是改革开放以来我国经济社会能够取得巨大变化的根本原因之一,也是我国走向繁荣昌盛的一条必由之路。加快转变我国经济发展方式,必须坚持把改革开放作为强大动力,以更大的决心和勇气全面深化各领域各行业的改革，包括深化垄断行业改革。但这并不意味着可以不加分析地看待垄断问题。现在不少观点提到垄断都是从负面进行解读，给社会造成了一些误导。从我国的实际情况看，垄断作为一种市场结构，在社会主义市场经济中的积极作用至少体现在三个方面。

一是垄断有利于提升我国企业的国际竞争力。2011 年 6 月 30 日，北京到上海的高速铁路开通运营，从北京南站到上海虹桥站全长 1318 公里，是世界一次性建成的线路最长、标准最高的高速铁路。不仅如此，我国的高速铁路成套技术已经开始走向世界。应该承认，我国高速铁路技术能够世界领先并走向国际市场，相当程度上得益于我国现行的高度垄断的铁路管理体制。正是由于我国高度垄断的铁路管理体制，才使我国有可能从德国西门子公司、法国阿尔斯通公司、日本东芝株式会社、加拿大庞贝克公司引进最先进的轨道交通技术，并由国有的中国南车集团和中国北车集团进行吸收、消化、再创新，从而使我国的高铁技术在国际上处于领先地位。在我国，经常听到一些专家一方面批评国有企业的垄断，另一方面称赞高铁技术的突破。如果深入分析，这是自相矛盾的。客观地说，没有我国高度垄断的铁路管理体制，就没有我国高铁技术的今天。对照我国汽车企业多头对外合资，最终没有实现"以市场换技术"的目的，有助于我们更清楚地看到垄断行业在引进世界先进技术，在此基础上实现吸收、消化、再创新方面具有的优势。

当然，在承认铁路垄断有其合理存在和积极一面的同时，并不意味着现行高度垄断的铁路管理体制不需要深化改革。垄断容易导致效率不高，也容易导致"寻租"等腐败现象。对铁道这些既具有自然垄断性质又具有行政垄断性质的行业如何在发挥其长处的同时，采取有效措施防止垄断行为、遏制腐败现象、提高经营效率等，都是需要深入研究的问题。

二是垄断有利于减少无序竞争。竞争作为市场经济的本质规定和内在要求，其重要性和必要性是不言而喻的。但正如有好的市场经济也有坏的市场经济一样，竞争也存在有益的竞争和有害的竞争的区别。从我国实际情况看，长期以来，不少行业存在无序竞争现象，造成市场秩序混乱、假冒伪劣不断、环境生态受损、社会资源浪费等现象，其中一个重要原因就在于产业集中度太低。如钢铁行业，截至 2014 年 3 月底，全国钢铁行业排名前 10 位的钢铁企业钢产量占全国钢产量的比重只有 37.31%，我国进口铁矿石谈判屡屡处于不利地位，应该说，与钢铁行业集中度太低不无关系。我国原油进口管理体制长期以来也一直是高度垄断，近年来，每年"两会"经常有人大代表和政协委员写提案或议案，要求放宽石油进口管理体制，一些企业也写报告，希望享有原油进口权，但原油进口管理体制始终没有放开，最主要的原因就是担心原油进口市场放开后，引发无序竞争，导致市场混乱，影响油品质量，干扰进口谈判，成为第二个钢铁行业。从维护市场经济秩序、提高资源配置效率等角度看，在有些行业中，有时适度垄断比无序竞争更为有利，更为可取。

三是垄断有利于现阶段我国经济运行宏观调控目标的实现。对国民经济运行进行宏观调控，尽力避免经济运行的大起大落，是政府重要的经济职能。在发达市场经济国家，政府调控经济运行主要运用货币政策和财政政策等经济杠杆。在我国现阶段，由于市场经济体制还不完善，企业治理结构还不健全，造成经济杠杆运用的效果受到一定影响。为了保证国家宏观调控能够及时有效地进行，政府在充分运用货币政策和财政政策等经济杠杆的同时，有时也借助企业的调节作用。如2008年的相当一段时期内，为防止经济增长由偏快转为过热，防止价格由结构性上涨转为明显通货膨胀，国家对成品油、电力等产品价格进行了管制，由于石油行业和电力行业主要是几家国有大型企业进行竞争，因此，国家的宏观调控措施得到了较好实施。2012年，通货膨胀压力一直很大，为了防止通货膨胀加剧引发市民抢购风潮，2012年4月以来，国家发改委先后对日化、酒类、煤炭、方便面等事关老百姓切身利益的行业中的龙头企业进行了价格"约谈"。这些做法受到了不少经济学家的非议，认为这是一种行政手段，有悖市场经济的精神和要求，但从实践效果看，由于"约谈"的企业都在行业中占有很大的市场份额，"约谈"对缓解通货膨胀起到了一定作用。

综上所述，对社会主义市场经济下垄断的利和弊，有必要进行深入研究和具体分析，不能简单地将垄断视为一种不好的经济现象和社会现象，也不能简单地把垄断看作一种无效的经济制度和市场结构，全盘加以否定。

五　垄断行业改革与国有企业改革

西方发达国家反垄断的对象往往是大型私营企业或是公众

公司,如 IBM 和微软等都是公众公司,而不是国有企业。由于我国垄断行业中处于支配地位的大多是国有企业,加上对垄断的解读经常出现一些误导,以致国内往往把反垄断的对象全部集中于国有企业,把深化垄断行业改革等同于深化国有企业改革,使得我国国有企业的改革更具复杂性,垄断与国有企业也就经常成为一个多方关注的话题。更有甚者,一些人把反垄断变成了反国企,借此故意抹黑国有企业,进而否定基本经济制度。因此,对垄断与国有企业的关系有必要做专门深入的分析。

一是要正确看待垄断地位与垄断行为的问题。有些专家学者之所以把国有企业视为垄断企业,分析其原因,一个重要方面就在于没有对垄断地位与垄断行为很好地加以区分。

垄断作为一种经济和社会现象,可以指一种垄断地位,也可以指一种垄断行为。所谓垄断地位,主要指在市场上处于支配性地位;所谓垄断行为,主要指利用支配地位限制、排斥竞争行为甚至打击竞争对手的举措。研究反垄断的专家学者分别将此称为结构主义和行为主义。反垄断既是一个法律问题,也是一个经济问题,反垄断政策的演进既要适应司法实践和环境变化的需要,也深受经济学理论影响。1890 年美国《谢尔曼法》通过以后的相当一段时间,受结构主义学派的影响,垄断地位往往也成为反垄断的重点,美国 AT&T 公司即电话电报公司被拆散,一个重要原因就是市场份额太高。

反垄断作为世界绝大多数国家的政策取向,既着眼于自由竞争又着眼于经济效率,既着眼于国内竞争又着眼于国际竞争。近 30 年来随着全球化深入和全球竞争加剧等新情况的出现，美国、欧盟等在反垄断的态度和做法上出现了新趋势，美国政府和公众对于企业的"垄断地位"特别是经济垄断，只要不破坏市场的公平性，大多能够采取较为宽容的态度，政府反对和公众痛恨的主要是"垄断行为"，即利用市场支配地位限制、排斥竞争。大家熟悉的美国波音公司和麦道公司合并案能够获得通过就反映了这一趋势。微软公司面对美国司法部的起诉最终能够全身而退，也反映了这一趋势。目前，世界大多数国家反垄断法的重点都是反垄断行为，即利用市场地位限制、排斥竞争的行为。可以说，当前行为主义学派已占居主导地位。

2007 年 8 月 30 日第十届全国人大常委会第二十九次会议讨论通过了《反垄断法》并于 2008 年 8 月 1 日开始实施。借鉴世界大多数国家反垄断立法的基本理念，我国《反垄断法》着力限制或排除的也是垄断行为，主要包括三种行为：一是经营者达成垄断协议，二是经营者滥用市场支配地位，三是具有或者可能具有排除、限制竞争效果的经营者集中。

我国国有企业特别是中央企业在许多垄断行业处于支配地位，但并不等于处于垄断地位的中央企业采取了垄断行为。国资委从成立之日起就多次强调中央企业要依法经营，这包括处于垄断行业的中央企业不能利用垄断地位限制、排斥竞争去谋取发展和获取利润，即不能有任何垄断行为。这些年，不时听到社会上对中央企业垄断行为的质疑和批评。如 2008 年 8 月 1 日我国第一部《反垄断法》实施前，就有媒体质疑掌握天然气供应的中国石油向下游的城市燃气市场推进的做法，认为此举有垄断之嫌。此后，又有媒体披露中国石油利用天然气供应的支配地位与民营企业或其他国有企业在一些城市进行争夺天然气供应市场的竞争。从近两年国家发改委开出的反垄断罚单看，中招的企业中确有一部分属于国有企业，如白酒行业中的茅台集团和五粮业集团等，对此，要坚决依法处理。2013 年 2 月国家发改委对茅台、五粮液违反《反垄断法》开出了 5 亿元的罚单。但不能因为少数国有企业存在垄断行为就把垄断行为与国有企业画等号，更不能把国有企业改革和发展中的问题全部归结为国有企业的垄断地位，甚至把公众反映强烈的一些社会问题的根源都归结为国有企业的垄断地位。这些年，社会上对收入分配差距扩大、住房价格增长过快等问题反应强烈，有观点将其根源也归结为国有企业垄断，更有观点主张将国有资产全部分给公众。显然，这种观点是不符合我国现阶段实际情况的。

二是要正确看待行业垄断与企业垄断的问题。一些专家学者经常将国有企业等同于垄断，还有一个重要原因是没有对行业垄断与企业垄断加以区分，把行业垄断等同于企业垄断。

一方面，要看到，许多被视为垄断的行业中，许多环节是可以和存在竞争的，即使是在网络型的自然垄断行业中，网络往往是垄断的，但其他许多环节是可以竞争的。如电力行业中的电网运营处于垄断地位，目前我国的电网主要由国家电网公司和中国南方电网公司经营，这两家公司主要按地域划分经营范围，但在电网运营中，输电环节具有自然垄断性质，供电和配电环节却是可以竞争的。2002 年我国电力体制进行重大改革以来，发电环节实行了竞争，目前我国电力生产企业中，中央企业中仅以火力发电为主的就有大唐集团、华能集团、华电集团、国电集团和中电投集团5家企业，加上主要从事水电生产的中国长江三峡集团公司和中国能源建设集团公司及主要从事核电生产的中国核工业集团公司和中国广东核电集团公司，至少有9家以电力生产和建设为主业的企业在供电方面是存在竞争的。但配电环节目前仍然主要由电网企业负责，深化电力体制改革，推进垄断行业改革，有必要在配电环节的改革方面进一步引入竞争机制。

另一方面，要看到，完全垄断型的行业是很少的，大多数垄断行业中往往存在几家企业相互竞争。从中央企业的实际看，无论是石油企业还是电信企业或是电力企业，都是既有处于市场支配地位的一面，又有几家企业竞争的一面，而且竞争往往十分激烈。虽然一个行业只有少数几家企业，且尽管都是中央企业，但都面临国资委与薪酬挂钩的经营业绩考核，都面临市场份额和效益提升等问题。垄断行业中国有企业相互间竞争之激烈，对中央企业接触较少的人往往难以感受和体会。1998年组建中国石油、中国石化两大集团，当时主要是按地域划分，但成立不久两家公司就开始竞争，特别是成品油销售的竞争到了白热化的地步。2004年6月中国移动、中国电信、中国联通三大电信企业负责人实行对调，主要原因也是国有电信企业的激烈竞争引起各方议论和不满。因此，不能把处于具有垄断性质行业中的国有企业都视为垄断企业，这样的结论是不符合实际情况的。

虽然不能把行业垄断与企业垄断混为一谈，但应该承认，中央企业在我国一些行业中确实处于垄断地位，这是客观存在的事实。国有经济要在关系国家安全和国民经济命脉的重要行业和关键领域保持控制力，必然会出现这种现象。提高行业集中度也会出现国有企业垄断地位加剧的现象，因为许多行业的排头兵企业大多是国有企业。同时，根据垄断的定义和分类，不难得出我国电力、电信、石油行业确实存在垄断的结论。不能因为我国石油行业存在中国石油、中国石化、中国海油三家企业且它们之间相互竞争，就断定我国石油行业基本不存在垄断。也不能因为全球主要石油生产和石油消费国家大多只有一家或几家石油生产企业，就断定我国石油行业不存在垄断。这样的说法是很难让专家学者和公众信服的。每次国资委有关人员关于石油、电力、电信等行业基本不存在垄断的说法一出来，之所以引起专家的强烈批评和社会的强烈质疑，主要原因就在于此。

三是要正确看待垄断型国有企业和竞争型国有企业的问题。由于看问题的角度不同，一些专家学者和社会舆论经常把中央企业视为垄断企业，而中央企业特别是不属于垄断行业的中央企业，如国有钢铁企业、国有汽车企业的负责人则经常发表观点，认为中央企业不存在垄断，同一事物得出两种截然相反的结论。应该说，这两种观点都具有一定的片面性。

一方面，要看到，国有企业包括中央企业虽然有部分属于垄断型企业，但并不都涉及垄断。现有110多家中央企业中，既有垄断行业的企业，也有非垄断行业的企业，大多数企业属于非垄断行业的企业，如大家熟知的汽车行业中的一汽集团、东风汽车集团，冶金行业中的宝钢集团、武钢集团、鞍钢集团，建筑行业中的中国建筑、中国中铁、中国铁建、中交集团、中国电建等，显然都不属于垄断型的企业。因此，不能盲人摸象，将部分中央企业具有垄断性质归结为全部中央企业都是垄断企业。同时，也不能以偏概全，因为大多数中央企业不属于垄断型企业而得出中央企业不存在垄断的结论。

另一方面，也要看到，虽然一些行业存在几家公司竞争，但不能由此得出不存在垄断的结论，当然也不能否认垄断型企业之间存在竞争的事实。以石油行业为例，从国内外对比看，在世界主要50个石油生产国和石油消费国中，76%的国家是一个国家只有一家石油公司，属于市场独占型结构；20%的国家是一个国家一般不超过3家石油公司，且石油公司都有各自的经营领域，相互之间重叠很少，属于垄断竞争型结构。我国的石油企业主要是四家国有企业，即同为中央企业的中国石油、中国石化、中海油和属于地方企业的陕西延长石油公司。从世界范围看，我国石油行业的垄断程度不是最高的，相互之间在油气区块占有、石油化工产品和装备销售等方面存在激烈的竞争，但不能由此得出我国石油行业不存在垄断的结论。根据我国《反垄断法》第十九条，"两个经营者在相关市场的市场份额达到三分之二的，就可以推定为具有市场支配地位"。据统计，截至2013年底，我国国内原油产量为20824.68万吨，天然气产量为1178.25亿立方米。其中，中国石油和中国石化两家公司合计拥有国内原油产量15638.06万吨，天然气产量1075.37亿立方米，占当年全国原油和天然气产量的75.1%和91.3%。这一比重显然已经明显高于我国《反垄断法》规定的三分之二的市场份额，可以认定为具有市场支配地位。同时，我国原油进口和油气主干道的建设由国家授权中国石油和中国石化承担，陆上和海上油气区块也主要划给了这四家公司，相应地，油气的勘探开发也主要由这四家公司负责。但也不能由此将这四家公司简单地定性为垄断企业，要看到，这四家公司在油气区块占有、石油化工产品销售、石油勘探和开发装备销售等方面存在着激烈的竞争。这种状况在我国的航空、电信等行业也是如此。

需要指出的是，垄断并不是国有企业的专利和标识，只要有竞争型企业的地方，只要有市场竞争的地方，都有可能出现垄断行为，都必须加以反对。目前我国存在垄断现象的行业远远不止国有企业占支配地位的行业，电脑操作系统、液晶面板、医疗器械、感光材料、汽车轮胎、农业种子、奶制品等行业都存在民营企业和跨国公司垄断的现象。2011年2月17日互联网实验室在北京发布首部《中国互联网行业垄断状况调查及对策研究报告》，报告指出，腾讯、百度、阿里巴巴等已经在各自领域形成垄断，已经从自由竞争发展到垄断竞争，在某些相关市场上，已经出现寡头垄断现象。垄断比较集中地分布在搜索引擎、即时通讯、电子商务和第三方支付四大领域。分别出现以腾讯、百度和淘宝为首稳定的寡头垄断，不但挤压了创业环境，打击了创新意愿，而且垄断的危害愈演愈烈，甚至出现了影响社会稳定的极端事件，以至于有专家建议，国家有关部门应考虑采取包括分拆或解散在内的各种强制性措施解决这些行业和领域的垄断问题。目前我国高端医疗器械基本上被美国GE、美国强生、德国西门子、荷兰飞利浦等国际知名医疗器械制造商垄断，这些跨国公司各自在大型影像设备如核磁共振、心脏介入设备等高精尖跨学科领域形成市场垄断，在重点城市的重点医院中，外资医疗器械几乎完全垄断。

实际上，不仅民营企业和跨国公司垄断的行业和领域越来越多，而且利用市场支配地位排斥和限制竞争的问题也越来越多。2013 年 1 月国家发改委宣布，韩国三星、LG 和中国台湾地区的奇美、友达、中华映管、瀚宇液晶 6 家国际大型液晶面板生产商因垄断液晶面板价格，对其进行查处，罚款 3.53 亿元人民币。2013 年 8 月国家发改委宣布，合生元、美赞臣、多美滋、雅培、富士兰、恒天然 6 家奶粉企业因垄断奶粉价格，对其进行查处。2014 年 5 月国家发改委宣布，依视路、尼康、蔡司、豪雅等主要框架镜片生产企业和博士伦、强生、卫康等主要隐形眼镜片生产企业违反《反垄断法》，涉嫌价格垄断，排除和削弱了镜片市场价格竞争，破坏了公平竞争的市场秩序，损害了其他生产商和消费者的合法权益，对这些企业罚款 1900 多万元。从这两年国家查处的垄断案涉案企业来看，触犯《反垄断法》受到查处的不仅有国有企业，更多的是跨国公司和民营企业。因此，正确的态度应是，不管什么所有制性质的企业，存在垄断行为的都要依法进行处理。把反垄断等同于反国企，如果不是不了解实际情况，就是在故意混淆是非，必须加以警惕。

四是要正确看待并购重组与反对垄断的问题。垄断是市场竞争的伴生物，市场竞争的长期均衡结果很容易产生寡头乃至垄断。市场经济发育不完全也会产生垄断，尤其是像我国这样的发展中大国，由于相当长的一个时期内，我国不少行业的产业集中度太低，带来无序竞争和国际竞争力不强等问题，因此，国家支持和鼓励一些行业和领域的大型企业通过兼并重组提高产业集中度，这就使得市场垄断在我国容易形成。从这个意义上说，垄断具有一定的历史必然性。由企业兼并重组导致的市场垄断可能产生负面效果，因此，对大型企业通过兼并重组提高集中度的行为要不要进行限制，始终受到我国专家学者的普遍关注，也成为我国《反垄断法》立法讨论和颁布实施后争议比较集中的一个问题。由于我国大型企业的绝大多数是国有企业，因此，不少专家学者担心千呼万唤终于出台的《反垄断法》管不住、管不着大型国有企业由于并购重组导致的经营者集中行为，担心大型国有企业的并购重组因其可以不受制约而进一步形成垄断，认为应对经营者集中的监管采取审批制。持不同意见的专家认为，大型企业包括大型国有企业通过兼并重组提高集中度，只要不存在垄断行为，在我国不应过多限制，审批制会造成企业错过商机，应采用备案制。最终出台的《反垄断法》第二十一条规定，"经营者集中达到国务院规定的申报标准的，经营者应当事先向国务院反垄断执法机构申报，未申报的不得实施集中"。与《反垄断法》相配套，国务院发布了《关于经营者集中申报标准的规定》，要求在全球范围内的营业额合计超过 100 亿元人民币、在中国境内的营业额超过 20 亿元人民币的集中行为必须向国务院商务主管部门申报。虽然这个文件进一步明确了经营者申报的标准和主管部门，但有学者仍然认为这两个标准划定的范围太宽泛，还有学者认为中央企业的集中大多要报国务院批准，因此这一规定对大型国有企业并没有约束力。

从我国实际情况看，面对发达市场经济国家大型跨国公司的激烈竞争，在相当长的一个时期内，培育具有国际竞争力的大公司、大集团是提升我国国际竞争力的一个有效措施。同时，为有效改变一些行业和领域因无序竞争导致的企业市场行为扭曲，有必要继续提高我国一些产业的集中度，也需要培育一批大公司、大集团。在我国，培育具有国际竞争力的大企业、大集团和反对垄断都是现代化建设需要解决的重大课题，因此，《反垄断法》的实施并不是反对企业做大做强，重点还是要放在反对垄断行为上，禁止取得市场支配地位的企业滥用市场支配地位排除、限制竞争，阻碍技术进步，损害消费者和其他经营者的合法权益。不能因为反垄断而影响和阻碍了我国大公司、大集团的发展，不能因为反垄断影响和阻碍了我国一些行业和领域产业集中度的提高。

五是要正确看待行政垄断与政府管理的问题。作为市场经济的一部重要基础法律，《反垄断法》的实施对完善我国社会主义市场经济体制、促进经济持续健康发展，无疑具有极为重要的意义。但这部经过13年酝酿、起草、讨论、修改出台的《反垄断法》从立法讨论到颁布实施一直充满争议。争论的一个焦点，就是要不要反对行政垄断。不少专家认为，《反垄断法》应当平等地反对一切形式的垄断行为，行政垄断也不例外，因为，垄断就意味着自由竞争受到破坏，人民群众的利益受到损害。还有学者提出，行政性垄断是以政府名义实施的市场禁入，不同于市场经济里其他的垄断形态，比如由技术创新形成的市场垄断、由成本特性形成的"自然垄断"等。由于行政垄断能够排除所有当期和潜在的合法竞争对手，因此，它常常导致处于行政垄断地位的企业的经济行为扭曲，经济效率低下，抑制基础产业的供给和需求。更严重的是，长期行政垄断所形成的特殊既得利益和行为惯性，将妨碍企业对技术和市场需求变化做出灵敏和有效的反应，因此，应将行政垄断列入我国《反垄断法》适用范围，我国反垄断的重点应是反对行政垄断。持不同意见的专家认为，行政垄断在我国有客观存在的必要的积极进步的一面，不能简单否定，如铁路如果不是实行国家行政垄断经营，而是实行市场竞争，那么高速铁路是不可能在短期内建设起来的。经过长期讨论，最终，我国出台的《反垄断法》第七条规定，"国有经济占控制地位的关系国民经济命脉和国家安全的行业以及依法实行专营专卖的行业，国家对其经营者的合法经营活动予以保护，并对经营者的经营行为及其商品和服务的价格依法实施监管和调控，维护消费者利益，促进技术进步"。可以说，《反垄断法》的颁布使我国的许多行政垄断合法化了。当然，国家在防止滥用行政垄断行为方面也采取了不少措施。2011 年初，国家工商总局公布了与《反垄断法》配套的三个规章，其中一个就是《禁止滥用行政权力排除、限制竞争行为的规定》。尽管如此，围绕行政垄断的争议一直没有停止过。为了适应使市场在资源配置中起决定性作用和完善基本经济制度的需要，必须进一步破除各种形式的行政垄断。同时，经过多年的改革和发展，我国市场体系建设和政府依法管理都取得了重大进展，也为进一步破除各种形式的行政垄断创造了条件。

六是要正确看待国有企业利润增长与垄断地位的问题。在我国，看待垄断行业改革与国有企业改革的关系，必然会涉及的一个问题就是国有企业利润增长与垄断地位的关系。经常可以听到一些人将国有企业特别是中央企业的利润增长归结为垄断，因此，坚持和完善基本经济制度有必要对国有企业的利润与垄断的关系做一些分析。分析中央企业的利润来源，采取两分法的方法可能更加全面，更加客观。

一方面，要看到，国有企业主要是中央企业的利润来源确实与所处的垄断行业密切相关。社会上之所以经常把中央企业利润增长归结为垄断，其重要依据之一就是中央企业利润大户前10名往往占中央利润总额的大多数，而这些企业所处的行业大多属于垄断行业。据国资委的数据，2013年中央企业利润总额为13106.1亿元，位列前10位的分别是中国石油、中国移动、中国石化、中国海油、神华集团、国家电网、一汽集团、中国建筑、华润集团和招商局集团。这10家企业的利润总额为8478.5亿元，占全部中央企业利润总额的64.7%。其中，被认为处于垄断行业的中国石油、中国移动、中国石化、中国海油和国家电网5家企业的利润总额为6184.32亿元，占中央企业利润总额的47.2%。从这些数据不难看出，中央企业利润的相当一部分确实与所处的垄断行业和领域有关。

另一方面，要看到，把中央企业利润来源都归结为垄断是不符合实际的。应该说，国有企业这些年利润的增长是多方面因素综合作用的结果，中央企业这些年在深化体制改革、加强内部管理、加大技术创新、调整布局结构、提高队伍素质等方面做了大量工作，付出了艰辛努力，对利润增长起到了十分重要的作用。如为了实现老油田的高产稳产，减轻我国油气对外依存度，2005~2010年，中国石化围绕提高储量动用率、采收率和单井产量，加强技术攻关，优化产能建设，加强注采管理，使老油田的采收率从28.1%提高到29.6%，由此实现累计增加可采储量达8000万吨，按每吨7桶油换算相当于5.6

亿桶油，按 2013 年布伦特原油现货价格每桶 108.66 美元计算，可以创造 608.5 亿美元的价值。

国有资产管理体制改革和国有经济布局结构调整对国有企业利润的增长也起到了十分重要的作用。各级国资委组建以来，在调整国有企业布局结构、完善国有企业公司治理结构、强化经营业绩考核、改进薪酬激励办法、改革选人用人办法、加强国有企业队伍建设等方面，做了大量工作，使国有资产经营责任开始层层落实，使国有资产保值增值的压力开始层层传递，较好地调动了中央企业和广大职工的生产经营积极性，促进了国有企业经营业绩的明显提升。应该说，没有国有资产管理体制改革和国有经济布局结构调整的积极进展，中央企业是难以取得这些成就的。因此，把中央企业利润来源都归结为垄断的说法，是缺乏依据和说服力的。

同时，还要看到，多年来，国有企业承担了大量本应由国家或社会承担的责任，值得注意的是，现在社会上一些人在评价国有企业利润时，只讲国企垄断，不讲社会责任，这是不全面的，也是不公正的。在分析国有企业与垄断的关系时，既要看到国有企业因垄断地位而能够获得较多利润，也要看到国有企业因承担更多国家和社会职能而支出更多。

综上所述，深化垄断行业改革与国有企业改革既有联系又有区别。由于我国垄断行业中处于支配地位的大多是国有企业，因此，深化垄断行业改革必然要求推进国有企业改革。同时，也不能把垄断行业改革等同于国有企业改革，更不能把反垄断等同于反国企。需要指出的是，对国有企业进行的善意批评应该持欢迎和支持的态度，但要警惕有人借反垄断为名抹黑国有企业，恶意丑化国有企业，对这些做法和言论必须保持警惕，并有必要给予批驳。

六 深化垄断行业改革的方向和重点

由于垄断在我国涉及的领域和行业更多更宽，因此，深化垄断行业改革涉及的范围比较宽，改革的任务比较重。从紧紧围绕使市场在资源配置中起决定性作用这一要求出发，从改革在一定时间内能够取得实质性进展出发，深化垄断行业改革必须突出重点。《决定》根据坚持和完善基本经济制度及加快完善现代市场体系的需要，对深化垄断行业改革提出了明确要求，也为深化垄断行业改革指明了方向和重点。

一是深化自然垄断行业改革。《决定》对国有资本继续控股经营的自然垄断行业的改革提出了明确要求：第一，改革的主要内容是实现政企分开、政资分开、特许经营和政府监管；第二，对具有自然垄断性质的网络，根据不同行业特点实行网运分开，同时，放开竞争性业务；第三，更好地发挥市场在资源配置中的决定性作用，推进公共资源配置的市场化。落实《决定》的要求，重点是推进电力、电信、油气、航空、铁道、公用事业等自然垄断行业改革。一方面，要加快实现自然垄断业务与竞争性业务的分离过程，尽快将网络型自然垄断业务剥离出来，放开竞争性业务。电力体制通过改革已经实现了厂网分开，一些地方也进行了大用户直供电的试点，但售电业务仍应进一步引入市场机制，推动电力供求双方直接交易，为工商企业提供更加经济、优质的电力。电网建设要进一步放开，引入竞争机制。铁路已经实现政企分开，在此基础上应加快推进网运分开。电信、油气、公用事业等领域也要逐步实现网运分开，放开竞争性业务，鼓励各类投资主体有序进入，形成多元化主体公平竞争的格局。另一方面，根据自然垄断性业务和竞争性业务的不同特点分别进行改革，对自然垄断性业务的经营主体，重点是提高经营效率和提高服务质量，同时，加强政府监管，在严格核算成本的基本上实行政府定价。对竞争性业务的经营主体，重点是引入竞争机制和严格依法经营，同时，建立和完善现代企业制度。

二是进一步破除各种形式的行政垄断。在我国，虽然行政垄断有其存在的必然性，从一定意义上讲，也有积极的一面。但靠行政手段而不是市场竞争获得市场支配地位，抹杀了自由竞争的精神，颠覆了市场经济存在的基础，与市场经济中公平竞争的理念相悖，阻碍了要素的自由流动，其危害性要甚于市场垄断。因此，完善基本经济制度必须进一步破除各种形式的行政垄断。一方面，要根据全面深化改革的要求，尽可能减少行政垄断，努力引入竞争机制，同时，对处于行政垄断地位的企业加强监管，防止其利用垄断地位排斥正当竞争，谋取高额利润；另一方面，认真做好消除地区封锁和打破行业垄断工作，针对一些行业存在的垄断现象和一些地方存在的封锁现象，清理和废除妨碍全国统一市场和公平竞争的各种规定和做法，严禁和惩处各类违法实行优惠政策行为，严格监督和依法制止滥用行政权力排除、限制竞争的行为。

三是破除阻碍公平竞争的各种市场垄断。对企业来说，无论是内资企业还是外资企业，无论是国有企业还是民营企业，无论是中央企业还是地方国企，都希望在竞争中获得垄断地位，因此，都可能存在垄断现象。随着我国市场化程度不断提高，国有企业垄断的行业和领域将会不断减少，非国有企业控制的行业和领域将会不断增加。坚持和完善基本经济制度，必须对各种所有制企业包括外国在中国的跨国公司的垄断行为加以反对和进行查处，这也是坚持"两个毫不动摇"的内在要求和具体体现。

破除各种形式的市场垄断，重点是对滥用市场支配地位的行为进行查处，着力消除各种形式的市场壁垒，以加快形成企业自主经营、公平竞争，消费者自由选择、自主消费，商品和要素自由流动、平等交换的现代市场体系，提高资源配置的效率和公平性。首先，要加大反垄断执法和办案力度，严厉查办严重损害公平市场竞争秩序和消费者权益的重大垄断案件。在继续查办垄断协议案件的同时，积极拓展反垄断的执法领域，加大对供电、供水、供气、公交等传统领域和互联网、电信服务等新的领域中各类阻碍和限制公平竞争行为的查处力度。其次，要制定和完善相关法律法规，推进相关行业法制建设，将垄断行业改革进一步纳入法制化轨道。同时，要建立和完善公开透明、监管有力的垄断行业监管体系，提高监管的针对性和有效性。

总之，对垄断在社会主义市场经济中的作用要做全面、深入、具体地分析，对垄断与竞争的关系要做客观、辩证、历史的认识。需要强调的是，这样讲并不是否定深化垄断行业改革的重要性和必要性。我们不能一方面享受改革开放带来的物质和文化等极大丰富的好处，另一方面排斥、限制竞争，维护垄断带来的既得利益。要认真落实党的十八届三中全会精神和要求，继续深化垄断行业改革，努力使我国的市场经济体制更加完善，进一步营造各种所有制经济依法平等使用生产要素、公平参与市场竞争、同等受到法律保护的体制环境。

十论支持非公有制经济健康发展

核心论点： 公有制经济和非公有制经济都是社会主义市场经济的重要组成部分，都是我国经济社会发展的重要基础。必须毫不动摇地鼓励、支持、引导非公有制经济发展，激发非公有制经济活力和创造力。支持非公有制经济健康发展是坚持和完善基本经济制度的内在要求和重要内容。促进非公有制经济发展关键是促进民营经济发展。

提示： 第十论的重点是回答，如何理解支持非公有制经济健康发展也是坚持和完善基本经济制度的内在要求？非公有制经济的发展是否会削弱公有制的主导地位？为什么要引导非公有制经济发展？如何促进私营经济更好发展？有条件的私营企业为什么也要建立现代企业制度？

一　改革开放的产物和结果

二　从有益补充到相提并论

三　重要组成部分和重要基础

四　消除影响非公有制经济发展的各种障碍

五　引导非公有制经济健康发展

《决定》在论述坚持和完善基本经济制度时强调，"公有制经济和非公有制经济都是社会主义市场经济的重要组成部分，都是我国经济社会发展的重要基础"。并强调，"必须毫不动摇鼓励、支持、引导非公有制经济发展，激发非公有制活力和创造力"。《决定》还专门列出一条论述"支持非公有制经济健康发展"，并从废除对非公有制经济各种形式的不合理规定和鼓励非公有制经济参与国有企业改革等方面，对支持非公有制经济发展做出了部署。《决定》在论述深化国防和军队改革时还提出，"改革国防科研生产管理和武器装备采购体制机制，引导优势民营企业进入军品科研生产和维修领域"。坚持和完善基本经济制度，必须认真落实《决定》的要求和部署，推动非公有制经济健康发展。

一　改革开放的产物和结果

非公有制经济是相对于公有制经济而言的，在我国，公有制经济以外的所有经济形式都可以归入非公有制经济的范畴。党的十五大把非公有制经济界定为个体经济、私营经济与外资经济。其后，我国基本上沿用了这一界定。

个体工商户、个人独资企业、私营企业和外资企业，都属于非公有制经济范畴。按照国家工商行政管理总局的登记管理办法，非公有经济里的个体经济包括三种类型：个人所有、个人经营的工商户，家庭所有、家庭经营的工商户，若干自然人合伙经营的工商户。它们同私营企业的区别在于基本不雇工，或雇工很少，以不超过 7 人为限。私营企业，是指企业资产属于私人所有，雇工 8 人以上的营利性组织。对这种分类法，即以雇工人数来区分个体工商户与私营企业，理论界和企业界一直存有争议。在私营企业里，又有独资企业、合伙企业、有限责任公司和股份有限公司等企业类型。1999 年出台的《个人独资企业法》规定，个人独资企业是由一个自然人投资，财产为个人所有，投资人以其个人财产对企业债务承担无限责任的经济实体。外商投资企业也属于非公有制经济，按照国家工商行政管理总局的分类法，外商投资企业又分为外资企业、中外合资企业、中外合作企业和中外股份公司等企业类型。

非公有制经济在我国经历了一个曲折的发展过程。中华人民共和国建立后，对外国资本主义采取了没收政策，对资本主义工商业实行了社会主义改造，到 1956 年中国的私人经济基本消失，仅存的一些个体经济由于人数与规模甚小，对国民经济的影响微乎其微。此后特别是"文化大革命"期间，在"左"的思潮支配下，非公有制经济在我国作为产生资本主义的土壤被彻底排斥。改革开放前夕，我国几乎成了公有制经济的一统天下，全国只有个体经济 14 万户，从业人员 15 万人。与此同时，受计划经济体制影响和西方国家的封锁，我国长期实行闭关锁国的政策，外资企业在我国也相当有限。党的十一届三中全会后，非公有制经济开始得到恢复和迅速发展，并逐步成为社会主义市场经济的重要组成部分。

在我国，经常与非公有制经济特别是私营经济混用的还有民营经济这一概念。在实际运用中，民营经济有广义和狭义之分。广义的民营经济是指除国有经济和集体经济以外的多种所有制经济的统称，狭义的民营经济指个体和私营企业。具体研究问题时大多以分析狭义民营经济即个体私营经济为主，中华全国工商业联合会主编的《民营经济蓝皮书—中国民营经济发展报告》使用的就是狭义民营经济的概念，并且有民营企业的户数、资产和就业人数等统计数据。属于民营经济范畴的企业就是民营企业。一般而言，民营企业是指个体、私营企业，自然人和私营企业控股或由其运营的各种组织形式的企业，而民营经济即为各类民营企业的统称。

民营企业是相对于国有企业而言的一个特定概念和范畴，是改革开放以来我国经济体制经历转型时期的一个特定历史产物。但实际上，民营企业并不是《公司法》规定的一种企业组织类型。在我国的《公司法》中，按照企业的资本组织形式划分，企业类型主要有：国有独资公司、一人有限责任公司、有限责任公司和股份有限公司。

民营企业也不是我国国家统计的一种企业类型。根据国家统计局和国家工商行政管理局 1998 年 8 月颁布、2008 年 3 月再次公布的《关于划分企业登记注册类型的规定》，企业登记注册类型包括：内资企业，国有企业，集体企业，股份合作企业，联营企业，有限责任公司，股份有限公司，私营企业，其他企业，港、澳、台商投资企业，合资经营企业（港或澳、台资），合作经营企业（港或澳、台资），港、澳、台商独资经营企业，港、澳、台商投资股份有限公司，外商投资企业，中外合资经营企业，中外合作经营企业，外资企业，外商投资股份有限公司。

民营的概念在我国有其历史渊源。中华人民共和国建立前就已存在并大量使用，毛泽东主席在新中国建立前多篇著作中提到过"公营与民营"经济的概念。改革开放以来，最早被冠以民营企业这一称谓的是民营科技企业，产生的时间大约在20世纪80年代的中期，当时中国的经济体制改革重点从农村转向了城市，城乡个体经济有了飞速的发展，但私营企业还没有被正式承认。许多刚刚设立的私营企业还戴着集体经济的"红帽子"。农村经济体制改革和城市刚刚兴起的承包制，激发了高等院校和科研院所里科技人员的改革热情，一批科技人员借科技体制改革的东风，从原岗位脱离出来创办科技企业或承包国有集体企业。这类企业既不像纯粹的私人企业，又不同于原来的国有企业，于是，人们便根据其经营体制的特点，称其为民营企业。因为这类企业的创办人员和经营人员多为科技人员，所以，党中央、国务院的文件一直称之为"民营科技企业"，党的十六大也采用了这一称谓，强调"在社会变革中出现的民营科技企业的创业人员和技术人员、受聘于外资企业的管理技术人员、个体户、私营企业主、中介组织的从业人员、自由职业人员等社会阶层，都是中国特色社会主义事业的建设者"。在我国科技主管部门的统计中，将民营科技企业作为一个类别进行统计。

民营经济概念的存在和广泛运用，除历史渊源外，姓"公"姓"私"的长期争论也是原因之一。改革开放以来，受意识形态影响和人们对改革道路的不同看法，国内一直存在姓"公"姓"私"的争论，用民营经济或民营企业的概念取代私营经济和私营企业的概念，有利于回避私有化的嫌疑，避开这一争论。实际上，民营企业与私营企业的内涵和外延并不完全一样。

根据我国国家统计局、国家工商行政管理局《关于划分企业登记注册类型的规定》的规定，私营企业是指由自然人投资设立或由自然人控股、以雇佣劳动为基础的营利性经济组织。包括按照《公司法》《合伙企业法》《私营企业暂行条例》规定登记注册的私营有限责任公司、私营股份有限公司、私营合伙企业和私营独资企业。

私营独资企业是指按《私营企业暂行条例》的规定，由一名自然人投资经营，以雇佣劳动为基础，投资者对企业债务承担无限责任的企业。私营合伙企业是指按《合伙企业法》或《私营企业暂行条例》的规定，由两个以上自然人按照协议共同投资、共同经营、共负盈亏，以雇佣劳动为基础，对债务承担无限责任的企业。私营有限责任公司是指按《公司法》《私营企业暂行条例》的规定，由两个以上自然人投资或由单个自然人控股的有限责任公司。私营股份有限公司是指按《公司法》的规定，由五个以上自然人投资，或由单个自然人控股的股份有限公司。

对私营独资企业和私营合伙企业，工商机关核发《独资企业营业执照》和《合伙企业营业执照》，这两类企业均无法人资格；对私营有限责任公司和其他的有限责任公司，核发《企业法人营业执照》，注册登记经济类型为有限责任公司。

由此可见，民营企业与私营企业不是一个概念，民营企业的内涵和外延比私营企业更为广泛。作为我国经济体制转型时期的一个特定术语，民营企业或民营经济主要是基于所有制性质进行界定的，私营企业主要是基于产权属性进行界定的。虽然民营企业或民营经济频繁出现于理论刊物和大众媒体，也有科技主管部门和中华全国工商联合会的统计，但严格地讲，民营企业在我国并不具有法律规定和法律地位，私营企业则有相关法律和统计的规定。这种现象既反映了企业的所有制属性在我国还是一个引起广泛讨论的问题，也反映了我国在企业类型问题上还存在模糊不清的地方，有待进一步研究和讨论。

二　从有益补充到相提并论

《决定》提出，"公有制经济和非公有制经济都是社会主义市场经济的重要组成部分，都是我国经济社会发展的重要基础"。这是我党的文件第一次将非公有制经济与公有制经济并列论述。《决定》对非公有制经济这一新论断，是对非公有制经济现实地位和重要作用的新认识，也是中国特色社会主义理论的新发展。

改革开放以来，我们党和国家对非公有制经济的认识经历了一个不断发展的过程，对非公有制经济的定位经历了一个不断提升的过程。根据使用概念和角色定位，大体上可以分为四个阶段。

第一阶段，从改革开放到党的十三大，主要使用个体、私营经济的概念，定位于有益补充。1980 年 8 月中共中央转发的《进一步做好城镇劳动就业工作》的文件指出，个体经济是"从事法律许可范围内的，不剥削他人的个体劳动。这种个体经济是社会主义公有制的不可缺少的补充，在今后一个相当长的历史时期内都将发挥积极作用"。1981 年 6 月中共中央《关于建国以来党的若干历史问题的决议》明确指出："国营和集体经济是中国基本的经济形式，一定范围的劳动者个体经济是公有制经济的必要的补充。"党的十二大提出："在农村和城市，都要鼓励劳动者个体经济在国家规定的范围内和工商行政管理下适当发展，作为公有制经济的必要的、有益的补充。"同年，第五届全国人大五次会议通过的《中华人民共和国宪法》第十一条规定："在法律规定范围内的城乡劳动者个体经济是社会主义公有制经济的补充。"国家保护个体经济的合法的权利和利益。1984年，《中共中央关于经济体制改革的决定》第一次系统阐述了政府在现阶段对发展个体经济的基本指导方针，强调"我国现在的个体经济是和社会主义公有制相联系的个体经济，它对于发展生产、扩大劳动就业，具有不可替代的作用，是从属社会主义经济的，是社会主义经济必要的有益补充"。

第二阶段，从党的十三大到党的十五大，主要使用私营经济概念，用补充替代了有益补充并强调共同发展。党的十三大第一次明确提出"允许私营经济的存在和发展"，提出了鼓励发展个体经济特别是私营经济的方针。第七届全国人大一次会议通过宪法修正案，确定了私营经济的法律地位和经济地位，即"国家允许私营经济在法律规定的范围内存在和发展。私营经济是社会主义公有制经济的补充。国家保护私营经济的合法权利和利益"。同年，我国开始对私营企业进行登记。党的十四大强调，"以公有制包括全民所有制和集体所有制经济为主体，个体经济、私营经济、外资经济为补充，多种经济成分长期共同发展"。

第三阶段，从党的十五大到党的十八大，主要使用非公有

制经济的概念，用重要组成部分替代了补充的提法，同时提出
对非公有制经济依法实行监督和管理。党的十五大把"公有
制为主体、多种所有制经济共同发展"确立为我国的基本经
济制度，第一次明确提出，"非公有制经济是社会主义市场经
济的重要组成部分"。第九届全国人大二次会议通过的宪法修
正案明确指出："在法律规定范围内的个体经济、私营经济等
非公有制经济，是社会主义市场经济重要组成部分。"党的十
六大提出了著名的两个毫不动摇的论断，即"必须毫不动摇
地巩固和发展公有制经济，必须毫不动摇地鼓励、支持和引导
非公有制经济发展"。第十届全国人大二次会议通过的宪法修
正案指出："国家保护个体经济、私营经济等非公有制经济的
合法的权利和利益。国家鼓励、支持和引导非公有制经济的发
展，并对非公有制经济依法实行监督和管理。"

第四阶段，党的十八届三中全会以后。《决定》在论述坚
持和完善基本经济制度时，第一次将非公有制经济与公有制经
济置于同等重要的地位，强调"公有制经济和非公有制经济
都是社会主义市场经济的重要组成部分，都是我国经济社会发
展的重要基础"。《决定》还强调，"必须毫不动摇巩固和发展
公有制经济，坚持公有制主体地位，发挥国有经济主导作用，
不断增强国有经济活力、控制力、影响力。必须毫不动摇鼓
励、支持、引导非公有制经济发展，激发非公有制经济活力和
创造力"。这些重要论述表明我们党对非公有制经济的认识达
到一个新的历史高度。

从有益补充到相提并论，我们党对非公有制经济地位和作
用提法的演变，既反映了改革开放以来非公有制经济的飞速发

展，在我国经济和社会发展中的比重和作用都发生了重大变化，也反映了我们党实事求是的科学态度和与时俱进的创新精神，必将对非公有制经济新的大发展产生积极重大影响。

三　重要组成部分和重要基础

《决定》在论述支持非公有制经济健康发展时指出，"非公有制经济在支撑增长、促进创新、扩大就业、增加税收等方面具有重要作用"。这是对非公有制经济在推动我国经济社会发展中的重要作用的充分肯定。我们要从发展社会主义市场经济体制、完善基本经济制度、推动我国经济社会发展的高度充分认识支持非公有制经济健康发展的重大意义。

一是支持非公有制经济健康发展是完善社会主义市场经济的必然要求。非公有制经济由于产权归属更加清晰、权责更为明确、流转更为顺畅，所以，更容易适应市场竞争的要求，更适宜作为市场经济的微观基础。同时，非公有制经济由于经济责任更容易追溯到成员个人，企业发展的目的更为单一，主要以盈利作为企业的追求，因而，非公有制经济更具市场竞争性。作为我国改革开放的产物和结果，非公有制经济生于市场，长于市场，贴近市场，活跃在市场竞争最激烈的领域，与市场有着天然的紧密联系，为社会主义市场经济创造了一个多元竞争、充满活力的环境。因而，非公有制经济与公有制经济都是社会主义市场经济的重要组成部分，共同构成了社会主义市场经济的微观基础。改革开放以来的实践证明，哪里的非公有制经济活跃，哪里的经济就发达，其改革开放的环境就宽松。

二是支持非公有制经济健康发展是完善基本经济制度的内在要求。国有资本、集体资本、非公有资本交叉持股、相互融合的混合所有制经济，是基本经济制度的重要实现形式。发展混合所有制经济，重点和难点在于国有经济与民营经济的混合。从实践情况看，由于国有经济与民营经济在经营规模、经营手法等方面迥异，使得国有经济与民营经济往往难以形成持久的、大面积混合，即使实现了混合很多也难以真正实现双赢。支持非公有制经济特别是民营经济健康发展，进一步增强活力和创造力，无疑将会加快混合所有制经济的发展。因此，支持非公有制经济的健康发展，就成为坚持和完善基本经济制度的应有之义，成为坚持和完善基本经济制度的内在要求。

三是支持非公有制经济健康发展是支撑我国经济增长的重要保证。发展是解决我国所有问题的关键。全面建成小康社会，关键还是要紧紧抓住经济建设这个中心不放松。非公有制经济由于产权及相关利益与产权主体的联系更为紧密，内在动力能够得到更为有效地激发，因而更具有活力和创造力，更具有经营效率和经济效益，是社会主义市场经济富有活力富有效率的细胞组织，是推动生产力发展的有效组织，是实现全面建成小康社会目标不可或缺的重要力量。非公有制经济量大面广，支持非公有制经济健康发展，能够将更多生产要素聚集起来，充分调动社会各方面的积极性，使创造财富的源泉得到充分涌流，使广大人民群众成为创业的主体、市场的主体、投资的主体、创新的主体，形成支撑和推动我国经济社会持续发展的重要现实力量。因而，非公有制经济与公有制经济共同构成了我国经济社会发展的重要基础。从实际情况看，非公有制经济特别是民营经济的体制机制更为灵活，进取性更为强劲，发展更为迅速，无论是经济发展的快速增长时期，还是国际金融危机导致的世界经济衰退时期，非公有制经济在数量上、规模上都保持了较快增长，对我国经济增长的作用越来越大。截至2014年4月，我国私营企业有1319.94万户，注册资本43.8万亿元；个体工商户已达4564.15万户，资金数额2.55万亿元。目前，非公有制经济对我国 GDP 的贡献率已超过60%，并将继续不断提高。当前，我国经济发展正处于增长速度换挡期和结构调整阵痛期，经济增长下行的压力很大并可能持续一段时间，实现全面建成小康社会目标的任务十分繁重。支持非公有制经济健康发展，充分激发非公有制经济的活力和创造力，对全面建成小康社会具有十分重要的作用。

四是支持非公有制经济健康发展是促进我国加快创新步伐的重要支撑。实现我国产业转型升级的关键是加大创新的力度。民营企业在技术创新中发挥着极为重要的作用。以中小企业为主的民营企业数量众多，经营更为灵活，决策更加敏捷，能够更好适应市场经济条件下技术路线多样、商业模式多变的需要。同时，由于规模相对较小，市场地位较弱，求生存、求发展的愿望更加强烈，更加迫切，因而，往往更具冒险性，更具进取性，创新的欲望更强。据统计，国外主要是发达市场经济国家，技术创新成果的80%来自以民营企业为主的中小型企业。根据我国的统计，技术创新成果的75%、新产品开发的80%来自中小企业，也就是说，发明专利的近2/3来自民营企业。从技术创新成果的数量来看，民营企业已经成为我国企业技术创新的主要力量。发明专利是衡量企业技术创新能力和成果的重要标准之一。据统计，我国发明专利的 65% 来自中小企业，也就是说，发明专利的近 2/3 也来自民营企业。2013 年，民营的华为科技以 3625 件和 2251 件的数量分别列我国企业发明专利申请量和授权量的第一位。在我国发明专利申请量和授权量的前十名企业中，除中国石化和中兴通讯外，其他大多是民营企业和外资企业。这表明，民营企业技术创新的"含金量"大大提升。目前，我国有 30 多万家科技型中小企业和数千家科技"小巨人"企业，这些企业绝大多数是民营企业。这些企业充分发挥作用并迅速成长壮大，无疑，将会成为我国实施创新驱动战略的强大推进器。

五是支持非公有制经济健康发展是解决我国就业问题的根本出路。就业是民生之本，事关一个国家的经济发展和社会稳定。非公有制经济特别是以民营经济为主体的广大中小企业，市场应变能力强，就业弹性高，就业容量大，具有大企业无法比拟的优势。改革开放以前，国有企业是吸纳我国就业的主阵地。随着所有制结构的调整和国有企业改革的深化，随着产业升级和技术水平的提高，国有企业吸纳就业的能力明显下降，不仅如此，国有企业冗员过多的问题没有很好解决，深化国有企业改革还将会增加社会就业压力。我国虽然已进入"刘易斯拐点"，但每年城镇还有大量新增就业人口，同时，加快城镇化带来的农村劳动力继续向城市转移也会增加社会就业压力。解决我国就业问题，是相当长的一个时期内需要高度重视和切实解决好的重大问题。营造鼓励人们干事业、支持人们干事业的社会氛围，鼓励各类社会群体从自己擅长的技术或专长开始，从创办个体、私营企业开始，从创办中小企业开始，以创业促就业，是缓解我国就业压力的重要途径和根本出路。从我国民营经济的产业分布来看，大多集中在制造加工和传统服务业，这些产业大多是劳动密集型产业，吸纳就业能力比较强。同时，在促进农村劳动力向非农产业的转移，加快城镇化建设，解决进城农民的就业岗位问题等方面，民营经济也发挥着极为重要的作用。改革开放以来，非公有制经济发展迅速，在吸纳就业和实现下岗员工再就业方面的作用越来越大，已经成为我国社会就业的主阵地。据统计，我国新增就业的90%来自非公有制经济。据国家工商总局的数据，截至2013年底，我国城镇个体和私营企业共吸纳安置就业1.44亿人，占城镇就业人口的37.7%。2013年个体和私营企业新增从业人员达到1184.48万人，占全部城镇新增就业人口的90.4%。

六是支持非公有制经济健康发展是增加税收的重要渠道。税收是财政收入的最主要来源，在保证和实现财政收支方面起着重要的作用。税收也是国家政权存在和国家机器有效运转的基础。虽然从总体上看，国有企业按营业收入平均上缴税收要高于民营企业，但民营企业上缴税收在我国税收总额中的比重不断提高，已经超过国有企业，成为我国上缴税收最多的群体。据统计，目前我国税收的50%以上来自中小企业，作为税收重要来源的企业利润的50%以上也来自中小企业，而我国中小企业的95%以上是民营企业。可以相信，随着民营企业的继续较快发展，民营企业在我国税收中将发挥越来越重要的作用。

七是支持非公有制经济健康发展是扩大对外开放的迫切需

要。坚持对外开放是我国的一项长期基本国策。外资企业是非公有制经济的一个重要组成部分。改革开放 30 多年，通过"引进来"，建立了大量外商独资企业、中外合资企业和中外合作企业，同时，引进了大量世界先进或适用的技术及管理做法。据商务部统计，截至 2013 年底，我国共有外商投资企业 44.60 万户；2013 年，我国共登记技术引进合同 12449 份，合同金额 433.65 亿美元，同比增长 2.46%，其中，技术费 410.96 亿美元，占合同总金额的 94.77%。通过"引进来"，特别是通过引进世界先进的技术和管理，迅速缩短了我国与世界发达国家的差距，这被公认为我国创造经济持续快速增长奇迹的一个重要"红利"因素。外资企业在我国扩大出口方面也发挥了重要作用。多年来，我国对外出口的 50% 左右是通过外资企业或通过来料加工等方式实现的。与此同时，作为我国最具活力的市场主体的民营企业在"走出去"方面也发挥着越来越重要的作用。非公有制经济比重较高的行业，往往是我国产业比较优势显著的行业，因而，往往也是我国出口份额比较大的行业，如我国服装出口占全球服装贸易额的 1/5，而全国服装产量的 95% 是由非公有制企业提供的。以民营经济为主的浙江义乌中国小商品城，吸引了世界上 40 多个国家的 200 多家贸易机构、3000 多名外商代表常驻和采购，每年有近百亿元商品远销美、日、韩和阿拉伯等 120 多个国家及地区。近年来，越来越多的民营企业走出国门从事投资建厂或收购兼并等海外投资活动，已经成为国际市场竞争中的一支重要的有生力量。据商务部统计，2010 年我国非国有企业对外投资总额已经占到总量的 89.8%，境外投资存量已经达到 1040.41 亿美元。2013 年，民营企业海外投资额首次超过国有企业，民营企业海外投资地域广泛，投资总量越来越大，投资格局不断优化。此外，投资方式也越来越多样，包括贸易投资、资源开发、设立研发中心、开展跨国并购、对外承包工程等，投资和经营模式呈现出集群式、规范化、园区化的发展态势，一大批有远见的民营企业，结合自身特点，着眼于全球市场，开展跨国投资，并在相关方面取得了一些成功的经验，涌现出华为、联想、吉利等一批在国际上较有影响力和竞争力的企业，进一步提升了我国的国际竞争力，拓展了我国发展的国际空间。

改革开放 30 多年来，非公有制经济从无到有、从小到大、从弱到强，经历了波澜壮阔的发展历程，见证了中国社会主义市场经济体制的建立和完善，推动了中国市场化改革的不断深入。我国改革开放能够取得巨大成功，一个根本原因就在于民营经济蓬勃发展并发挥了巨大作用。据统计，1989 年我国共有私营企业 9.1 万家，个体户 1200 万家，到 2013 年底，私营企业已达 1200 万家，个体户达 4400 万家。非公有制经济在推进中国特色社会主义建设的重要作用，决定了在整个社会主义初级阶段，支持非公有制经济健康发展不是权宜之计，也不是短期政策，而是一项长期政策，是一项基本国策。从实际情况看，改革开放以来，虽然存在不同的声音和争论。但是，大力发展市场经济，积极发展民营经济，一直是整个经济体制改革的主色调，贯穿整个经济体制改革的历程。非公有制经济的迅速发展，已成为我国改革开放的重要标志，成为中国改革开放能够取得巨大成就的宝贵经验。我们要从我国经济和社会发展全局的战略高度，从建设中国特色社会主义的战略高度，进一步认识发展非公有制经济的重要性和紧迫性，支持非公有制经济健康发展。

对非公有制经济在中国特色社会主义市场建设中的重要作用，对非公有制经济发展给我国经济社会发展带来的巨大变化，国内外普遍给予了充分肯定和积极评价，但国内也有人担心支持非公有制经济发展会削弱公有制的主体地位，最终走向资本主义。还有人甚至把我国目前出现的种种社会问题归罪于"国降民升"，即国有经济在整个经济中的比重下降，民营经济在整个经济中的比重上升。从我国改革的目的是完善社会主义制度出发，全面深化改革必须坚持社会主义市场经济的方向，必须坚持和完善基本经济制度，但把支持非公有制经济发展与坚持社会主义对立起来，与改革开放以来中央的一贯精神不符，与非公有制经济在我国经济社会发展中的实际作用不符。一方面，要看到，公有制主体地位主要体现为国有经济的主导作用，体现为国有资本在关系国家安全和国民经济命脉的重要行业和关键领域处于支配地位，体现为国有经济活力和竞争力的增强，在这个前提下，国有经济比重减少一些，不会影响我国的社会主义性质。另一方面，要看到，公有制经济与非公有制经济不是相互对立、此消彼长的关系，通过发展混合所有制经济完全可以实现取长补短、相互促进、共同发展，两者可以统一于中国特色社会主义建设的进程之中。

四　消除影响非公有制经济发展的各种障碍

《决定》着眼于支持非公有制经济的发展，强调"坚持权利平等、机会平等、规则平等，废除对非公有制经济各种形式的不合理规定，消除各种隐性壁垒，制定非公有制企业进入特许经营领域具体办法"。还强调，"鼓励非公有制企业参与国有企业改革，鼓励发展非公有资本控股的混合所有制企业，鼓励有条件的私营企业建立现代企业制度"。《决定》的这一论述，既指明了支持非公有制经济发展的基本原则，也指明了支持非公有制经济发展的主要任务。

实际上，在鼓励、支持个体、私营企业等非公有制经济发展方面，国务院先后制定了几个重要文件。2005 年 2 月 25 日国务院发布了《关于鼓励支持和引导个体私营等非公有制经济发展的若干意见》，这是新中国成立以来第一部以促进非公有制经济发展为主题的国务院文件，因文件内容共 36 条，这份文件通常被简称为"非公经济 36 条"。文件从放宽非公有制经济市场准入、加大对非公有制经济的财税金融支持、完善对非公有制经济的社会服务、维护非公有制企业和职工的合法权益四个方面，对鼓励和支持非公有制经济发展提出了明确要求，做出了系统部署。2009 年 9 月 22 日国务院出台了《关于进一步促进中小企业发展的若干意见》，这是改革开放以来我国出台的第一部促进民间和社会投资健康发展的综合性政策文件，这个文件在完善中小企业发展环境、缓解中小企业融资难题、加大对中小企业财税扶持力度等方面有许多突破，因文件内容共 29 条，社会上通常称为"中小企业 29 条"。2010 年 5 月 13 日国务院又发布了《关于鼓励和引导民营投资健康发展的若干意见》，因文件内容也是 36 条，被简称为"非公经济新 36 条"。相对于"非公经济 36 条"，"新 36 条"着重于民营经济的行业准入，文件用 20 条提出了民营经济投资和行业准入的新政策，用 8 条提出了鼓励民营企业参与国有企业改革的新举措。这几个文件充分显示了中央鼓励、支持非公有制经济发展的决心和导向，也为非公有制经济发展提供了难得的机遇和前景。

国务院这些文件的出台受到民营经济的一致好评和广泛欢迎，也起到重要影响和积极作用，但民营经济普遍反映中央鼓励和支持民营经济发展的"利好政策"特别是打破行业垄断和壁垒的政策和规定，在实施中遭遇"玻璃门""旋转门"以及"弹簧门"障碍，即中央鼓励和支持民营经济发展的新政策、新规定、新办法都有了，但民营企业看得见却进不去，犹如隔了一层玻璃门；一些行业和项目表面上对各种所有制经济一视同仁，可设定的具体条款又把民间投资推了出来，犹如一道"旋转门"；民营企业刚刚涉足某一行业或领域，又被一些市场准入和进入门槛等弹出，犹如遇到了"弹簧门"。这"三座门"形象地展现了民营经济在平等参与市场竞争方面存在政策执行难、兑现难、落实难的问题，反映了民营经济在平等发展方面存在着诸多障碍。从影响非公有制经济发展的外部因素看，中央鼓励和支持非公有制经济发展的文件难以落实，是受到多重因素的制约。

一是来自既得利益的阻扰。废除对非公有制经济各种形式的不合理规定，消除各种隐性壁垒，必然会触及原有的权力格局和利益格局，势必会受到各种既得利益者的阻挡。非公有制经济发展相关支持性政策的实施，必然会受到既得利益者的抵触。一些政府部门担心审批减少，权力变小，利益受损，因此，对中央的政策采取选择性执行。一些国有企业担心放宽市场准入会加剧竞争，导致效益下降进而影响考核指标的完成，甚至会威胁到企业的生存，难免会采取阻扰行为。一些国有企业的管理人员或员工担心放宽民营经济进入某些行业和领域，会威胁他们的职位和岗位，或多或少也会产生抵触情绪。这种阻扰既可能来自个人或团体，也可能来自部门或行业。为了维护既得利益，一些部门、单位或团体或明或暗地阻扰民营经济进入本行业或本领域，并且经常还打着维护国家利益的旗号。

二是来自各种体制性的障碍。普遍认为，中央鼓励和支持民营经济发展的政策落实难，最大症结在于体制性障碍。一方面，虽然国务院文件允许民营经济进入铁路、电信、电力、石化等垄断行业，但由于铁路网、电信网、输电网、输油管道、输气管道等具有自然垄断性，属于关系国家安全和国民经济命脉的行业和领域，而竞争性业务与垄断性业务又没有剥离，使得民营企业进入这些领域羁绊重重；另一方面，一些鼓励民营经济发展的政策由于体制性障碍迟迟无法取得突破，如融资难、融资贵是当前我国中小民营企业面临的普遍难题，为破解这一难题，中央多次提出要求并做出了一系列政策措施安排，地方政府也出台了一系列鼓励政策，时至今日，中小企业融资难的问题虽有所好转，但融资难、融资贵仍然是制约我国中小民营企业发展的主要瓶颈。究其原因，主要是体制性障碍，在我国现有的金融体制框架下要解决这个问题，是不可能取得突破的。因为商业银行作为以利润最大化为主要目标的经济组织，追求信贷资金的安全性、增值性、流动性是它们的本能，银行在发放贷款方面实际上是"爱富嫌贫""爱大嫌小"。一般来讲，效益好的大企业不管是国有企业还是民营企业，银行追在后面给贷款，效益差的以及广大中小企业不管国有企业还是民营企业，由于借贷成本较高、资信等级偏低、缺乏有效抵押等原因，商业银行普遍采取惜贷甚至拒贷的做法，即使是股份制银行甚至民营银行，其贷款的重点也是大企业和效益好的企业，由此造成中小企业普遍面临贷款难的问题。在我国，总体上国有企业规模较大，承担国家重点工程项目较多，加上有国家信用的潜在影响，获得银行贷款相对容易一些。据统计，银行贷款的70%流向了国有企业，量大面广的中小企业只得到30%的银行贷款份额。据银监会的数据，截至2014年3月末，全国小微企业申贷获得率即银行发放的小微企业贷款户数占同期受理进入申贷流程的小微企业户数的比例为89.2%，贷款覆盖率即小微企业贷款余额户数占全部小微企业户数的比例为21.6%。当面临紧缩性货币政策时，银行系统对中小企业限制贷款实行"一刀切"政策，阻断了民营企业通过银行获得资金的融资渠道。同时，各种金融中介机构迅速膨胀，一些金融中介机构与商业银行内外联手，层层加息，用远远高于银行利息的融资成本将资金贷给中小企业。为解决流动资金急需问题，不少民营企业转向民间借贷，高额的民间借贷成本大大增加了民营企业的财务负担，甚至导致企业破产。显然，造成这种现象的根源在于我国现行的金融体制，类似这类体制性的障碍如果不解决，中央鼓励和支持非公有制经济的政策是无法有效实施的。

三是来自政策操作层面的制约。从国务院政策的制定到基层政府的贯彻落实，决策与执行是分离的，这就使得政策的执行有可能走样。"新老36条"虽然对鼓励和支持发展非公有制经济做了大量政策性规定，但大多处于指导性文件的层面，不少政策缺乏相应的实施细则做保证，造成政策的操作性不强，许多政策措施难以落到实处；鼓励和支持非公有制经济发展的政策大多需要地方政府和有关部门的联动，地方政府往往无权取消和修改由法律法规及部门规章设定的事项，有关部门对一些法规规章也没有及时做出调整，造成衔接不够，不能联动；大量非行政许可审批事项严重阻碍了鼓励和支持非公有制经济发展政策的落实，成为政府管理的"灰色地带"，这些非行政许可不受行政许可法的约束，设定随意性大，实施也不规范，成了人为设定的种种条条框框和潜规则；政府部门的办事制度、办事程序等又没有进行翔实规定，办事行为和过程不规范、不透明的问题比较突出，不仅时限长、手续繁、效率低，更重要的是办事标准、条件、流程不明确，不公开、不透明，自由裁量权很大。同时，对政策的落实缺乏考核、监督和责任追究等，这些都影响了鼓励和支持非公有制经济发展政策效应的有效发挥。

四是来自社会组织的掣肘。行业协会等社会组织，本来应是行业性、社团性、民间性、服务性、非盈利性组织，但审计署2014年7月公布的一份报告显示，一些中央部门主管的社会组织和所属单位依托行政资源不当牟利。其中，中华医学协会收取医药企业高达8.2亿元的赞助，赚得盆满钵满。这些年，少数行业协会、社会组织打着权力背景旗号使出各种方式敛财，受到社会广泛批评，被称为"二政府"。广州市政协2012年组织的一项调查显示，广州全市657个社会团体中，有三分之二过去由党政机关主导成立，行政色彩深厚，充当着部分行政机关"二政府"的角色。有人形容这些行业协会是"五子登科"，即"戴市场的帽子、拿政府的鞭子、坐行业的轿子、收企业的票子、供官员兼职的位子"。一些行业协会或中介机构以资质认定和资格审查为名，将政府部门下放的权力变相接了过来。据2014年4月13日《新华每日电讯》报道，长沙市建筑业协会施工设备租赁分会要求，在长沙市从事建筑施工设备租赁业务的企业必须向其提交申请，办理行业确认，每家企业需缴纳会费及行业自律履约保证金2万元，违反或抵制公约的最高罚款达2万元。各类资格资质认定项目繁多，设置很不规范，既有对企业的认定，也有对个人的认定。中央支持非公有制经济发展的"改革红利"，不少被这些社会组织"蚕食"。

五是来自监督管理滞后的影响。多年来，我国一些主管部门和地方政府"重审批、轻监管"，习惯于通过审批和处罚实施管理，对放松管制和放宽市场准入后如何进行管理不适应，对运用法律、市场、技术手段进行管理不习惯，事中和事后的监管相对薄弱，往往是出了问题后搞突击检查，搞"一阵风"式的监管。扩大非公有制经济的投资领域，允许非公有制经济进入一些垄断行业等，必然会给现有的经济秩序和市场秩序带来影响甚至冲击，要求负有维护经济秩序和市场秩序重要职责的各级政府和主管部门转变和创新监管方式，这对政府部门是一种新的考验和挑战。由于种种原因，一些地方或部门的监管方式难以适应放松管制政策的变化，做到及时进行转变和创新。在这种情况下，一些地方或部门担心放宽市场准入或放松对一些行业和领域的管制会导致经济秩序或市场秩序混乱，因而，对国务院鼓励和支持非公有制经济发展的政策或按兵不动，或拖延推诿，以致出现人们称之为"中梗阻"或"最后一公里"的现象。如允许民营资本创办民营银行，这对金融领域引入竞争、激发各类银行活力、加快金融产品创新、提供多样化的金融服务、加快利率的市场化、提高金融市场效率等都具有重要积极的作用，但必须是在加强有效监管、促进规范经营、防范金融风险的前提下开展。在我国国有大型商业银行及一些为数不多的大型股份制商业银行主导信贷服务的格局下，民营银行要在市场竞争中发展壮大，难免会在吸收存款和对外贷款方面采取更加灵活的方式，这对存款利率、贷款利率、担保、抵押等诸多规定都会带来影响甚至冲击，我国现有的银行业管理办法尚没有制定出有效的经过实践检验的管理中小民间银行的成套制度和规章，这势必给防范金融风险和确保经济健康运行带来很大压力，也使得允许民营资本举办民营银行的政策迟迟进展不多，往往更多地停留在口号上，停留在文件上。

六是来自思想观念的束缚。一些政府部门或公务人员对民营经济发展存在着"叶公好龙"现象，嘴上也在讲支持非公有制经济发展，鼓励和促进民间投资，可心里面对民营经济存有偏见，有些人对民营经济进入更多领域是否会影响国家经济安全，是否会削弱公有制的主体地位，以及民营经济是否真的存在所谓的"原罪"等诸多问题还心存疑虑，因而对民营经济的快速发展心存芥蒂，甚至将民营经济视为"另类"，常常有意无意地制造一些障碍。还有一些政府部门或公务人员存有给国有经济办事放心、给民营经济办事不放心的心态，以致在审批事项时采取拖延和刁难态度，有些事情明明符合政策，但硬是拖着不办。

民间资本不能平等地进入各个行业参与市场竞争，不仅制约了民营经济的发展，还影响了由市场竞争本身带来的经济效益。大量闲散的民间资本无法进入实体经济，还造成了过多的流动性，影响到国民经济的平稳运行。在民间投资已占据半壁江山的今天，给民间投资松绑和留有更多的发展空间可以充分释放民间投资的积极性，为我国经济持续较快发展提供强大动力。各种"玻璃门""弹簧门""旋转门"的存在阻碍了民间资本投资的积极性，一些领域民营资本的进入不是更加容易而是越来越难，因此，《决定》再次强调"坚持权利平等、机会平等、规则平等，废除对非公有制经济各种形式的不合理规定，消除各种隐性壁垒"。我们要认真落实中央的精神和要求，采取切实有效的措施，进一步消除影响非公有制经济发展的各种障碍。

五　引导非公有制经济健康发展

非公经济"新老36条"的出台，消除了非公有制经济的发展的大量障碍。据统计，在"非公经济新36条"出台前，我国80多个行业中，允许外资企业进入的有62个，而允许民营企业进入的只有41个，"非公经济新36条"明确了允许民营资本进入的6大领域及其具体行业，给非公有制经济进入过去无法进入的行业和领域提供了机遇。党的十八届三中全会对全面深化改革做出了部署，并强调支持非公有制经济健康发展，"坚持权利平等、机会平等、规则平等"，为非公有制经济的发展提供了新的机遇。积极发展混合所有制经济有利于民营经济参与国有企业改革改组，鼓励发展非公有资本控股的混合所有制企业将进一步打破民营资本参与国有企业改革改组的束缚，改革垄断行业有利于民营经济进入更多行业和领域，制定非公有制企业进入特许经营具体办法将有利于进一步打破垄断，民营企业有望在新一轮变革中迎来新的发展。

　　但改革从来不是一帆风顺的，落实中央鼓励和支持非公有制经济健康发展的各项政策也不可能一蹴而就，需要继续努力，共同推进。从非公有制经济发展的内外部环境看，支持非公有制经济健康发展需要从外部和内部两个方面入手。从外部来看，至少要在 6 个方面取得新的明显进展。

　　一是要进一步转变观念，形成与社会主义初级阶段基本经济制度相适应的思想理念。经过多年市场经济的洗礼，我国社会对非公有制经济的认识已经发生了重大变化，但一些不利于个体、私营经济发展的思想观点还依然存在，甚至经常发声：一些人总担心发展非公有制经济会导致私有化，导致资本主义；一些人在思想深处依然存在着"所有制歧视"，总觉得公有制经济在制度上要优越于非公有制经济；还有一些人事实上没有摆脱"姓资姓社"的影响，总认为发展公有制经济就是坚持社会主义，发展非公有制经济就是在搞资本主义，等等。持这些观点的人虽是少数，却形成了对基本经济制度的干扰。支持非公有制经济健康发展，需要进一步加强对中国特色社会主义理论的研究，加强对非公有制经济本质属性的研究，深化对非公有制经济性质、地位和作用的认识，丰富社会主义市场经济体系中的非公有制经济理论，为非公有制经济的发展提供理论支撑。需要进一步加强对民营经济的正面宣传，促进社会公众进一步认识民营经济和民营企业家在经济社会发展中的作用，引导社会舆论客观公正地评价民营经济，在全社会牢固树立公有制经济和非公有制经济都是社会主义市场经济的重要组成部分、都是我国经济社会发展的重要基础的共识和理念。需要进一步宣传我们党确立的"尊重劳动、尊重知识、尊重人才、尊重创造"的方针，以三个有利于即"有利于发展社会主义社会的生产力，有利于增强社会主义国家的综合国力，有利于提高人民的生活水平"作为判断我国发展方向和发展道路的标准，摒弃发展公有制经济才是坚持社会主义的片面观点，形成支持非公有制经济健康发展也是坚持和完善基本经济制度的思想理念。

二是进一步简政放权，让市场在资源配置中发挥更大作用。在支持非公有制经济发展中遭遇的"玻璃门""弹簧门""旋转门"现象，究其原因，根本的一点就在于尚未厘清政府和市场的关系，市场这只手没有在资源配置中真正发挥决定性作用，而政府这只手经常存在"乱伸手"的现象。落实《决定》提出的，"坚持权利平等、机会平等、规则平等"，必须减少各级政府的行政审批，让非公有制经济获得行业进入、资源获取、项目投标的平等权利和机会。要尽力取消或简化与就业创业密切相关的前置性审批，或将前置性审批改为后置审批，充分落实企业投资自主权，推进投资创业便利化。要认真清理非行政许可审批事项，将正在实施的非行政许可审批事项全部纳入清理范围，努力消除审批管理的"灰色地带"。要继续清理各类资质资格审批项目，规范各类社会中介组织的行为，杜绝将政府取消的审批事项转移到中介组织的现象，坚决取消和防止"二政府"的出现。要着力推进行政审批规范化、法制化，制定"权力清单"，优化审批流程，规范审批程序，提高审批效率，最大限度减少审批机关的自由裁量权，消除各种隐性壁垒。

三是要进一步清理法规，制定支持非公有制经济发展的配套政策和实施细则。一方面，要继续清理和修改不利于民营经济发展的政策，落实民营经济的"国民待遇"，为民营经济发展营造平等竞争的市场环境。要进一步废除对非公有制经济各种形式的不合理规定，消除各种隐性壁垒。在行业准入方面，要对各行业的具体管理规章和办法进行清理，消除以资本实力、企业规模、从业资历等抬高行业准入门槛的做法。在获取资源、平等竞争等方面，包括获得银行贷款、土地和矿山资源等，要取消所有制限制，特别是国债资金和预算内资金要按照公平原则合理配置给各类所有制企业。在城市户籍准入、社会保险标准、职称评定等方面，要给予与国有企业同等的政策待遇，以利于民营企业吸引高层次人才和高技能人才。另一方面，对已经出台的支持民营经济发展的各项政策，要抓紧制定配套政策和实施细则，提高出台政策的可执行性，确保各项政策落到实处。

四是要进一步稳定政策，加强对政府政策落实情况的监督检查。民营企业的发展虽然取得巨大进步，但仍然十分艰难。有统计称，全国每年新生 15 万家民营企业，同时，每年死亡

10 万多家民营企业，有 60% 的民营企业在 5 年内破产，85%
在 10 年内死亡，平均寿命只有 2.9 年。造成这种现象的原因
有很多，其中，既有民营企业自身决策失误和管理不善等原
因，也有市场竞争环境不完善等原因。有专家认为，造成许多
民营企业在成长过程中死亡的主要原因，不是市场竞争，而是
政策摩擦。以融资为例，民营企业与国有银行之间签订的贷
款，一旦遇到信贷政策调整，说停贷就停贷，说收贷就收贷。
国有银行违约而民营企业不敢起诉，但民营企业违约则要受到
违约惩罚，不少民营企业在"一刀切"的信贷政策和政策限
制下陷入困境甚至破产倒闭。支持非公有制经济健康发展，必
须保持政策的连续性和稳定性，重大政策调整或出台前要广泛
听取民营企业的意见，避免因政策调整过于频繁造成大量中小
民营企业陷于困境。同时，对政府出台的支持民营经济发展的
各项政策落实情况要加强督促检查，确保各项政策尽快落到
实处。

五是要进一步深化改革，破除制约非公有制经济发展的各
种利益藩篱。消除非公有制经济发展的体制性障碍，必须靠全
面深化改革。要继续深化国有企业改革，积极发展混合所有制
经济，为民营资本参与国有企业改革改组提供更加广阔的空
间。要继续深化垄断行业改革，加快竞争性业务与垄断性业务
的剥离，确保民营资本平等进入剥离出来的竞争性业务环节。
坚决遏制利用市场垄断地位排斥和限制竞争的行为，进一步破
除各种形式的行业垄断和地区封锁，消除民营资本投资和流动
的各种显性或隐性壁垒。同时，抓紧制定非公有制企业进入特
许经营领域的具体办法。要继续深化金融体制改革，允许更多

民营资本进入金融系统，允许民营资本创办更多银行，通过体制创新解决中小企业融资难、融资贵的问题。要继续深化行政管理体制，加快政府职能转变，推动政府由"管理型"向"服务型"转变，强化服务意识，规范服务方式，提高办事效率。要推动各类协会商会的改革，厘清政府与行业商会协会等社会组织的功能，弱化行业协会商会的行政色彩，尽快实现行业协会商会与行政机关脱钩，增强各类协会商会的服务性和自律性，使各类协会商会真正成为为企业发展提供各种服务的组织，成为政府与企业联结的桥梁和纽带，发挥其在为民营企业发展提供服务方面的作用。要遵循社会化、专业化、市场化的原则，大力发展社会中介服务机构，整顿中介服务市场，规范中介服务行为，更好地为民营经济发展提供信用担保、成果转化及智力引进等多方位服务。

六是要进一步改善治理，提高各级政府依法监管的能力和水平。确保中央关于支持非公有制经济发展的政策能够顺利实施，必须解决一些地方和部门管理滞后的问题。要加强政策落实的统筹协调和互联互动，加强各级政府之间政策的衔接和策应工作，及时清理和修改与中央政策不相适应的法规规章，实现上下联动；加强部门之间的政策配套，实现左右联动。要创新监管方式，坚持放管结合，放管并举，加强和改进事中事后监管。要完善常态化监管机制，建立科学规范的抽查制度、责任追溯制度、经营异常名录和违法经营者黑名单制度，并改革监管执法体制。要健全政策落实督查评估机制，积极引入和推广具有中立性、专业性和权威性的第三方评估，并使之长期化、规范化。要广泛使用现代科技和信息技术实施监管，发挥各方特别是社会舆论的监督作用，对不执行中央政策的典型案例进行曝光。各级人大也应加强对政府政策实施情况的监督检查，保证政令畅通，保证中央支持非公有制经济健康发展的各项政策能够得到切实有效的落实。

国家在积极支持非公有制经济发展的同时，也要加强对非公有制经济的引导。从我国的实际情况来看，个体私营经济由于产权私有，因而机制更加灵活，进取意识更加强烈，经营效益相对更好，但由于我国经商环境不够完善，社会诚信普遍缺失，在这种情况下，产权私有也带来一些个体私营经济不能严格依法经营、社会责任相对较差、唯利是图甚至不择手段等问题。一些个体私营经济为了追求暴利或求得生存，往往在竞争中采取不顾及安全生产和环境保护、不顾全产品质量、不尊重职工合法权益、不遵守合同甚至制假售劣、逃税漏税、商业贿赂、商业欺诈等不正当竞争手段，使消费者权益受到侵害，使诚实经营者的利益受到损失，使正常市场竞争秩序受到破坏，造成很不好的社会影响，也败坏了个体私营经济的声誉和形象等。因此，中央在充分肯定非公有制经济的重要作用和重要地位、鼓励支持非公有制经济积极发展的同时，多次强调要进行引导，并强调对非公有制经济依法实行监督和管理。从非公有制经济自身而言，在积极争取平等竞争权利的同时，也要眼睛向内，练好内功，全面提高自身的素质和能力，真正做到"两个健康"，即非公有制经济健康发展和非公有制经济人士健康成长。从民营经济自身来看，要实现健康发展，必须在以下几个方面取得新的进展。

一是要进一步提高自身素质。经过 30 多年的不断发展，我国个体私营经济有了长足的发展，涌现出一批有相当规模和竞争实力的民营企业，2014 年世界 500 强企业中，内地民营企业有 10 家榜上有名。2013 年中国 500 强企业中，民营企业有 190 家，占比达 38%。在企业自身和社会各界的努力下，个体私营经济在平均规模不断扩大的同时素质也在不断提高，涌现出一批讲诚信、守信用的民营企业，但总的来看，个体私营经济的总体素质仍然偏低，从业人员的素质普遍不高。个体私营经济在经营管理中之所以会在市场竞争中采取种种不正当手段，既与体制和政策不完善、市场秩序不健全有关，也与个体、私营经济的素质不高直接相关。个体私营经济要实现健康发展，必须在提高自身素质上取得更大进步。私营企业的高管人员要不断增强自身的政治素质、道德素质和文化素质，更加注重企业文化建设，把以人为本、质量观念、品牌观念、诚信意识、环境意识等融入企业文化之中并成为企业发展的理念，把个人的追求和企业的目标与社会的要求和公众的期待有机结合起来，努力做一名富有理想、不断进取、勇于负责的企业家。

二是要提高依法经营的意识。依法经营是国家对所有企业的强制要求，也是各种所有制企业不得逾越的"底线"和"红线"。个体私营经济出资人和经营管理人员要自觉学习国家有关法律法规和方针政策，严格执行国家法律法规和政策规定，做到懂法守法。从事生产经营活动，必须依法获得安全生产、环保、卫生、质量、土地使用、资源开采等方面的相应资格和许可。在经营管理中，要依法经营，照章纳税，服从国家的宏观调控，严格执行有关技术法规，自觉遵守环境保护和安全生产等有关规定，依法报送统计信息。在对外经营活动中，不能依靠商业贿赂打开市场，取得订单。根据《法人》月刊进行的一项长期跟踪调查，在我国，私营企业犯罪比例不断上升，2009年私营企业高管人员与国有企业高管人员犯罪比例为49∶35，到2013年这一比例飙升到270∶87，这中间有私营企业数量迅速增加的原因，但不可否认，私营企业高管人员犯罪数量也在迅速增加。根据中欧国际工商学院有关专家调查并发布的《2014年中国商业报告》，接受调查的私营企业高管人员普遍认为，自己所在行业的腐败问题更严重。私营企业高管人员犯罪人数的剧增，不仅造成大量具有经商才干的私营企业高管人员被追究刑事责任，而且在一定程度上也影响到国家支持非公有制经济发展政策的落实。一方面，一些行业和领域本来可以引入私营企业进行竞争，由于担心引入私营企业后，重大生产安全或社会公共安全没有保证，因而没有放开；另一方面，一些国有企业本来可以与私营企业进行混合，由于担心与私营企业混合后，容易出现各种腐败问题，因而犹豫不决或放弃混合。因此，实现非公有制经济健康发展，广大私营企业高管人员必须进一步增强法制观念，提高自律意识，依法进行经营。

三是进一步增强社会责任。企业在承担提供产品和服务责任的同时承担着不可推卸的社会责任，包括维护员工合法权益、坚守产品服务质量、依法经营诚实守信、保护生态改善环境、支持社会公益事业等。企业要生存求发展谋利润，这是天经地义的，但不能靠搞不正当竞争甚至违法违纪来达到目的。企业要获得成功和持续发展，仅仅重视技术研发、降低成本、

加强管理等是远远不够的，还必须成为认真履行社会责任的
"企业公民"。这些年来，中国民营企业的社会责任意识正得
到加强，但总体上仍处于落后状况。中国社会科学院经济学部
企业社会责任研究中心每年对国有企业100强、民营企业100
强、外资企业100强的社会责任管理现状和社会责任信息披露
水平进行研究，并发布中国企业社会责任蓝皮书，据《中国
企业社会责任发展指数报告（2013）》，中国企业社会责任发
展指数平均为26.4分，整体处于起步阶段，超过一半的企业
仍在"旁观"，其中，民营企业虽然得分有所提高，但明显落
后于国有企业和外资企业，处于"垫底"的位置。另据2013
福布斯中国慈善排行榜的数据，排在前10名的几乎都是民营
企业家，这表明中国民营企业家在履行社会责任方面更加重视
公益和慈善事业，更加注重把履行社会责任与加强对外宣传和
树立公司形象结合起来。在积极参加"光彩事业"等社会公
益、慈善活动的同时，个体私营经济要进一步增强社会责任
感，在努力创造更多价值的同时，全面践行社会责任。

　　四是要进一步提高管理水平。管理是企业永恒的主题，是
企业提高竞争力的必然选择，也是个体私营经济取得成功和持
续发展的必由之路。改革开放以来，一大批个体私营经济脱颖
而出迅速成长，有的已成为具有国际竞争力的跨国公司，这表
明个体私营经济的管理水平有了明显提升，但不少个体私营经
济的内部管理还不能很好地适应市场竞争的要求，不能适应做
大做强的要求，这也影响了不少私营企业与国有企业的混合。
国有企业有品牌、人才和技术优势，总体管理水平比较高，但
也存在体制机制不灵活、所有者不到位等缺陷，民营企业与国

有企业要有更多和更高层次的混合，不仅仅是投入资金，也要参与管理。民营企业若要参与混合所有制企业的管理运营，就需要自身管理水平的提升，但现在不少私营企业还是采取出资人一人说了算的"家长制"管理模式，这种状况不改变，私营企业与国有企业的混合就难以迈出大步。因此，对许多个体私营经济而言，要进一步强化生产、营销、质量等管理，完善各项规章制度，建立安全、环保、卫生、劳动保护等责任制度。要建立健全会计核算制度，如实编制财务报表。要努力学习和吸收优秀企业成功的管理做法和经验，积极采用现代化的管理方式和手段，确保管理水平尽快迈上新的台阶。

五是进一步完善企业组织制度。规范有效的企业组织制度是企业持续发展的制度保证。个体私营企业要按照法律法规的规定，建立规范的个人独资企业、合伙企业和公司制企业。公司制企业要按照《公司法》要求，完善法人治理结构，有条件的私营企业要积极建立现代企业制度。作为社会化大生产的产物和企业赢得市场竞争的有效组织形式的现代企业制度，既是国有企业改革的方向，也是大型民营企业应该选择的组织模式。据调查，我国私营经济中家族企业比例高达 90% 以上，其中大部分企业仍沿用家族化的管理模式，在 2011 年的 800 多万家私营企业中，真正实现股份制的企业仅 2 万多家，所占比例不足 0.3%。在企业发展初期，家族化管理适应了民营企业的发展需要，因而与其他企业组织模式相比具有较高的管理效率，但家族化管理模式下的企业治理结构和产权结构具有封闭性和单一性特征，使社会金融资本和社会人力资本很难融入企业发展之中，加剧了民营企业融资艰难、人才匮乏、代际传承困局等问题的严重程度。适应竞争加剧和企业规模扩大等形势变化，具备条件的大型私营企业要加快现代企业制度建设，实行企业所有权与经营权分离，实现家族化企业管理模式向现代公司治理结构转变，封闭、单一的产权结构向开放性、多元化产权结构转变。同时，积极引入职业经理人，实现企业经营管理人才的职业化和市场化。

六是进一步推进转型升级。适应数字化网络化智能化的迅猛发展，迎接新一轮工业革命和我国加快转变经济发展方式的历史挑战，个体私营经济必须加快创新驱动和转型升级步伐，这不仅有利于个体私营经济重塑新的竞争优势，也有利于避免恶性竞争和价格大战，避免陷入不正当竞争陷阱，个体私营企业要积极主动加快转型升级步伐，这是持续发展的必由之路，也是做大做强的成功之路。要加快企业的经营战略转型，收缩产业战线，做强做优主业，实现经营战略由盲目多元向突出主业转变，着力提高主业的核心竞争力，同时加快"走出去"步伐，提高国际化经营水平。要加快企业发展模式转型，深刻认识和牢牢把握全球正在出现的以信息网络、智能制造为代表的新一轮技术创新浪潮，按照绿色低碳的发展思路，加快产品研发和科技创新，实现发展模式由投资驱动向创新驱动的转变，提升自主创新能力，提高市场竞争的科技含量和创新含量，尽快实现发展模式由外延式向内涵式转变。要加快产业结构转型，推进产业升级，实现产业结构由传统产业向新型产业转变，抓住我国经济结构调整和产业振兴的历史机遇，适应信息化与工业化融合的趋势，积极融入国家战略性新兴产业体系中，大力发展新能源、新材料、现代服务业等新兴产业。要加快产业组织模式转型，立足自身优势，强化分工协作，提高专业化协作和集群化发展水平，向"专、精、特、新"方向发展，积极与大企业开展多种形式的经济技术合作，建立稳定的供应、生产、销售、技术开发等协作关系，实现产业集群由低成本集群向创新型集群转变。

非公有制经济的健康发展，关系着中国改革开放的走向，关系着中国经济发展的未来，关系着中国特色社会主义的成败。必须坚定不移地贯彻《决定》的精神和要求，毫不动摇地鼓励、支持、引导非公有制经济发展，激发非公有制经济活力和创造力，为我国经济和社会的持续较快发展提供新的强劲动力。

后 记

　　中国社会科学院经中宣部批准，组织专家学者撰写全面深化改革研究书系。社会科学文献出版社经济与管理出版中心的恽薇、许秀江、蔡莎莎同志请我承担党的十八届三中全会《决定》第二部分"坚持和完善基本经济制度"专题辅导读本的撰写任务，我欣然应允，并共同策划和商定了本书的框架和提纲。考虑到本书的撰写需要耗费大量时间，许秀江同志承担了本书大部分初稿的撰写，恽薇同志承担了部分初稿的撰写。在此基础上，我进行了修改和完稿。可以说，没有经济与管理出版中心的鼎力相助和积极配合，本书很难在短时间内与广大读者见面。

　　本书的出版，得到中共中央党校科学社会主义教研部原主任严书翰教授的帮助和支持。作为中国特色社会主义理论研究方面造诣很深、著作甚丰的专家，他利用休息日认真审阅和仔细修改了一论坚持和完善基本经济制度部分，令人十分感动。

　　本书作为"坚持和完善基本经济制度"这一重要命题的专题辅导读本，主要目的是通过系统、深度、专业的解读，帮助国内广大读者更好地了解坚持和完善基本经济制度的必要性和重要性，更好地理解为什么必须坚持基本经济制度而不能放弃基本经济制度，更好地认识坚持和完善基本经济制度的主要任务和措施。同时，本书也为有兴趣了解和研究"中国道路"的外国人，提供一个认识中国特色社会主义制度特别是中国国有经济和国有企业的窗口和渠道。

作为一本专题辅导读本，本书兼具多方面特征：一是全面性，基本全部覆盖《决定》关于论述坚持和完善基本经济制度的内容；二是普及性，稍具经济学知识的读者都能够看懂；三是回顾性，系统地重温了改革开放以来中央关于坚持和完善基本经济制度的重要论述及国有企业改革走过的历程；四是总结性，在系统回顾的同时进行了大量总结性的分析；五是解答性，较为全面地回答了涉及坚持和完善基本经济制度的一些疑惑和不同观点；六是探索性，对《决定》提出的新的重大改革举措进行了探索性的研究，提出了一些前瞻性的观点。

当然，作为极具中国特色的社会主义基本经济制度，涉及的许多重大理论问题有待研究，涉及的许多重大实践问题也需要探索，受制于作者水平和撰写时间的限制，本书对《决定》论述坚持和完善基本经济制度的解读不一定全面和准确，缺点和不足在所难免，诚恳地欢迎读者给予批评和指正。

本书的顺利出版，还要感谢国有重点大型企业监事会的李磊同志，他为本书许多数据的收集和计算做了大量工作。社会科学文献出版社的于飞博士承担了本书的英文目录和摘要的翻译与润色工作，王婧怡和刘宇轩同志作为本书的责任编辑，为本书高质量的出版付出了大量心血，在此一并表示感谢。

图书在版编目（CIP）数据

坚持和完善基本经济制度十论/季晓南著. —北京：
社会科学文献出版社，2014.8
（全面深化改革研究书系）
ISBN 978 - 7 - 5097 - 6305 - 6

Ⅰ.①坚… Ⅱ.①季… Ⅲ.①中国经济 - 经济制度 -
研究 Ⅳ.①F121

中国版本图书馆 CIP 数据核字（2014）第 171509 号

·全面深化改革研究书系·
坚持和完善基本经济制度十论

著　　者／季晓南

出 版 人／谢寿光
出 版 者／社会科学文献出版社
地　　址／北京市西城区北三环中路甲 29 号院 3 号楼华龙大厦
邮政编码／100029

责任部门／经济与管理出版中心　　　责任编辑／王婧怡　刘宇轩
　　　　　（010）59367226　　　　　责任校对／白　云
电子信箱／caijingbu@ ssap. cn　　　责任印制／岳　阳
项目统筹／恽　薇　蔡莎莎
经　　销／社会科学文献出版社市场营销中心（010）59367081　59367089
读者服务／读者服务中心（010）59367028

印　　装／三河市尚艺印装有限公司
开　　本／787mm×1092mm　1/20　　　印　　张／19.6
版　　次／2014 年 8 月第 1 版　　　　字　　数／273 千字
印　　次／2014 年 8 月第 1 次印刷
书　　号／ISBN 978 - 7 - 5097 - 6305 - 6
定　　价／58.00 元